U0965206

"大国三农"系列规划教材

中国农业大学核心通识课教材

媒介素养概论

第2版

李红艳 主 编

彭 媛 张曼玲 副主编

安文军 可婷婷

徐晓村 主 审

中国农业大学出版社

·北京·

内容简介

本书分别从媒介是什么、媒介信息的今生来世、如何感知媒介语言、如何认知媒介技术、如何学习媒介法规、如何理解媒介文化等方面讲述了媒介素养的基本概念和基本内涵、媒介使用所需要的日常技术以及媒介法规与伦理的基本含义、媒介文化研究等内容。此外，读者还可以通过章后的思考题和书中的案例分析，获得更为丰富的媒介使用信息和使用技术。本书可作为高等院校本科生教材，也可作为媒介素养研究者和爱好者的参考书。

图书在版编目(CIP)数据

媒介素养概论 / 李红艳主编. --2版. --北京：中国农业大学出版社，2024.8（2025.7重印）

ISBN 978-7-5655-3217-7

Ⅰ.①媒… Ⅱ.①李… Ⅲ.①传播媒介－高等学校－教材 Ⅳ.①G206.2

中国国家版本馆CIP数据核字(2024)第103888号

书　　名　媒介素养概论　第2版
Meijie Suyang Gailun

作　　者　李红艳　主编

策划编辑　童　云　赵　艳　　　**责任编辑**　赵　艳
封面设计　中通世奥图文设计
出版发行　中国农业大学出版社
社　　址　北京市海淀区圆明园西路2号　　　**邮政编码**　100193
电　　话　发行部 010-62733489,1190　　　编辑部 010-62732617,2618
出版部 010-62733440　　　读者服务部 010-62732336
网　　址　http://www.caupress.cn　　　**E-mail**　cbsszs@cau.edu.cn
经　　销　新华书店
印　　刷　河北朗祥印刷有限公司
版　　次　2024年8月第2版　　2025年7月第2次印刷
规　　格　170 mm×240 mm　　16开本　　17.5印张　　231千字
定　　价　58.00元

第2版前言

党的二十大报告指出，中国式现代化，是中国共产党领导的社会主义现代化，既有各国现代化的共同特征，更有基于自己国情的中国特色。中国式现代化是人口规模巨大的现代化，是全体人民共同富裕的现代化，是物质文明和精神文明相协调的现代化，是人与自然和谐共生的现代化，是走和平发展道路的现代化。在中国式现代化建设的背景下，如何借助新技术实现大众媒介素养的提升，无疑是建设精神文明和物质文明相协调的现代化的重要组成部分之一。

就媒介素养而言，在媒介化社会中，其重要性自不待言，已经成为一种共识。在这种背景下，2019年出版了《媒介素养概论》一书，该书是在中国农业大学核心通识课“媒介素养”讲义的基础上编写的。编者团队在授课过程中，根据社会变迁的步伐，不断更新知识体系、更新内容，在4年之后进行修订，增加了思政育人的相关内容，并结合党的二十大报告的精神，更新了书中涉及的概念，补充和修订了习惯表述。具体如下：

第一，结合党的二十大精神，基于法律法规修订和媒介技术进步，对第1版中部分内容进行了修订，主要见于第四章和第五章。

第二，更新了案例部分。这也是基于媒介环境变化而做出的更新。

第三，随着新的媒介手段的更新，人们对媒介素养的诉求也相应发生了变化，数字媒介素养的含义也开始在媒介素养的知识体系中扩展。因此，每个章节都结合数字媒介素养做了相应的调整和补充。

第四，中国农业大学的媒介素养课程从其诞生便有自己的独特使命，这种使命与以下两个因素直接关联，即天然的“乡土性”和“学科性”。为什么这么说呢？“乡土性”乍一听似乎有些怪异，其实不然。中国农业大学是一所综合类的大学，其传统学科也只是部分直接与“农”相关。随着现代农业的体系化与数字化，“农”也不再是简单的“农”，“乡土性”本身也带了“现代性”，这种“现代性”体现在对社会变迁与技术扩散之间的天然关注，以及对媒介伦理与法规的侧重考量。“学科性”则体现在媒介素养选课的同学主要以理工科学生为主，90%以上为一年级新生，他们带着对于通识知识的懵懂认知走进了课堂，因此要求教师们对媒介素养知识的教授，时刻要关注“新”因素和“新”体系的诉求。这些授课的过程与经验也体现在教材修订中，使得这本看起来名字“大众”的教材有了自身特有的含义与价值，本书可作为高等院校本科生教材，也可作为媒介素养研究者和爱好者的参考书。

本书编写人员如下：第一章和第二章由张曼玲编写；第三章由李红艳编写；第四章和第五章由彭媛编写；第六章由安文军编写；第七章由可婷婷编写。李红艳负责全书统稿，徐晓村对全书内容进行了审核。

李红艳
2024 年 2 月

目　录

第一章

路在何方：媒介是什么

在科技发展日新月异的今天，人们的日常生活无时无刻不与各种媒介发生着密切的关系。从传统平面形态的书籍、报纸和期刊，到音视频形态的广播、电视、电影，再到四通八达的互联网络和移动智能手机，不同形态的媒介不断涌现，渗透到学习、工作和生活的各个层面，成为社会生活中不可或缺的重要角色。

认识媒介，就像是理解当下人类社会行走的一条“路”。这条“路”充满了各种机遇和挑战，而我们在寻“路”的过程中，难免会走一些弯“路”，或者已经走了一些弯“路”。那么回过头来看看，虽然媒介与我们朝夕相伴，但我们对媒介知晓多少呢？什么是媒介？如何使用媒介？如何透过各种媒介及其信息，了解我们身处的社会？与我们朝夕与共的媒介背后，究竟有多少我们尚未知晓的秘密呢？下面就分别从何为媒介、媒介的演变史、媒介的类型、媒介即生活以及何为媒介素养几个方面和大家谈谈。

第一节　何为媒介

“媒介”一词中的“媒”，先秦时期就已经开始使用，意指“媒人”，如《诗经·卫风·氓》中“匪我愆期，子无良媒”一句，“良媒”的“媒”指为男女说亲的媒人；后又引申为事物发生的诱因，如《文中子·魏相》中的“见誉而喜者，佞之媒也”等。而“介”，则指“中介”，即连接两个人或事物之间的介质或工具。“媒”“介”两字最早合在一起使用，目前看来应为《旧唐书·张行成传》中“观古今用人，必因媒介”。此处的“媒介”，指使双方（人或者事物）发生关系的人或事物①。这也是《现代汉语词典》（第7版）中对“媒介”的解释。

在英语中，媒介一词则为“Medium”“Media”（复数）。“Medi-”在英语构词中，作为前缀，意为“中间的”，Medium则有“中间、适中”“媒介物、媒质、传导体”“手段、工具”等多种意思。

不同的行业领域或者专业领域，人们对“媒介”一词的理解和指代也各有不同。物理学意义上的媒介，是一种“介质”，如水、金属是导电的媒介；生物学意义上“风媒”“虫媒”，则指为植物授粉的不同媒介；信息流通角度的媒介，则指信息从一端传递到另一端的载体。这些不同侧面对“媒介”的理解，究其根本，都指代了一种在事物的运动过程中存在的中介因素。因此，从广义上来讲，“媒介”可以理解为“人类活动中，使两种事物彼此发生关系的中介”。

在新闻传播学领域，提到“媒介”一词，通常包含两种含义：一种是指信息传播的工具和手段，即信息传播过程中从传播者到接收者之间携带和传递信息的一切形式的物质工具②。既可以指抽象的符号，如文字、图像等，又可以指承载信息的物质实体，如书籍、报纸、期刊、电视、计算机等。另一种则是指从事信息采集、加工、制作、传播的个人或者社会组织，即专业的传播组织，如报社、电台、电视台以及一些新兴的媒介组织等。

与“媒介”含义相近、也经常被人们提及的另一个词是“媒体”。两

① 荣建华. 中国媒介素养教育论［M］. 北京：中国社会科学出版社，2011：19.

② 董璐. 传播学核心理论与概念［M］. 北京：北京大学出版社，2016：81.

者经常通用，但具体比较的话，“媒介”则更倾向于表征整体的抽象概念，“媒体”则用于指代个体的具体事物。在日常使用过程中，我们会把报纸、广播、电视、互联网等看作具体的“媒体”，但同时它们也分别属于不同种类的“媒介”。就组织形式而言，这些不同的媒介种类，则因信息生产和流通等领域的专业性，而被称为专业的媒介组织。

第二节　媒介的演变史

在人类漫长的信息传播过程中，承担信息传递和交流功能的媒介举不胜举。从口耳相传时的语言到刻画所用的文字符号系统，从抄写时期曾借助的载体陶器青铜、竹木简牍、莎草贝叶、泥板羊皮、丝帛玉石，到后来造纸术、印刷术产生后飞速发展的图书、报纸、期刊的逐步产业化，再到如今现代信息技术支撑下不断涌现的新型媒介。因此，对于媒介更深层面的认知，需要从人类信息传播的漫长历史入手。

目前，根据人类信息传递与交流中所借助的媒介形态和技术的不同，一些学者倾向于把人类 5 000 多年的信息传播过程分为 5 个时期：自然记忆时期、刻画时期、抄写时期、印刷时期和电子时期，每个时期都拥有特定的信息传播的载体和媒介。

在自然记忆时期，人类的信息传播主要借助口耳相传的方式，诸多上古故事和中外神话传说，经由一代代人类先祖们的口耳相传，逐渐流传下来。这一时期信息传播的主要载体是语言。我们知道，在语言产生之前，人类经历了相当长的蒙昧时期。而语言的产生，在人类传播史上具有划时代的意义。传播学者麦克卢汉曾说过：“作为人各种感觉的延伸或吐露（即外化），语言一向被认为是人最丰富的人为技艺形式，这一技艺形式把人和动物界区分开来。”而传播学者波兹曼也同样对语言的划时代意义做出了如下点评：“语言不愧为一种原始而不可或缺的媒介，它使我们成为人，保持人的特点，事实上还定义了人的含义。”在人类信息传播的漫长进程中，语言的产生大大提升了人类的思维能力和传播能力，从根本上提升了人类传播的质量，增进了人与人之间的互动与合作，助益了人类复杂思维的形成，也催生了人类使用符号来表达和记录思想的深层次需要。正是因为有了语言这种传播载体，人类原有的抽象思维信息可以“说出来”，采用一定的语言体系得以表达。但由于语言传播存在“传播范围小，容易失真，不易保存，转瞬即逝”的局限性，难以跨越时间和空间的阻隔，得以更久远地传递下去。因此，在人类信息传播进程中，信息的传播客观上需要从“说出来”发展到“写下来”。

把人类的诸多信息记录下来，除了需要借助各种物质载体之外，最重要的是需要发展出一套符号体系，用以承载信息内容。文字，就是在这种客观历史需要的背景下产生的。关于文字的发明，世界范围内不同的语言文字体系有着各自的起源和发展的历程。在我们中华文明中，众所周知的是仓颉造字的传说。仓颉“仰观奎星圆曲宇宙之势，俯察龟纹鸟虫之迹”，从此石破天惊，天降谷雨，鬼哭龙藏，字引人类，终止结绳。文字的产生，克服了语言传播中转瞬即逝的局限性，突破了时间、空间的阻隔，使人类信息可以横跨千山、纵越千年地长久传递下去。因此，文字的出现，标志着人类进入一个更高的文明阶段，这也被称为人类信息传播过程中的刻画时期。

在这一时期，中西文明都逐渐开出了原始沃土上的璀璨之花。至今世人可知可见的最具有代表性的就是古埃及文明、苏美尔文明和中华文明等。古埃及金字塔内精美绝伦的壁画和古埃及文字，正被现代人逐步地破解和掌握，并引领着我们走进那个神秘的历史时空。之后兴起的苏美尔文明中的楔形文字，借助泥板的自然特性，自成其独特之形态。而中华文明中的字符和岩石刻画、壁画等，既是一种信息记载的符号体系，也是一种原始而古朴的艺术形式。

文字产生后的人类信息传播，开始出现异彩纷呈之势。在信息的传递和交流实践中，世界各地的先祖们先后尝试了不同的记录载体，从中国的陶器款识、甲骨卜辞、青铜器铭文、玉石刻辞、竹木简牍、帛书，到国外的楔形文字（泥板）、纸莎草、贝叶经、羊皮卷，都曾长期获得过人类的青睐。传播载体的增加，传播渠道的多样化，传播手段的丰富化，使得这一时期的人类信息传播比之前大为改观。虽然各类载体各有其优劣，但都为人类信息的传播做出了各自的贡献。

而我们中华民族的祖先，在长期的社会和生活实践中，逐渐摸索着制作出更适合记录信息的载体——纸张。“缣贵而简重，并不便于人。伦乃造意，用树肤、麻头及敝布、渔网以为纸。”这是史书上有关蔡伦造纸的记载。虽然如今我们知道，一种技术的出现，肯定是建立在无数先人在反复劳动实践中不断积累、总结、改进、优化基础之上的。但蔡侯纸甫一出现，汉代皇帝亲自发令，令全国广为传布。因其价廉、质优的特性，迅速获得人们青睐，并借助国家层面推广，取代之前人们所尝试的其他载体，成为传载信息的主要载体。

造纸术，和后来同样在世界文化史上举足轻重的印刷术一样，给人类信息的传播带来了全新的改变。自此，纸张开始取代其他各类信息的承载载体，从而成为人类信息传播过程中更轻便、更廉价的载体形态。而随后几个世纪里，随着中国对外商业和文化交流的不断发展，我国的造纸术也随着这些中外交流活动，向东传到朝鲜、日本等国家，向西沿着丝绸之路经西域传到西亚、南亚，再由西亚传播到欧洲等国，并逐渐在世界各地广泛传播开来。中国造纸术的西传，客观上带来了西方文化和文明的划时代变革。人类的信息传播也相应地进入了抄写时期。借助于这种更廉价的信息承载材料，文化的交流和传递便更加丰富和便利了。

从语言到文字，人类信息传播的语言符号系统得以发展；从造纸术到印刷术，则是人类信息传播在解决了承载材料的基础上的又一次伟大突破。人类信息传递过程中的载体问题得以解决后，接下来的难题便是复制效率的提升，即信息如何快速复制并传达给更多的人群。这种现实的客观需求，又呼唤着印刷术的产生。

中国雕版印刷术的产生，是多种文化、社会因素综合作用的结果。从汉代熹平石经的刊刻和广为传布，到汉唐两代佛教的陆续引入，都为后来隋唐时期雕版印刷术的逐步产生提供了技术基础和现实需求。从石经文的捶拓，到佛经的抄写，人们都在绞尽脑汁寻找更高效、更省力的信息复制方法和技术。中国印章文化的发展，何尝不是雕版印刷的一个原始缩影？篆刻技术、碑刻捶拓技术，作为后来雕版印刷术的技术基础和灵感来源，在隋唐时期佛教盛行后，迫切需要更快速地传播佛教经典的社会文化需求下，逐步地催生出了雕版印刷术这一改变人类信息复制速度的新技术。

从雕版印刷到活字印刷，人类信息和知识的复制手段越来越便捷、越来越高效，从而带来了知识下移的可能性，知识不再成为特权贵族阶层们的专利，知识的普及成为可能。这一改变不仅发生在中国境内，在欧洲社会引起的社会结构随之渐变，更是史学家们一直感兴趣的话题。从这一点来说，印刷术的发明和改进，在世界文明发展史上谱写了最浓墨重彩的篇章。

20 世纪初，著名的中国科技史专家、英国剑桥大学李约瑟博士曾说过，对于人类文化史来说，他想象不出能有比造纸术与印刷术的发展更重要的题目[①]。印刷时期的到来，使得人类信息的传递和交流活动更加丰富和高效。中国的活字印刷术传到西方后，从文化上、思想上对于西方的文艺复兴和后来的工业革命的推动作用，是无法否认的客观史实。欧洲书商阶层逐渐兴起，图书出版业日渐繁荣。并且，报纸、期刊这类信息时效性更强的媒介形态，在新的、高效的复制技术支撑下，得以逐步发展成一个繁荣兴盛的产业，也是历史的必然结果。

而到了近代，随着电子技术的发展，广播、电视成为继书报刊之后新的媒介形态，也迅速成为占据社会生活的主流。转眼间，在现代信息技

① 张艳秋．理解媒介素养：起源、范式与路径［M］．北京：人民出版社，2012：7．

术、计算机技术和通信技术迅猛发展的背景下，互联网得以在近几十年蓬勃发展。在这三大技术催生下的网络媒体、移动媒体更是迅速地超越广播、电视等传统电子媒介，成为当下人们信息传播活动的新宠。同样，我们不免畅想，继互联网、手机之后，下一个“新”的媒介又该是什么呢？

纵观整个人类信息传播的历程，我们会发现，人类信息的交流与传递所借助的渠道和载体，与大部分时期的缓慢发展构成鲜明对比的是，大部分的媒介形态，都是在最近一段时期才产生的。美国传播学者威尔伯·施拉姆曾有这样一个著名的“最后7分钟”比喻。

如果人类的历史共有100万年，假设这等于1天。

1天=100万年，1小时≈41 666.67年，1秒≈11.57年。

那么这1天中，人类文明的进展如下：

晚上9点33分，出现了原始语言（10万年前）；

晚上11点，出现了正式语言（4万年前）；

晚上11点53分，出现了文字（3500年前）；

午夜前46秒，古登堡发明了西方活字印刷术（1450年）；

午夜前5秒，电视首次公开展出（1926年）；

午夜前3秒，电子计算机、晶体管、人造卫星问世（分别为1946年、1947年、1957年）。

因此，威尔伯·施拉姆说：“这1天的前23个小时，在人类传播史上几乎全部是空白，一切重大的发展都集中在这1天的最后7分钟。”

如果说这“最后7分钟”谱写了人类历史的黄金时期，而我们现在所处的信息社会，就是午夜前的最后3秒。短短的3秒时间，却翻开了人类通向信息化社会的新篇章。这个“最后7分钟”的比喻，向人们形象地说明了人类信息传播过程中媒介形态更迭的特点和时间规律，也提供给我们认识媒介历史的另一种方式和思考。

当然，虽然媒介演变历史漫长而曲折，但从现代社会发展的角度出发，从新闻传播学的角度来认识和了解我们周围的各类媒介，是融入当下社会生活的必然要求，也是人们日常生活所必需的一种选择。

第三节 媒介的类型

对媒介进行分类，采用的分类方式不同，所分的类别就会有所不同。例如按技术基础分类，可分为印刷媒介、电子媒介、网络媒介等；按感知方式分类，可分为声音、文字、图片、多媒体等多种类型；按受众范围分类，又有大众与小众之分。同样，某一媒介按照不同的分类方法，可能会分属于不同的类型。我们日常所知的书籍、报纸和期刊，既属于印刷媒介，又是大众媒介，还是传播学经常与新媒介相区别的传统媒介。而广播、电视和电影，被人们归入电子媒介类别，又属于视听媒介，还同属于大众媒介；互联网和手机，则被人们称为新媒介，但从感知方式上来看，也属于视听媒介。

无论采用何种分类方式，媒介族群中的每一个成员都各有特点，在不同时代和不同领域里，都发挥着各自独特的作用。在此，挑选几个主要的大众媒介类型做简要介绍。

一、报纸

报纸，英文为“Newspaper”，从这个英文名称可看出报纸的本质特点：新闻纸。作为以刊载新闻、评论、副刊以及广告等内容为主的面向大众发行的定期连续出版物，报纸一般采取散页印刷的形式。按照出版周期和时间的不同，报纸又可以分为月报、周报、日报、早报、午报、晚报等。报纸一般都有固定的报名、相对固定的栏目设置和风格定位。除了传递新闻信息这一主要职能之外，报纸还担负着提供娱乐和生活服务信息等职能。因此，按照报纸的主要信息内容特色，也可以进一步细分为综合性报纸、专业性报纸等。

有关报纸的起源，说法众多。从世界范围来看，最古老的报纸可以追溯到公元前1世纪古罗马帝国凯撒大帝执政时代，罗马议事厅外用来公布罗马元老院和公民大会决议的那块涂了石膏的木板。这块公布最新政治信息的木板，与后来兴盛全球的那一张张散页的“新闻纸”，承担着同样的信息发布职能[①]。而随着社会政治、经济和文化的发展，人们对政治、经济、文化、社会等各类信息的需求越来越迫切，客观上也呼唤着更广泛意义上的信息传播媒介的出现。西方的新闻信（News Letter）、中国官报体系中的邸报和民间的“小报”“小本”等，都是肩负着满足人们日益增长的信息需求的使命问世的。而近代意义上真正的报纸，则是在16世纪的西方，随着新航路的发现、欧洲航海业的发展而最早在意大利诞生的。1566年在意大利单张纸印刷出版的《威尼斯公报》，是世界上最早的印刷报纸。这种满足人们对新闻信息现实需求的印刷媒介，以远比手抄媒介更快的传播速度，迅速地从意大利到伦敦，从伦敦到法国，风行整个欧洲地区。

采用印刷术进行新闻纸的复制，比原来的手抄方式更节省人力、物力，从而使报纸的发行范围得以进一步扩大，时效性越来越强。最关键的是，报纸的生产成本得以下降，原本只能少数阶层享受的信息特权，因此变成普通大众人皆可得。1833年，美国的《纽约太阳报》创刊，作为世界上第一份廉价的报纸，“便士报”成为后来大众化报纸的代名词，也见证了之后大众化报纸兴起的历史，新闻纸也逐渐成为普通大众都能够获取的信息来源，并成为很长一段时间内社会大众信息传播的主要媒介。

中国报刊的发展历史，最远可以追溯到唐代。唐朝时期，各地设立的藩镇地方长官节度使派驻首都长安的进奏官们，把在京城收集到的各种信息发送回藩镇长官的、有别于官文书的邸报，就是中国官报的最早雏形。现今收藏在大英博物馆的中国唐代的《敦煌进奏院状》被认为是目前世界

① 李炎胜．中国报刊图史［M］．武汉：湖北人民出版社，2005：1.

范围内最早的原始报纸的实物。到了宋代，改由中央政府统一制作邸报分发给各省、地，又经由元、明、清的不断发展，中国的官方信息传播体系中，官报一统天下近千年。而与官报体系相对应的是民间的小报或小本，它们登载官方信息传播体系中的禁载事项，受到大众的欢迎，从而弥补了官方信息传播体系的不足。

到了近代，随着西方传教士进入我国，近代意义上的西方报刊以宗教性报刊为先锋，开始出现并在中国逐步形成网络。这些西方新形态的报刊，对中国近代民族报业的发展产生了极大的影响和促进作用。官报体系逐步受到新型的西方报刊的冲击，中国人开始创办自己的新式报纸，我国近代的民族报业开始起步。先是一些深受西方近代思想启蒙的士绅阶层，借鉴西方近代报刊理论和实践经验，着手自己创办报纸。例如王韬和他所创办的《循环日报》，开创了我国政论报纸影响深远的历史，作为早期近代中国人自办报刊中最成功的典型，也是当时中国知识分子和思想家们披荆斩棘、寻找中国未来出路的最早实践者。

从王韬到康有为、梁启超，这些资产阶级的维新派，利用报刊传播自己的政治观点和思想，发表政见，探索中国未来的发展方向和出路。此后，孙中山等资产阶级革命派、李大钊等早期中国共产党人，也纷纷创办报纸来宣传自己的政治主张，寻找救亡图存的革命道路。而后来中国共产党成立后的各种革命报纸，如《红色中华》《新华日报》《解放日报》等更是为中国革命事业做出了无法磨灭的历史贡献。报纸除了担负信息传播的功能之外，还担负起了政治宣传、教育民众的社会职能。

改革开放以来的中国报业，迎来了行业发展的新机遇和新使命。随着各类报业集团的相继成立、都市报的横空出世，甚至之后各种网络报纸、电子报纸的面世，报纸成为中国近代和当代史上颇具影响的主要媒介之一。

作为以文字、图片为主要传播符号的媒介，报纸具有一定的传播优势：第一，作为记录新近发生事件的媒介，报纸的时效性很强，在这一点上，甚至优于同为传统平面媒介的期刊或书籍。第二，作为以文图为主的信息媒介，报纸和其他传统平面媒介在信息传递过程中都可以跨越时空界限，更方便地保存信息。当然，由于报纸的时效性强，制作周期比较短，所承载的信息可能会出现失实的现象，因此，报纸的更正制度可在一定程度上规避或纠正这一问题的发生。随着新的媒介形式，如互联网、移动传播工具的出现，报纸与其他媒介结合形成了新的报纸形态，如电子报纸、互联网报纸、手机报纸等新的形式。同时，移动传播工具也在改变着人们传播信息和生产信息的习惯，作为大众传播媒介中较为古老形式的报纸，正面临着巨大的机遇和挑战。

二、期刊

期刊，又称杂志，英文为“Magazine”，是指装订成册、定期或不定期出版发行的连续出版物。期刊一般也有固定的刊名、版式和栏目。按照出版周期的不同，可以分为周刊、旬刊、半月刊、月刊、季刊等；按照内容特点的不同，可以分为综合性期刊和专业性期刊；按照读者对象的年龄、职业等的不同，可以分为儿童期刊、少年期刊、青年期刊、老年期刊、妇女期刊、工人期刊、农民期刊、军人期刊等。

期刊的起源最早可追溯到17世纪中叶，欧洲开始出现新闻性的半周刊、周刊，出现了神学、医学、文学、哲学等方面的学术刊物，出现了专门介绍图书出版或评论图书的刊物。但当时的期刊出版影响范围不广，形式上还介于期刊与报纸的中间状态。而到了18世纪末19世纪初，期刊开始真正成为引人注目的出版物。先是在欧洲如英国、法国、德国，继之在北美洲，主要是美国、加拿大，期刊出版此起彼伏，品种比17世纪大大丰富，读者面也大大拓展了，出版期刊日渐成为出版活动中的群体现象，而且被看作社会进步的一个标志[①]。美国《时代周刊》的成功，也成为各国期刊业的标杆，被世界新闻界尊为“解释性报道的先驱”。

---

① 张伯海．世界期刊业的发展规律（上）[J]．中外企业家，1997（4）：21-23.

在我国，我们总习惯上把期刊与报纸并称为“报刊”，原因之一在于我国近代报刊史上，报纸和期刊最初并没有特别明显的区分，亦报亦刊是最初近代报刊发展史上的一个特点。西方传教士最早创办的《察世俗每月统记传》《东西洋考每月统记传》，是我国早期中文期刊的代表。后来随着近代新闻传播业的不断发展，两者才有了明显的区分。另外一个原因则是即使在现在，一些期刊也经常采取亦报亦刊或者亦书亦刊的出版形式，而且，我国对于图书、报纸和期刊的管理，都隶属于同一个行政管理机构，因为书、报、刊 3 个传统的平面媒介虽然各有特点，但总体来说，具有很多共性，在管理上较为便利。

与报纸相比，期刊的时效性要稍微弱一些，从两者出版周期的分布情况也反映了这一特点。也正因为此，期刊的内容更以深度报道和纵深解析取胜，在内容质量和深度方面要优于报纸。对于读者来说，期刊的阅读时间比报纸要长，可读性和可收藏性要优于报纸。

三、广播

与书、报、刊不同，广播是运用声音符号系统来编制节目，并通过一定的传输方式进行信息传播的一种媒介。与书、报、刊这些视觉媒介相比，广播主要依靠听觉进行信息传送，最初被称为“无纸的报纸”，它也可以跨越时间、空间的阻隔，把各种信息自由地传播到各地。

广播的诞生要追溯至 20 世纪 20 年代，1920 年 11 月 2 日，世界上第一座广播电台——美国的匹兹堡 KDKA 电台获得了美国商务部颁发的执照，开始正式播音。我国的第一座广播电台则出现在 1923 年，是美国人奥斯邦在中国创办的呼号为 XRO 的电台，这是外国人在中国创办的第一座广播电台，但由于未得到中国政府批准，很快就被取缔了[①]。后来中国人自己开始创办广播电台，广播开始登上历史舞台，并发挥它强大的信息传

① 单晓红．媒介素养引论［M］．杭州：浙江大学出版社，2008：11.

播功能。直至今日，广播在遭受了电视的冲击后，又逢如今的网络世界，虽几经沉浮，但与网络相结合，广播的发展获得了新的契机。同时交通工具的更新，尤其是汽车的家用化，使广播的移动性特长在交通、音乐、广播剧等领域都得到了拓展，广播与互联网的结合也是一种新的思路。这些改变都使得广播在媒体融合与共生的今日，成为一种独特的媒介力量。

与书、报、刊相比，广播的信息传播借助电波，可到达的范围更广泛、更自由，而且还做到了传递与接收信息同步进行。同时，这种无须借助视觉，只依靠听觉就可完成的信息传播活动，一定程度上解放了人们的眼睛，使人们可以边做事边收听。广播成为一种陪伴型媒介，它不要求受众全身心地参与其中，人们经常边做家务边听广播，边开车边听广播，边走边听广播，边吃边听广播……由于不需要借助文字符号来记录或传递信息，广播对于受众知识水平的要求低于印刷型媒介。通俗性成为广播的另一特点，即使受众教育程度有限，同样可以接受它的信息。因此，广播就像人们身边娓娓道来的一位朋友，更容易被接受，传播效果也优于书、报、刊等。

同时，以听觉为传递方式的媒介，也会有一定的局限性。广播具有转瞬即逝的缺点，与印刷性媒介的易保存、易查找不同，广播节目的内容稍纵即逝，过而不留。这也决定了广播的传播内容必须直观易懂，通俗明了。而且，广播线性传播的特点，使得听众的信息接收呈现顺序接收的特点，无法像印刷媒介可以随时跳读、翻读。听众只能按照节目播出的顺序收听，无法打乱顺序结构。随着新的媒介技术手段与广播的融合，网络广播、播客的出现，使这些局限性部分地得到了解决。

四、电视

电视的发展，距今不足百年的时间。在摄影技术、广播技术的基础之上，19 世纪末，少数电视先驱者开始研究设计传送图像的技术。英国科学家贝尔德为电视机的发明做出了突出的贡献。而后的 1935 年，贝尔德与德国公司合作，成立了第一家电视台。随后的一两年内，英国、美国都开始播出固定的电视节目。到了20世纪70年代，电视由黑白时代进入彩色时代。而到了20世纪80年代末90年代初，数字电视、高清电视开始广泛进入人们的日常生活。我国的电视事业发展从1958年开始，黑白电视机的诞生、北京电视台的成立都在这一年。1973年，中央电视台试播彩色电视节目，完成了从黑白到彩色的飞跃。1990年后，有线电视、数字电视、网络电视产业开始起步并飞速发展[①]。

由于电视集合了视觉、听觉的双重感官，综合利用电力、电报、摄影、动画和广播等各项技术，具有当时现有媒介无法企及的巨大优势。因此，甫一问世，就获得了人们的青睐，并迅速超越了广播这一单纯的听觉媒介，在大众日常信息获取中占据了主导地位。尤其是卫星通信技术运用于电视后，更是为电视带来了广阔的发展空间，其家族成员种类越来越多，如有线电视、卫星电视、高清电视、数字电视等。每一种新类型的出现，都给受众带来了前所未有的视觉体验和冲击，电视成为一种全世界人们最普遍的休闲和娱乐方式。

电视兼具视觉和听觉两种传播方式，实现了人视觉和听觉的延展，使人们真正成为“千里眼”和“顺风耳”，弥补了广播只能单纯依靠听觉的不足。丰富绚丽的画面、真实动听的音响效果，都给人们带来了更直观、更全面的视听双重感受。因此，电视具有非常强烈的现场感和真实感，也更容易引人入胜。而且，与电影相比，电视改变了人们的观看空间和方式，人们不需要专门跑到电影院这种固定的场所去欣赏影片，每个家庭都可以成为一个小型的私人影院，既满足了家庭成员随时随地的互动性，也提升了家庭生活的隐私性。因此，电视的问世，在媒介家族中的影响力就是自然而然的了，对广播和电影的冲击也是显而易见的。

电视从诞生之日起，就成为家庭媒介使用的主要选择对象。人们已经习惯了到家就打开电视，吃饭时、睡觉前看电视，劳作、聊天时开着电

---

① 吴玉兰．媒介素养十四讲［M］．北京：北京大学出版社，2014：101-102.

视，一个人无聊时打开电视，逢年过节时开着电视；孤寂老人守着电视，稚嫩儿童离不开电视。电视成了真正的“电子保姆”，也逐步改变了人们的日常生活状态和习惯，改变了人们的媒介接触结构，甚至使社会文化结构也发生了潜移默化的改变。网络时代，数字电视的点播、回看功能使电视观众的选择权和自由度得以空前提升。

五、互联网

从20世纪八九十年代开始兴起的互联网，在短短的二三十年里，一跃成为媒介集群中的生力军。Internet的前缀“Inter”本义就是交互、互联的意思，这个基于TCP/IP协议的全球范围内的计算机网络系统，秉承着自由、共享的互联网精神，把世界各地的任何一种信息（图画、声音、文字等）互联互通，方便网络节点上的任何人、在任何地点、任何时间都可以快速实现信息传递共享。这是人类历史上的伟大壮举，人类历史和世界历史将会由此发生翻天覆地的改变。

最初互联网技术的萌芽来自军事上美苏两国的冷战。冷战结束后，这种基于局域网思路下的广域网建设逐步转向了民用领域。1993年，美国政府提出的“信息高速公路计划”，标志着世界技术强国从技术竞争开始迈向互联网络硬件建设和软件建设的竞争。在这场互联网前期建设竞争中，我国抓住机遇，积极投入各产业的“金”字工程信息化建设之中，并逐步形成了电子政务、电子商务、网络金融、网络教育、网络图书馆、网络游戏、网络动画、网络娱乐、网络媒体等应用领域。如今社会生活中的诸多事务，已经高度地和互联网络融于一体。网络环境下的各种新型媒介不断涌现，传统媒介也开始“触网”，探索与网络技术相结合的媒介出路。各种综合性新闻门户网站、搜索引擎、即时通信、网络社区、网络视频、网络广播、网络报刊、网络文学、网络动画、播客、博客、微博、维客、威客等，都是互联网技术背景下的各种新媒介形态。

互联网自诞生之日起，就以“平等”“自由”“共享”“免费”作为其精神内核，倡导信息的共建共享，知识的平等获取、免费使用。而计算机技术、网络技术和通信技术的发展，又使得互联网集合了书、报、刊、广播、电视、电影、电话、传真、打印机等功能于一身。自身的整合性、联网的广泛性，使互联网作为一种媒介形态，传播速度和效率远远优于之前的其他媒介。而且，互联网的超链接功能，把世界各地节点中的数据信息连为一体，本身具有巨大的信息容量；而即时、迅疾、快捷的传播方式，又使得信息的传与受之间的转换变得十分便利，每个在电脑终端的个体，既可以通过互联网发布信息，又可以实时收到来自世界各地的信息互动和反馈。原有的漫长而遥远的时空概念，被网络彻底改变。比尔·盖茨曾说过，信息高速公路对我们文化的改变，像古登堡的印刷术极大地影响中世纪文化一样，将极大地影响当代文化。

互联网正在一步步改变着我们的世界。这种改变，目前我们每个个体都在经历着。现实世界中的我们，都是这场媒介变革的见证者和践行者。互联网出现后，我们原有的生活方式、学习方式、社交方式都开始有了新的改变：过去很多不可能的事情，如今变得轻而易举；过去需要花费很多时日、付出诸多劳动才能得到的一些信息和知识，如今只需轻敲几个按键即可即时得到。除了海量信息和高速传播的特点外，互联网虚拟化、交互性的优势，又给我们的社会生活方方面面带来了不同于以往的另一种体验。虽然，网络是把“双刃剑”，我们在享受互联网的种种便利的同时，也需要承受网络带给我们的困扰，如信息安全、个人隐私和个人权利在网络空间的实现等现实问题。

六、手机

在电报、电话机的基础上开发出的移动电话——手机（Mobile Phone），逐步成为最近十多年越来越重要的移动媒体。与互联网相比，这种建立在现代通信技术发展基础上的媒介新形态，最大优势在于其“移动性”。随身携带，随时随处可以上网“冲浪”，沟通世界只在一指间，这种自由和洒脱，与互联网精神高度吻合，且小而轻的形态、无处不互联的便捷，都是这一掌间新媒介获得迅猛发展的主要原因。

美国媒介理论家保罗·莱文森在其著作《手机，挡不住的呼唤》中指出："媒介革命的下一个阶段——第三阶段也就是最后阶段——将是我们能够在任何地方、任何时间获取一切信息，既包括真实的形象和声音，也包括抽象的词语[①]。"手机，这种集文字、声音、图像于一身，具有高度便捷性、互动性的媒介，克服了报刊、广播、电视和网络等媒介的不足，打破了空间、时间和终端的局限，真正实现了用户与信息的同步共享共建。随着3G技术的发展，手机原来只作为单纯的通信工具的功能被整合和放大，成为集传统纸媒、传统视听媒介、互联网功能于一身的移动媒介终端，成为未来人们社会生活不可或缺的信息传播工具。与传统印刷媒介相对应，开发出了各种手机阅读APP和电子书、手机报纸、手机杂志、手机小说等；与传统视听媒介相对应，手机上的各种广播软件、手机电视、手机视频获得了不菲的流量；还有手机游戏、手机动漫，它们与手机电视一起，都成为移动时代的主推业务。特别是近些年网络短视频和网络直播的快速发展，人们不再被局限于在个人计算机（PC）终端前使用互联网络，移动互联共享的生活常态，使得整个社会生活都变得越发高效便捷。而在接下来人工智能技术和虚拟现实（VR）、增强现实（AR）技术的加持下，社会生活各领域的改变，将变得越发充满惊奇和想象。

手机媒介的发展，带给人们顺畅和便捷的同时，也给人们的信息交流活动本身带来了一定的影响。互动性、小众化是很多学者讨论较多的用户信息交流特征，快餐化、碎片化也是经常被人诟病的特征之一。而接下来随着新的智能技术和VR可视化技术的不断发展，将会给我们的手机媒介带来哪些改变，又会有哪些新型的媒介形态将要出现，我们拭目以待。

---

① ［美］保罗·莱文森．手机：挡不住的呼唤［M］．何道宽，译．北京：中国人民大学出版社，2004：46.

第四节　媒介即生活

日常生活中，我们时时处处都离不开媒介，媒介融入我们的生活，似乎是不争的事实。且不说普通社会大众的日常生活，单就生活在象牙塔里的大学生们的日常，从清晨睡梦中的手机闹钟铃声开始，到睁开眼后不由自主摸到手机，打开微信或QQ，查看最新的好友动态信息——虽然临睡前已翻看多次，但还是“唯恐遗漏”任何一条更新或动态；从一日三餐的外卖服务，到吃穿用度的网络购物；从旅游出行的天气预报、地图导航，到住宿和票务信息；从即时通信软件里的点赞互动，到各类信息的分享转发；从同学朋友间的问候，到亲人间的视频通话；从课堂老师的书目推荐，到资料分发；从课程学习的资料查找，到期末复习的彻夜备战；从各类慕课（MOOC）课程，到班级活动的日常联络；从宿舍楼、食堂里的校园电视，到学校上空每天中午或晚上准时响起的广播，整个的校园生活都离不开各种媒介。若您稍加注意，就会发现，离开了媒介的日常，简直不能称为“日常”！

媒介无处不在，无时不有。加拿大传播学者麦克卢汉提出了著名的媒介理论，对于理解这一现象有一定的帮助。他的媒介理论包含3个方面：第一，媒介即信息；第二，媒介是人的延伸；第三，根据媒介使用时人的参与程度不同，形成了“热媒介”和“冷媒介”的媒介分类方式。

首先，麦克卢汉认为，对于人类信息传播的漫长历史来说，真正有意义、有价值的“信息”不是各个时代的传播内容，而是这个时代所使用的传播工具的性质，它所开创的可能性以及带来的社会变革[①]。也就是说，从长期的人类历史发展来看，媒介本身才是真正有意义的（信息）。前文

① 郭庆光．传播学教程［M］．北京：中国人民大学出版社，2004：148．

对人类信息传播几千年的历史进程的回顾，也使我们进一步加深了对这一观点的认识和理解。在麦克卢汉看来，媒介是社会化发展和社会形态变化的决定因素。

与“媒介即信息”相对应，麦克卢汉还提出了“媒介即人的延伸”的观点。任何媒介都不外乎人的感觉器官的扩展或延伸：文字和印刷媒介是视觉的延伸，广播是听觉的延伸，电视是视觉、听觉和触觉的综合延伸。而如今的互联网和手机，则更是人多种感官的综合延伸。我们居于一隅，却能洞察世界动态，就是身边的媒介对人类自身的感觉和感官的延伸。之前提到，出现的广播和电视，被人们称为“顺风耳”和“千里眼”，表达的也是这种观点。而且，麦克卢汉认为，随着媒介形态的不断发展，整个地球会变成一个紧密相连的小部落。这就是我们熟知的“地球村”的概念的最早由来。

麦克卢汉根据人们接触媒介时的参与度把媒介分成两类：“热媒介”与“冷媒介”。“热媒介”是指那些传递信息比较清晰明确，接受者不需要更多的感官和联想活动就能理解的媒介；“冷媒介”则是指传达的信息含量少、内容模糊，在理解时需要动员各种感官和想象力的媒介。而在具体的分类时，他将书籍、报刊、广播、无声电影、照片等归入“热媒介”，因为它们都作用于一种感官而不需要更多的联想；而将漫画、有声电影、电视等归入“冷媒介”，因为它们作用于多种感官，并需要丰富的联想和参与。

但是，我们发现麦克卢汉对不同媒介的分类方式，似乎存在一定的矛盾。基于目前我们对各种媒介的信息传达和受众参与度的认知，对于“冷媒介”和“热媒介”的分类似乎会有另外不同的说法。当然，麦克卢汉从“冷”“热”角度的媒介分类带给我们的启发可能更多地倾向于我们对于媒介作用的深刻思考：不同媒介作用于人的方式不同，引起的心理和行为反应也各具特点，进行媒介研究时应该考虑到这一影响因素[①]。

① 郭庆光．传播学教程［M］．北京：中国人民大学出版社，2004：150．

各种媒介充斥在我们日常的现实生活中，我们既要认识到媒介对于整个人类信息传播的巨大影响力，也要理解各种媒介从不同角度延伸了人类的感官和感觉体验，这种延伸在一定程度上给人们带来了一定的心理和行为反应。这些从理论层面对媒介的认识，对于理解现实生活中各种媒介及其各类问题，想必都会有一定的裨益。

处于信息洪流中的我们，比人类历史上任何时候都更容易获取信息，但过量的信息却使得我们对真假信息和有用信息的获取和分辨越发困难。被各种媒介裹挟的我们，该如何理解和使用我们身边、手上的媒介？该如何透过各种媒介现象和问题，分析我们所处的社会百态和现实？该如何解决媒介带给我们各种便利的同时，也同样带给我们的诸多困扰和难题？简而言之，各种媒介，如何为我们所用呢？

第五节　何为媒介素养

媒介素养，Media Literacy，是一个舶来词汇。Literacy 的原意是“具有读与写的能力”，主要来源于传统印刷媒介时期，人们用来评价对书、报、刊等印刷品的阅读和理解能力，进而引申为对传统文字读写素养的扩展。随着大众媒介的不断发展，媒介素养又用来指代针对大众媒介的素养，或把媒介素养定义为一种观察方法，或超越媒介素养的个体属性，强调对其文化属性与社会属性的审视[①]。

对于媒介在人类社会各个领域的渗透和影响，人们在满足于其带来的便利的同时，也深为其相伴而生的各种问题而困惑。人们希望能有一种洞察媒介及其信息的能力，这种社会诉求——即批判性地媒介解读能力的获得——乃是个人与群体在学习如何应对具有诱惑力的文化环境时的一种重

① 张艳秋．理解媒介素养：起源、范式与路径［M］．北京：人民出版社，2012：1.

要资源。

对于媒介素养的理解，不同国家的学者有不同的认识，1992 年在美国举办的“媒介素养领袖会议”（National Leadership Conference on Media Literacy）将“媒介素养”定义为：受众有权接触、分析、评估各种媒介信息，并达到沟通的目的。美国的媒介素养专业网站提出：“媒介素养是一种能力，用这种能力来接触、分析和评价大众媒介中所传递的诸多复杂信息。”而日本媒介教育专家铃木认为，公民对媒介加以社会性、批判性地分析、评论并接触、使用媒介，更以多样的形态创造互动、沟通的力量，获得这种力量所做的努力便称为“媒介素养”。加拿大则一直致力于帮助学生发展对大众媒介的本质有知晓和批评的理解力，懂得大众媒介所运用的技术以及这些技术所产生的影响①。从这些对媒介素养的定义和表述中我们发现，美、日、加等国对于媒介素养都有一定不同侧面的认知，但一致认为公民可以通过不断的努力获得这种素养和能力，并一直在为这种能力的获取进行着教育实践。

我国最早对于媒介素养的认识，是从 1997 年中国社会科学院学者卜卫教授在《现代传播》上发表的一篇系统介绍媒介素养教育的综述文章《论媒介教育的意义、内容和方法》开始的。随后，卜卫教授在中国青年网“少年园地”频道开设了“媒介课堂”栏目，通过网络向青少年们开设“一种使我们获得对大众媒介具有批判能力的新课程”。2003 年以来，随着大众媒介尤其是网络媒介的负面影响为越来越多的人所重视，社会对媒介素养教育的认知度逐步提高，学界的研究成果和交流活动也随之增多②。

国内学者对于媒介素养的认知也各有侧重。林爱兵认为，媒介素养是“掌握各种媒介的特性和使用技巧，并能有效利用媒介来自己创造和制作传播产品的能力”。张志安认为，媒介素养是人们对各种媒介信息的解读和批判能力以及使用媒介信息为个人生活、社会发展所用的能力。张冠文

---

① 吴玉兰．媒介素养十四讲［M］．北京：北京大学出版社，2014：4-5.

② 宫淑红，张洁．媒介素养教育理论与实践［M］．济南：山东人民出版社，2010：10-11.

提出，媒介素养是指人们正确地判断和估价媒介信息的意义和作用，有效地创造和传播信息的素养。甚至还有学者，如张开采取了直观列举法给媒介素养下定义："是传统素养（听、说、读、写）能力的延伸，包括了人们对各种形式的媒介信息的解读能力，除了听、说、读、写能力外，还有批判性地观看、收听并解读影视、广播、网络、报纸、杂志、广告等媒介所传输的各种信息的能力，还包括使用宽泛的信息技术来制作各种媒介信息的能力。"段京肃则把媒介素养定义为"公众接触、解读、使用媒介的素质和修养"，并细分为 3 个层次：接触媒介——以获取信息，解读媒介——批判地接收媒介信息，利用媒介——借助媒介工作和生活，通过媒介发出自己的声音并维护自己的利益。这一表述更详细清晰地描述了媒介素养及其教育的主要内容和层次性。

究其根本，虽然每种说法表述不同，但学者们对于媒介素养的认知大致类似，将媒介素养看成一种通过后天努力学习可以获取的能力。大致包括人们对不同媒介的特质和功能的认知能力、对媒介传播信息的解读与批判能力以及参与媒介、运用媒介及其信息为个人生存发展和社会进步服务的能力。

除了研究之外，国内对媒介素养教育也开始重视起来。2004—2015 年，中国传媒大学连续举办了四届媒介素养教育国际学术研讨会；浙江传媒学院媒介素养研究基地从 2007 年开始每两年举办一次西湖媒介素养高峰论坛，2014 年成立了中国广播电视社会组织联合会媒介素养学术研究基地学术指导委员会；2014 年 9 月清华大学承办了联合国教科文组织、文明联盟召开的"媒介素养与跨文化传播对话大会"。也有一些社会机构开始推广媒介素养课程，如广州市少年宫自 2008 年起开始探索开设媒介素养课程，2013 年成立了儿童媒介素养教育中心①。

随着社会发展和媒介形态的演化，媒介素养教育的对象，也出现了从成人群体向中小学生和儿童群体的泛化趋势。如今的儿童，从出生起就被

① 张开．媒介素养学科建立刍议［J］．中国传媒大学学报，2016（1）：143-146.

各种电视产品、网络产品包围，日常生活中各种媒介所占据的空间越来越大，再加上这个群体的认知能力和判断能力比较弱，因此，面向儿童和青少年群体的媒介素养教育也是我们需要关注的焦点。最近几年，我国很多大学甚至中小学都开始开设媒介素养教育课程，全面系统的媒介素养教育实践逐步展开。人人都需要提升自身的媒介素养，它是我们通过媒介观察世界、认识世界的方法，也是我们掌握媒介、使用媒介的技巧，还是解读、辨别信息的能力，更是我们批判、驾驭媒介的一种观念。媒介素养教育的重要性，小到每一个个体对信息去伪存真、去粗取精地甄别乃至合理使用，最终形成独立判断与健全人格，大到决定人们能否保持敏锐的洞察力来分辨“媒介世界”和“现实世界”的界限，主动寻求和包容多元信息与观点、批判性地认识社会、自由负责地表达个人意见，这些本身就是构成现代社会民主政治的重要基础。因此，从个体到整体，从个人到社会，媒介素养作为构建现代公民综合素质的基本指标，无论在认知还是实践形态方面，都必然成为现代社会公民素养和公民教育的一部分。

本章小结

在本章中，我们了解了关于媒介的基本知识，以及媒介的一些类型及其在历史上的演变，希望同学们从个人的媒介使用体验中，理解媒介素养的含义及其重要性。

思考题

1. 传播学中的媒介是如何界定的？
2. 如何理解“媒介即信息”？
3. 请列举身边的例子说明：为什么说媒介是人的延伸。
4. 什么是媒介素养？为什么要提升自身的媒介素养？

第二章

无处不在：媒介信息的今生来世

自20世纪70年代起，学者基于工业社会的转型，在后工业社会概念的基础上，提出了信息社会的概念。信息社会的主要特征表现在信息产业占据社会经济的主导地位、制造业逐渐退出主导地位、信用体系取代了现金流通等。而信息产业的发展，正是建立在信息论、信息学等理论和学科发展的基础之上。尽管媒介的概念五花八门，各有特征，但万变不离其宗，媒介的本质仍是有关信息的传递与交流。人们常说，信息无处不在，无时不有，无人不用。那么，到底什么是“信息”？它是物质还是能量？如何度量信息？又如何搜索和利用信息为我们所用呢？

第一节 何为信息

一、信息的含义

在汉语中，“信”字最早见于金文，从“人”从“口”，义为“诚实”，表示讲话要真心诚意，也有借人口传言之意。“息”，从“心”从“自”，因此，曾有学者提出“人言为信，自心为息，信息是出自内心、以言词表达并讲究诚信的东西”的训诂解释[①]。

“信息”一词合用，早期的出处为唐代诗人曾留下“塞外音书无信息，道傍车马起尘埃”的感慨，后来五代诗人李中《碧云集·暮春怀故人》一诗中有“梦断美人沉信息，目穿长路倚楼台”之句。这时的“信息”，指的是“音信、消息”，与现代我们所理解的信息内涵有所不同。通信技术和通信业的发展，把人们耳闻目睹的关于“音信”“消息”的交流，变为通过通信系统中电的信号传递，为信息（Information）一词添加了新的含义[②]。

随后，“信息”逐渐成为流行最广、最时髦的名词。不同学科，不同角度对其解释也各有不同。在经济学领域，信息是为管理和决策提供依据的有效数据；在心理学领域，信息是存在于意识之外的东西；在新闻传播领域，信息被普遍认为是对事物运动状态的描述。而信息作为科学的概念，首先是在信息论中得以专门研究的。

众所周知，信息论、控制论和系统论构筑了现代科学的理论框架，被称为“三论”，被视为现代科学发展的三个理论基础。其中，信息论和控制论都是从20世纪20年代的通信工程开始研究的。1928年，哈特莱在《贝尔系统技术杂志》上发表了一篇题为《信息传输》的论文。他把“信息”理解为选择通信符号的方式，发信者所发出的信息，就是他从通信符号表中选择符号的具体方式[③]。哈特莱的思想和研究成果，为信息论的创立奠定了基础。1948年，美国贝尔实验室的电子工程师香农（Claude E. Shannon）发表了《通信的数学理论》（*A Mathematical Theory of Communication*）这一经典之作，被人们视为信息论诞生的标志。香农在文中给出了通信系统的线性示意模型，把一个通信系统划分为信息源、发送者、信道、接

① 闫学杉．信息科学：概念、体系与展望［M］．北京：科学出版社，2016：4-5.

② 张基温．信息素养大学教程：知识篇［M］．北京：人民邮电出版社，2013：68.

③ 孟广均，沈英，郭志明，等．信息资源管理导论［M］．北京：科学出版社，1998：1-2.

收者和信息宿。所谓通信，就是通信的信源一方有某种形式的消息要告诉对方，并估计到对方对此存在着不确定性①。香农从通信工程角度研究信息的传递与度量问题。他把信息看作“用以消除信宿对信源发出何种消息的不确定性的东西”，即“信息是指有新内容、新知识的消息”。而且，他还借用了热力学中“熵”的概念，用“信息熵”这一名词作为对信息进行度量的单位，提出了信息的多少“意味着消除了的不确定性的大小”。

而同年，哈佛大学的理论数学家维纳（Norbert Wiener）发表了控制论的奠基性著作《控制论——或关于在动物和机器中控制和通信的科学》，标志着控制论这门新兴学科的产生。两年后他又推出《人有人的用处：控制论与社会》（*The Human Use of Human Being：Cybernetics and Society*），比前者更通俗易懂地论述了他的控制理论。维纳的控制论也是将信息作为核心，构造了一个控制系统的基本结构。他认为，信息就是我们适应外部世界、并把这种适应反作用于外部世界的过程中、与外部世界进行相互联系、相互作用、相互交换的一种内容。信息既不是物质，也不是能量，信息就是信息，是区别于物质与能量的第三类资源。这是长期以来人们沿用比较多的、对信息的定性叙述。随后，围绕信息的研究，很快成为各个学科的研究热点。不同的学科领域，都引入了“信息”这一概念，虽然在不同学科背景或者语境下，对信息的理解和定义有些差异，但“信息”一词的引入对于本学科的深入发展，都有一定的拓展作用。

从本质上讲，信息，是指用来表现事物特征的一种普遍形式，它既不是物质，也不是能量，更不是精神。它普遍存在于自然界、生物界和人类社会，是事物的属性、内在联系和含义的表征。信息不是物质，但却紧密与物质共生，信息的内容需要借助于一定的物质形式得以体现和承载。而反过来，物质也因承载信息而具有意义。信息不是能量，但同样与能量相生与共，互相依赖。三者关系密切，相互依赖，相辅相成。

---

① 张基温．信息素养大学教程：知识篇［M］．北京：人民邮电出版社，2013：68.

二、信息的特征与价值

当然，信息作为事物运动状态的表征，又包罗万象，类型多样。按照不同的分类标准，也可分为不同的类别。例如，按传播范围划分，可分为社会信息和非社会信息；按人的感知方式划分，可分为直接信息和间接信息；按存在形式划分，可分为内储信息和外化信息；按动静状态划分，可分为动态信息和静态信息；按反应形式划分，可分为实物信息、声像信息和文本信息；按管理层次划分，可分为决策信息、控制信息和作业信息；按发生时间划分，可分为先导信息、实时信息和滞后信息；按信息论方法划分，可分为未知信息和冗余信息；按价值观念划分，可分为有害信息和无害信息；按产生过程划分，可分为原始信息和再生信息；等等。

信息可以通过一定的方式被感知、接收和识别，也可以借助一定的物质载体被存储、压缩和传递；同时，信息又可以从一种形态或介质转换为另一种形态或介质；人们可以对信息进行加工、整理、共享和使用，并随着这种利用和传递得以扩充或缩减。这都是信息所具有的显著特征。当然，最重要的特征是信息具有一定的价值，且信息内容的价值具有相对性和绝对性。作为信息活动传递的对象，信息对于整个社会整体来说，都具有某种价值，这就是信息价值的绝对性。但是具体到每份信息，则由于其使用者的需要、使用者的理解不同而体现出不同的重要程度，这就是信息价值的相对性。

当然，我们所说的信息价值，主要指信息的利用价值，即利用者在利用信息的过程中所产生的实际效益和作用。信息的利用价值会受到信息的内容状况、信息的传递状况和信息的利用状况等因素的影响。具体来说，信息的内容状况，可以通过信息的可靠程度（信源的可靠程度）、信息的新颖度、广泛度和详尽度等指标进行衡量；而信息的传递状况主要包括提供信息的及时性、针对性、完整性与系统性，这些指标都会影响信息传递的效果，从而进一步影响信息的利用价值。同时，信息使用者自身的情况，也会对信息利用价值的发挥产生一定的影响作用。信息使用者自身的职业、所处地位、影响和作用，使用者自身的知识水平、外语水平、信息素养，使用者对信息所含内容的识别、理解、运用的能力等，都可能影响信息利用价值的发挥。因此，同一信息，被不同的使用者使用，也许能带来不同的效果。

三、信息的度量

对于既不是物质，又不是能量的信息，该如何度量呢？如前面所述，香农为信息的度量引入了“熵”的概念，并使用了概率论这一数学工具，将“信息熵”作为信息量的计量单位，称为比特（bit），即二进制单位。1 比特的信息量，就是含有 2 个独立等概率可能状态的随机事件所具有的不确定性被全部消除所需要的信息。比特概念的引入，为后来计算机科学和信息科学的发展带来了新的契机，人们对于信息的定量方法的研究思路也随着信息论的不断拓展，继而影响到各类相关学科，甚至在一些社会科学领域，都开始出现对定量研究方法的推崇和热衷。

对信息的度量，具体来说，可以包含 3 个层面：语法信息的度量、语义信息的度量和语用信息的度量。3 个层面从低到高，反映了信息定量研究从易到难的境况。语法信息是最基本的信息度量层次，是先排除信息的语义因素，只把信息进行形式化，从信息的外在形式与关系入手进行信息度量。这一方法最初主要是为了解决通信系统的相关问题而产生的，后来也开始运用于各种搜索引擎的后台数据抓取。一些语言翻译软件的工作原理也基于此。而语义信息从字面来理解，就是不单单要知道信息是“什么形式”，还要理解“是什么意思”，要从信息的含义和逻辑上进行考量。这就会涉及符号的含义、上下文关系、语言环境的变化以及认知主体的知识结构等因素，是一个非常复杂且困难的问题。而语用信息则更关注信息的效用问题，即信息“有何用处”。前面提到信息利用价值的发挥，会受到很多因素的制约。信源发出信息后，其效用因人、因时、因地而异，同一信息作用于不同的对象或处于不同的环境条件下，其效用可能不同甚至完全相反。因此，度量语用信息更是一个特别复杂的问题。如果能在语用信息的量化方面取得实质性的进展，将会对人类社会的信息管理活动产生极为深远的影响。

对信息的度量，从语法到语义，再到语用层面，所牵涉的因素越来越多，信息度量和管理的难度也就越发复杂。虽然从 20 世纪 70 年代开始，已经开始了对于语义信息和语用信息度量的研究，但就目前来看，虽然人们在人工智能领域不断进行着新的突破，机器翻译技术也越来越先进，智能搜索技术发展迅猛，但对于语义信息和语用信息度量的研究，仍然任重而道远。

四、从信息论到信息科学

香农提出的信息论，最初只是基于对于通信领域的信息问题进行研究，被人们称为狭义信息论。经过随后 20 多年各领域学者的开拓性研究，从主要研究通信过程中消息的信息量、信道容量和信息编码等的狭义信息论，扩展到噪声理论，信号的滤波、监测、调制、解调和信息处理等问题的一般信息论，再发展到物理学、地质学、地理学等学科甚至一些人文社科领域也开始引入信息论。这种从不同学科角度对信息现象的研究使信息论向多学科渗透，正在形成一门研究信息的产生、获取、变换、传输、存储、处理、识别和利用的广义信息论，即信息科学。

信息科学就是认识信息和利用信息的科学。信息科学的发展，也是人类在认识世界过程中不断探索和改造世界的结果，其目标就是不断扩展人类的信息能力。经过半个世纪的发展，信息科学在各个领域都取得了一定的研究进展，尤其是在计算机科学、图书馆科学、通信论为基础的信息科学领域。除此之外，哲学、心理学、语言学、传播学、新闻学、历史学、教育学、艺术学、经济学、法学、政治学等人文社科领域，物理学、生物学、化学、地理学等自然学科领域都因信息学的发展而获益，并延伸出相关的交叉学科和研究热点。

第二节　信息社会与信息产业

随着信息学的纵深发展和延伸，整个社会的信息化越来越深入。“信息社会”的概念也日渐得到大家的认同。“信息社会”的提法，最早应该追溯至 20 世纪 60 年代。1962 年美国学者马克・卢普提出“知识产业”的概念，之后日本学者提出“信息产业”一词，并通过新闻媒介讨论信息社会问题。阿尔温・托夫勒在他的《第三次浪潮》一书中，也曾经对人类在经历过农业阶段和工业阶段两次浪潮之后，将要面临的第三次浪潮——信息化阶段进行了大胆预言。

回顾历史，人类社会从游牧社会到农业社会，从农业社会到工业社会，再到所谓的“后工业社会”“信息社会”，信息产业和知识产业在国民经济中逐渐处于优势地位。信息社会，简而言之，就是指信息产业在全部经济中处于优势地位和起决定作用的社会。判断一个社会是否步入信息社会，学者们有各种不同的量化标准，大致来说都是以信息产业的发展指标作为主要参考，再附加与社会发展相关的其他指标。

随着科学技术的发展，在社会生产发展中，劳力、资金、技术这三个要素中，技术所占的比重不断增加。“科技是第一生产力”，科学技术知识已成为生产发展的核心力量。而与之对应的，西方发达国家的工业化进程是以劳动密集型工业为主导，向以资本密集型工业为主导，再向以知识密集型工业为主导的方向转变。在原有的农业、工业、服务业三大产业的分类体系之外，信息产业的概念逐渐得以确立，虽然也有人将之归入“第三产业”的范畴，但人们更倾向于将其视为“第四产业”。在世界新技术革命的推动下，信息技术、微电子技术、生物工程、新材料等得以迅猛发展，“信息热”开始出现。

而随着信息化的进一步发展，信息化建设不再孤立地强调信息技术，而是将信息技术与信息服务相结合，重视各种综合集成的、交互式的、多媒体的信息基础设施建设。在世界信息化的浪潮中，中国政府提出了建设信息基础设施的总体规划，确定方针政策、发展目标和组织需求，调动各方面的积极因素，有秩序、有步骤地组织实施国家层面的一系列信息化工程建设的战略。从 20 世纪 90 年代中后期开始，建设了一系列的“金”字号工程。其中的“金桥工程”，主要完成了国家信息化的基础设施建设，以卫星综合数字业务网作为基干网，以卫星、光纤、微波、程序控制、无线移动等方式，形成空、地一体的网络结构；“金卡工程”即电子货币工程，其目标和任务是用 10 多年的时间，在 3 亿城市人口中推广普及金融交易卡，实现金融数字化。“金关工程”则是将外贸企业的信息系统实行联网，推广电子数据交换业务。除此之外，还有“金税”“金企”“金医”“金农”“金宏”“金智”“金建”等系列工程陆续实施。这一系列国民经济信息化基础工程，通过跨部门、跨系统、跨地区、跨专业、跨世纪的通盘布局，构筑了我国信息化建设的基础工作，不愧为一项宏大的社会工程，也是我国在信息需求驱动下的一次规模更大、影响面更广、影响程度更深的信息化浪潮，奠定了信息社会发展和建设的基础。

在之后的国家信息化战略中，继续加强建设完整统一的现代化全国公用信息网，以保证全国通信网络的高效和畅通，保证信息社会和信息产业在基础设施完善的基础上得以更高、更快地发展。经过 20 多年的建设和发展，信息化建设的巨大效应已经在社会生活的方方面面得以体现。人们的日常生活、工作和学习都离不开网络。尤其是随着移动智能通信技术的发展，5G网络的飞速发展和普及，不单单提升了电子政务、电子商务的发展空间，更是在此基础上，深刻地改变了社会生活的各个方面。如今，人们足不出户，就能完成日常生活中的诸多事务。电子商务、网络直播的飞速发展正在改变人们的消费方式、消费习惯和消费结构，给传统商业模式带来了冲击和解构。移动互联网络和智能移动终端的普及，悄然改变了人们的生活习惯、社会交往方式，甚至社会生活的各个层面。

面对信息化浪潮的深入发展和信息社会的内在需求，党的十九大、二十大报告中都提出要建设科技强国、制造强国、质量强国、航天强国、网络强国、交通强国、数字中国等战略性规划，为我国信息社会的纵深发展指明了方向和任务，也表明了未来信息社会的发展内容和趋势。

第三节　信息之殇

一、信息爆炸

随着信息科学的发展，信息技术、通信技术和计算机技术突飞猛进，人类原有的认识世界、改造世界的方式得以极大地改进。随着对外和对内的探索和认识越来越深入，人类自身获取的信息和知识总量也在飞速增长。这种日新月异的信息增长速度，早已超越历史上任何时代的信息变革速度。

除此之外，信息技术带给社会的巨大改变还在于，过去只是被少数人之手垄断的信息生产环节，如今随着互联网技术的发展，也逐渐被解构。越来越多的互联网用户，共同参与了信息的生产和传播过程。人人皆可参与其中，也是互联网自由、开放精神的体现。这种改变，客观上使得如今的信息生产速度和效率，更是历史上任何时候都无法比量的。我们每个人每天都被各种各样的信息所围绕，海量的信息包围着每个人，“信息爆炸”的描述，十分贴切和形象。我们享受着信息高速生产和传播为我们带来的巨大便利和效益。在我们不断对处于信息洪流之中的自己深感荣幸和喜悦的同时，却突然发现，我们也要承担信息爆炸的负效应——深陷信息泛滥的泥潭之中。

二、冗余信息过多

信息过多过杂，对于生活在信息化浪潮之中的每个个体来说，未必是件容易之事。信息总量极其丰富，海量信息拥挤堵塞，个体的需求精准而有限。若要在浩瀚的信息海洋中，找到自己所需要的信息，实属不易。漭漭弱水，取之不尽用之不竭，倘若“只取一瓢饮”，也需要我们每个人具备能精准地找到自己的那“一瓢水”的能力和素养。而从信息获取的角度来看，巨量信息的存在，既提供给我们选择的多样化，又提高了信息选择的时间成本和精力成本。信息过度饱和的世界里，信息的洪水通过各种方式和途径，当然也包括各种大众媒介，向我们涌来。我们浸泡在信息之海中，大量的信息分散了我们的注意力，消耗了我们宝贵的、有限的时间，从而使得获取信息的成本比之前更高。因此，为了找到所需要的信息，我们要做更多的信息过滤和筛查工作。

三、信息真伪难辨

如果我们沉浸在信息之海中，只是简单地充满着大量个体层面不需要的冗余信息，信息检索和选择的难度还要稍微低些。更让人深感困惑的是，信息之海中，还大量充斥着各种虚假信息。我们虽然能够找到所需的信息，但却无法保证我们搜寻到的信息真实可靠。冗余和虚假信息，是我们身处信息爆炸时代的另一个困境。

在日常生活中，有时人们很难判断所收到的手机短信、微信消息是否真实，很难判断一些大众媒介商品广告中所传达的良好效果是否可信，很难知道某些微博大V们的博文是否属实，很难判断一些自媒体公众号中的科普文章是否真的科学，很难鉴别一些推送中的新闻事件是否真有其事，更难以知晓我们朋友圈里的交友信息、借款信息等是否是另一个陷阱。信息真假难辨，更何况还有各种专业的信息诈骗人员和团伙，他们借助于先进的信息技术，使自己的骗术更能掩人耳目。

因此，找到我们所需要的信息，是信息检索的第一步。接下来我们还要对搜索到的各种信息，进行辨别整理。这就要求我们既要具有一定的信息检索和查询的能力，还要具备一定的信息筛选和辨伪的能力和素养。需要我们辨别出并剔除假信息和干扰信息，以使我们更精确地到达真正的信息彼岸。

四、信息之殇，危机四伏

除了冗余信息和虚假信息之外，信息社会中，我们每个个体还要面临着个人隐私信息缺乏保护、信息被盗、个人信息被别有用心之人匿名利用的问题，即信息安全和信息保护问题。在当下的信息化发展过程中，个人信息被大量数字化、网络化，一些拥有技术手段的人，可以轻而易举地批量获取大量的个人隐私信息。而针对个人信息安全和信息保护的相关法规的出台，却似乎永远落后于现实领域的紧迫状况。尤其是随着信息智能技术和大数据技术的不断发展，每一个个体都可以被一连串的数据所代替，这些个人生理数据、金融数据、生活数据、社会数据，本身都蕴含着无限的商机和资源。利用大数据技术，分析这些信息，当然可以为这个社会提供更便利的服务，提供更完善的调控和管理。但是，究竟谁有权使用这些信息？信息使用的界限在哪里？哪些信息可以公开使用，哪些信息属于个人隐私，需要受到法律保护？如果发现存在隐私信息泄露的情况，个人该如何保护自己的权益？如何与强势的机构和团队抗衡，从而切实可行地保障个人信息的合理合法使用？这一系列问题的答案，都需要我们每个个体和信息社会的管理层，认真思考并切实可行地付诸实践，以更利于解决实际问题。

第四节 我们如何安身立命

信息社会中的种种现实问题和困扰，客观上要求我们必须具备一定的素养和技能，才能积极做好应对和反应。这种素养和能力，就是信息素养。

一、信息素养的提出

信息素养（Information Literacy，IL）的研究，最早起源于图书情报领域检索技术的发展和演变。因此，最初信息素养的概念，也指这一文献信息检索技术的掌握与运用。

1974 年，美国信息产业协会主席保罗·泽考斯基（Paul Zurkowski）在给美国图书馆与信息科学委员会的报告中，首次提出了信息素养的概念。他认为“信息素养就是利用大量的信息工具及主要信息资源使问题得到解答的技术和技能”。信息素养的内涵可分为三方面：第一，在具体问题中使用相关信息；第二，具有利用信息工具和主要信息源的知识与技能；第三，利用信息的目的是解决具体问题。简要总结来说，信息素养就是获取、评价以及使用信息资源的能力[①]。这种能力的学习和养成，需要经过一定的有意识的专业训练和学习。

信息素养的概念一经提出，随即得到各界的广泛传播和使用。世界各国的学者和研究机构围绕着“信息素养”展开了系列而广泛的研究和探索，并把这些研究理论成果付诸实践。在这一阶段，信息素养的研究还主

① 林豪慧．大学生信息素养［M］．北京：电子工业出版社，2017：2.

要聚焦于通过各种文献信息源，对信息的搜集、检索和利用能力。随着计算机技术的不断发展，互联网迅猛崛起，信息成为一种重要的社会资源，信息素养也作为一种必备能力，被应用于教育学、计算机科学等多个领域。信息素养的内涵也随之扩大，与计算机技术、信息技术、通信技术的发展相适应，并与信息社会中的各种现实问题紧密地结合起来。围绕着信息素养的理论研究和实践探索，也随之不断更新和发展。

二、国外的信息素养研究与教育

在信息素养的研究和教育方面，很多国家出台了相关的信息素养标准，以方便指导教育界根据各自情况进行针对性的教育实践。

2000 年 1 月，美国大学与研究图书馆协会（ACRL）召开的美国图书馆协会会议上，审议通过了《美国高等教育信息素养能力标准》（Information Literacy Competency Standards for Higher Education）。这一标准于 2004 年 2 月获美国独立大学理事会（CIC）的认可，被世界多个国家采用或参照采用[①]。该标准列出了高等教育中学生信息素养与能力的 5 个标准和 22 个表现指标（具体内容请参照本章附录一《美国高等教育信息素养能力标准》）。这些标准根据各个水平高等教育学生的需要，列出一系列的成果来评估学生在培养信息素养上取得的进展，也为教师和图书馆馆员们根据各机构的实际情况制定、衡量学生的学习方法提供了指导准则。

同样，在英国，高校与国家图书馆学会（Society of College，National and University Libraries，SCONUL）对全英的高等教育信息素养教育运动发挥着主导作用。1997 年，这一英国历史上最悠久的图书馆联盟，专门成立了信息素养咨询委员会（Advisory Committee on Information Literacy，ACIL），以致力于高等教育领域信息素养教育的研究工作。1999 年，ACIL 创建了广为流传的“信息素养的 7 个支柱模型”（Seven Pillars of Informa-

① 林豪慧，孙丽芳．高校信息素养教程［M］．2 版．北京：电子工业出版社，2014：17.

tion Literacy)，即高等教育信息素养的 7 项评价指标。该模型的提出，比《美国高等教育信息素养能力标准》还要早 1 年时间。作为信息素养的一个评价指标体系，该模型在信息素养理论与实践研究中均占有重要地位，对英国继续教育和高等教育过程中信息素养教育的发展具有重大推动作用①。该模型包括 7 个一级指标，18 个二级指标。一级指标主要包含基本的图书馆技能和 IT 技能两类，并为实现信息素养与高校课程（从大一新生到研究生以及研究学者）之间的整合提供了一个概略图，详细内容如图 2-1 所示。该模型从两方面诠释了高校中信息素养教育的内涵，即学生在高等教育阶段所需学习技能和学生从高校毕业后参加工作与活动所应具备的技能。第一部分主要围绕高校学习中所需的信息检索、分析和研究技能展开。第二部分结合现实社会中的信息获取、管理和使用及不同社会环境，围绕更为宽泛的信息技能展开。ACIL 随后将研究的关注点转向信息素养教育与专业课教学的内在关系方面，致力于实现信息素养与高校课程之间的整合。

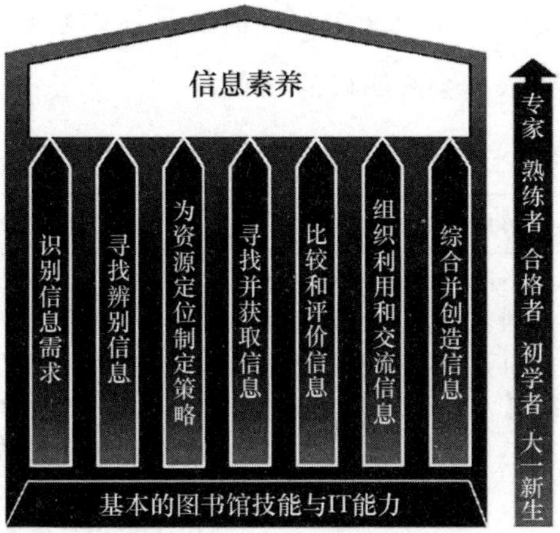

图 2-1 英国高等教育中的信息技能——七项指标模型（1999）

为了适应信息社会的不断发展，SCONUL 信息素养工作小组在 2011 年

① 李婷婷，徐纲红，黄涛 . SCONUL 信息素养模型更新的启示［J］. 大学图书情报学刊，2014，3：86-90.

4月对模型进行了更新升级，7个核心分别为：信息需求识别（Identify）、信息需求研究（Scope）、检索策略规划（Plan）、信息获取（Gather）、信息评估（Evaluate）、知识管理（Manage）和知识展示与创新（Present），如图2-2所示。这7个方面按照科研/学习流程对信息素养框架进行整理规划，且与信息环境发展的现状相适应，使模型的嵌入性和易用性大大增加。

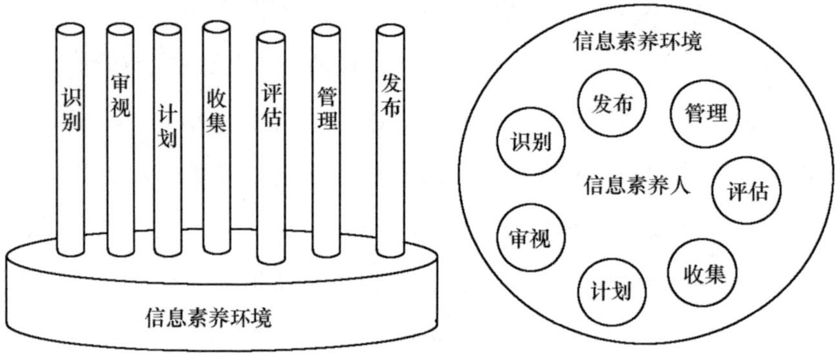

图2-2　英国信息素养的7个支柱模型与其结构（2011）

从理解层面和能力层面，这7个方面的具体内容如表2-1所示，对于每个指标中的具体要求都会有明确的细则。

表2-1　英国信息素养7个支柱标准的内容①

维度	理解层面	能力层面
识别	新信息和数据会不断出现；培养一种持续学习新信息的习惯，积极地寻找信息；通过调查和寻求信息来创造想法和机会；知晓已发表和未发表的信息和数据的概念	确定自身在学科领域缺乏的知识；识别检索主题和问题，并能用简单的术语定义它；阐明关于某一主题的当前知识；认识到自身对信息和数据的需要，并明确信息需求的限制；使用背景信息作为检索的基础；个人对信息检索承担责任；有效地管理时间以完成检索

① 刘亭亭．英国高校学生信息素养培养的研究［D］．上海：华东师范大学，2018：5．

续表 2-1

维度	理解层面	能力层面
审视	有哪些类型的信息可用；不同类型信息源（如数字型、印刷型）的特点；个人发布信息和信息流通的过程；信息的可访问性；可用的参考咨询服务	明确自己的信息空白点；确定哪种信息最能满足需要；识别通用和专业的检索工具；可以提供不同格式的信息；可以自行使用新的检索工具
计划	寻找信息的检索技术范围；不同检索工具的优点和局限性；为什么复杂的检索策略会对发现的信息的广度和深度产生影响；积极寻找新的检索工具，而不是依赖于最熟悉的资源；根据所获得的资源修改检索关键词和调整检索策略；受控词表和分类检索的价值	用适当的语言清楚地说明检索问题；使用适当的关键字和限定项制订检索策略；根据需要选择最合适的检索工具；利用受控词表和分类检索；使用适当的检索技术；确定适合个人信息需求的专业检索工具
收集	数字信息和印刷信息的组织方式；图书馆提供的可供访问的资源；数字技术是创建和共享信息的重要工具；收集数据所涉及的问题；引文的不同部分以及它们描述信息资源的方式；摘要的使用；跟上新信息的需要；免费与有偿资源的区别；网络环境的风险；评价检索结果的重要性	有效地使用一系列的检索工具和资源；构建适合不同数字和印刷资源的复杂检索策略；访问数字和印刷资源全文，阅读并且联网下载网上数据和资源；使用适当的技术收集新数据；跟上信息的发展；与同行分享信息；确定信息需求；使用数字和印刷文档，并寻求专家的帮助
评估	学习和科研过程中信息和数据的宏观环境；不同信息和数据源之间质量、准确性、相关性、偏重和可信度等方面的差异问题；依据信息评估和发布的流程进行自评；持续收集数据的重要性；引文在学习和科研环境中的重要性	区分不同的信息资源和它们能提供的信息；使用适当的标准选择材料；评估所发现的信息资源的质量、准确性、相关性、偏重和可信度方面的问题；评估收集到的数据的可信性；批判性地阅读，确定重点和争议点；根据找到的信息反思检索策略；批判性地评价自己和他人的发现；控制检索的规模
管理	信息处理和传播方面的知识产权问题；采用适当的数据处理方法；积极合法地帮助他人寻求信息；有条理地保存检索结果；合情合法地存储和分享信息；认识到专业人员（如数据管理人员和图书馆馆员）能够在信息管理的各个方面提供咨询和帮助	使用合适的文献管理软件；使用适当的引用格式引用印刷和数字资源；创建适当的格式化书目系统；对道德、数据保护、版权、剽窃和其他任何知识产权问题有清醒的认识；符合学术诚信的行为标准；使用适当的数据管理软件和技术来管理数据

续表 2-1

维度	理解层面	能力层面
发布	区分信息整合和信息概括之间的差异；根据不同的受众选择不同的形式发布信息；采用不同的方式呈现数据；个人有责任存储、分享和传播信息；学术成果的评价体系和出版流程；论文责任归属；个人可以通过传统出版与数字技术主动创建信息（如博客、维基）	使用检索的信息和数据来处理问题；口头和书面总结文件和报告；在现有知识的背景下纳入新的信息；适当分析和提出数据；综合和评估不同来源的信息；以不同形式的体裁和文笔进行有效沟通；口头有效沟通；选择适当的出版刊物和传播渠道；使用适当的社交网络提升在学术圈的知名度

澳大利亚也非常重视信息素养教育，并强调教育系统是培养具有良好信息素养人群的最好场所。2000 年，在《美国高等教育信息素养能力标准》的基础上，形成本国的《澳大利亚信息素养标准》，共 7 项标准、25 个指标和 102 项指标说明。2004 年对该标准进行了修订，发布了《澳大利亚和新西兰信息素养框架》，分为 6 项标准、19 个指标和 67 项指标说明。澳大利亚的一些大学，根据此标准和框架，制定本校学生学习的信息素养标准或制作相关信息素养类课程①。

此外，日本、新加坡、俄罗斯等国，也都非常重视学生的信息素养教育，并通过各种努力，制定一系列的标准和规定，确保信息素养教育的顺利进行。

三、我国的信息素养研究与教育

我国的信息素养研究，也借鉴了国外信息素养研究与实践的相关成果。对于信息素养的内涵界定，虽然各学者的表述不同，但大致可以概括为 3 个层面的内容：①如何搜集有用信息，即信息检索能力；②如何辨别信息真伪，即信息辨别能力的培养、科学素养和人文素养的积累；③如何使用信息，涉及隐私保护、信息伦理、知识产权保护等方面的认识和实践。而在信

① 林豪慧，孙丽芳. 高校信息素养教程［M］. 2 版. 北京：电子工业出版社，2014：18-19.

息素养教育的具体实践方面，我国政府及国家相关部门也提出过信息素养的判定标准，如 1999 年颁布的《中共中央国务院关于深化教育改革全面推进素质教育的决定》、2000 年颁布的《中小学信息技术课程指导纲要（试行）》，但由于重视程度、研究力度不够，缺乏一定的权威性和影响力。

地方团体也在研究国外信息素养评价标准的基础上，结合我国的实际情况，探索构建国内信息素养标准的思路与方法。例如北京高校图书馆学会制定的《北京地区高校信息素质能力评价指标体系》，2003 年由清华大学主持开展，是一项地区性的信息素养评价标准的研究。虽然该评价体系于 2005 年已公布，但作为一个地区性的评价体系，尚不能称为一个正式标准①。

2006 年，中国科学技术信息研究所承接了联合国教科文组织的中国国民信息素质教育研究项目，建立了相应的信息素质评价体系。此评价体系指标分为两级，其中一级评价指标 3 项，二级评价指标 15 项。具体评价体系的详细信息如图 2-3 所示。

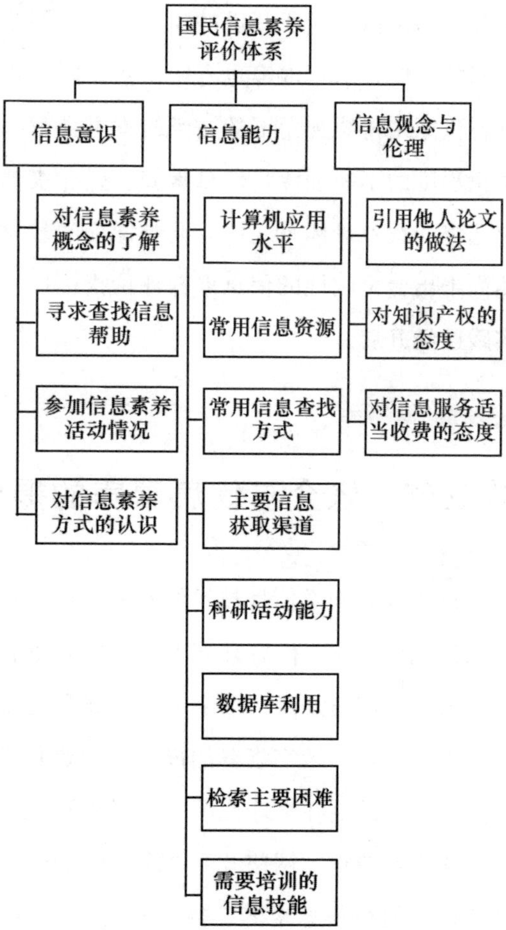

图 2-3 中国国民信息素养评价体系
（中国科学技术信息研究所）

① 林豪慧，孙丽芳．高校信息素养教程［M］．2 版．北京：电子工业出版社，2014：19.

因此，我国的信息素养评价标准，仍处在研究阶段，尚未形成全国性或行业性的信息素养评价标准。高等教育领域的信息素养教育，也主要根据各个高校的具体情况、高校图书馆机构的积极性、高校专业特色需求的不同，而具有很大的差异性。最初的高校信息素养教育，主要体现在由图书馆或者相关图书情报专业所开设的面向全校不同阶段师生的文献检索课程。随着互联网的发展，课程内容也有所调整。网络检索、网络信息资源管理等课程逐渐替代原来传统视角下的文献检索类课程。近几年，随着国内对信息素养的认识程度的不断加深，信息素养、媒介素养的课程逐渐出现在一些高校的全校选修课程目录体系之中，此类课程的教材出版和研究工作也随之展开。虽然尚未出台全国性的信息素养评价指标体系，但零散的媒介素养研究和教育实践已经开展。

第五节　媒介与信息素养的提出

近年来，随着信息技术的发展、信息社会的深化，信息素养的大环境发生了深刻的变化。信息素养本身的内涵也有所扩大，与信息素养含义相近的媒介素养、网络素养、数字素养等概念也相继出现。

网络素养和数字素养的提出，主要是缘于 20 世纪 90 年代中后期“信息高速公路”计划在全球范围内的影响和改变。互联网技术的发展，数字化形态的深入，使得“网络化”“数字化”成为当时人们对信息社会的主要印象和认识。但在信息素养、数字素养、网络素养甚至媒介素养的界定和表述中，经常会出现概念内涵之间相互包含的混乱状态。例如，以色列学者 Alkalai 于 1994 年最早阐释了“数字素养”的概念，提出了数字素养的五个组成部分：图像-视觉素养、再创造素养、信息素养、分支素养、社会情感素养。同年有学者又提出“网络素养”的概念，认为信息素养是网络素养、媒介素养和计算机素养以及传统素养的结合。而在一些西方学者看来，数字素养是以数字化技术为核心的，但网络本身作为一种数字化技术，却又超越了单纯的技术层面。如今的网络素养研究应该是包含媒介素养研究、信息素养研究、数字素养研究的一种宏观的研究逻辑。还有人认为，网络首先是作为一种全新的媒介形态被人们认识和运用的，因此网络素养研究不可避免地会基于既有的媒介素养研究理论。这种混乱和胶合的内涵界定，一定程度上也反映了上述这些名词术语之间错综复杂的关联。除了这些名词术语自身的特定指代不同外，还有一个原因是随着信息技术的不断发展，其本身的内涵和外延也有所改变和扩展。

为了解决这种概念之间的争执和胶合状态，联合国教科文组织（UNESCO）将相关概念进行融合，提出了“媒介与信息素养”（Media and Information Literacy，MIL）的概念，并于 2013 年 12 月发布了《全球媒体与信息素养评估框架》。UNESCO 把“媒介与信息素养”（MIL）界定为“一组能力”，这些能力指“公民使用一系列工具，以批判的、道德的和有效的方式，获取、检索、理解、评估和使用、创造、分享所有格式的信息和媒体内容，以参与和从事个性化、专业化和社会化的活动”①。作为联合国教科文组织媒体和信息素养策略的重要组成部分，UNESCO 的《全球媒介与信息素养评估框架》将会帮助成员国对信息和媒体环境实施综合性评估，在地区和国家层面上监测居民，尤其是从事培训和教育服务的教师的媒介与信息素养水平，进而帮助成员国设计切实可行的策略和行动指南，鼓励各成员国创建有利的环境，帮助本国公民成为具有一定的媒介与信息素养的人。因为媒介与信息素养对于公民权利的享有和社会的持续发展极为重要，每位公民都需要通过学习和实践，提升自身的媒介与信息素养水平。

2017 年 2 月，联合国教科文组织发布了媒介与信息素养五大法则（图 2-4），期望通过媒介素养与信息素养的结合，内化为人们在 21 世纪生活与工作所必备的知识、技能和态度。这五大法则也成为指导世界各国媒介与信息

① 林豪慧．大学生信息素养［M］．北京：电子工业出版社，2017：6.

素养教育的主要原则和建议。我国的媒介与信息素养教育，也应该遵守这五大法则的精神，进行相关规范和指标体系的研究和制定。

图 2-4　UNESCO 发布的媒介与信息素养五大法则①

结合本书第一章对于媒介及媒介素养基本知识的相关论述，联系本章对于信息及其相关概念的介绍和解读，使我们更深刻地认识到媒介与信息之间千丝万缕的联系，而传播学者麦克卢汉所说的“媒介即信息”的表述，似乎在这里被再次印证与放大。人类只有在拥有了某种媒介之后，才有可能从事与之相适应的传播和其他社会活动。媒介，作为信息传播的载体或渠道，在当今的社会环境中，无处不在，无时不有。而信息的流动与传播，也是如此。

① 图片来自联合国教科文组织官网，http：// www. unesco. org/new/fileadmin/MULTIMEDIA/HQ/CI/CI/pdf/Events/mil_five_laws_chinese. png，2018. 10. 6.

数字技术、资源整合、信息传播、媒介生态，所有的概念与结构，都成为信息时代多维度环境下社会生活的诸多通路，从这个意义上来说，互联网已经不仅是一种媒介和传播渠道，更是一种新兴的重要生产要素。网络通过对个体的激活和对资源的重新配置，释放出了巨大的生产力，成为重新构造社会的结构性力量。在这种无法抗拒的力量之下，我们每个个体都要学习在这样的新环境下如何生存与发展，媒介与信息素养的习得与提升，将会成为我们终生需要为之努力的目标。

本章小结

信息无处不在，媒介也无处不在。为了更好地应对媒介时代与媒介社会的发展趋势，信息素养成为我们日常生活中的伴生物。通过本章的学习，我们理解了什么是信息，信息的含义和种类，信息的基本理论以及信息泛滥、信息爆炸所带来的潜在的负面影响，最终我们还是要通过对媒介与信息素养的提升来获得更好保护自己的手段。同学们可以借鉴附录中的媒介信息素养的指标，考查自己的媒介素养知识，以便在学习中有更多的收获。

思考题

1. 请结合信息及其相关概念的发展，分析并理解信息素养内涵的演变。

2. 谈谈你对高校学生应具有的信息素养的理解。

3. 请认真阅读本章章末的附录材料，并对照某一指标体系，衡量自己的信息素养状况。

4. 参照本章附录三《北京地区高校信息素质能力指标体系》，结合个人实际，谈谈你对自身信息素养的提升计划。

附录一　美国高等教育信息素养能力标准（1999）

美国图书馆协会，美国大学和研究型图书馆协会（The Association of College and Research Libraries，A Division of the American Library Association）

翻译：白健

标准，表现指标和成果（Standards，Performance Indicators and Outcomes）

标准一　有信息素养的学生有能力决定所需信息的性质和范围

Standard One：The information literate student determines the nature and extent of the information needed

表现指标（Performance Indicators）

（一）有信息素养的学生定义和描述信息需求。表现为：

（1）通过与老师交流，参与课堂讨论、学习小组、网上论坛来确定研究课题和所需信息。

（2）草拟一个主题，根据信息需求列出相关问题。

（3）通过浏览广泛的信息来源来熟悉课题。

（4）限定或修改信息需求以抓住重点。

（5）确定可以描述信息需求的概念和术语。

（6）认识到现有信息可以结合原有的想法、试验和（或）分析来产生新的信息。

（二）有信息素养的学生可以找到多种类型和格式的信息来源。表现为：

（1）了解信息是怎样正式或非正式地产生、组织和散布的。

（2）认识到把知识按学科分类可以影响获取信息的方式。

（3）找出以多种格式（例如多媒体、数据库、网页、数据、声像和书籍）存在的潜在资源的价值和不同之处。

（4）找出潜在资源的目的和用户，例如大众化的或是学术性的，当代的或历史性的。

（5）区分主要来源和次要来源，并认识到它们在不同学科有不同的用处和重要性。

（6）认识到信息有时要从主要来源的原始数据综合而来。

（三）有信息素养的学生权衡获取信息的成本和收益。表现为：

（1）决定所需信息是否存在，并根据情况扩大信息搜索范围（例如图书馆际互借，利用其他地方的资源，获得图片、音像和文本）。

（2）研究为了搜集所需信息和理解上下文而学习一种新的语言或技巧（例如外语或学科性的）的可行性。

（3）拟订一个现实的计划和时间表来获取所需信息。

（四）有信息素养的学生重新评估所需信息的性质和范围。表现为：

（1）重新评估所需信息来澄清、修改和改进现有问题。

（2）描述用来做信息决策和选择的依据。

标准二　有信息素养的学生可以有效地获得需要的信息

Standard Two：The information literate student accesses needed information effectively and efficiently

表现指标（Performance Indicators）

（一）有信息素养的学生选择最适合的研究方法或信息检索系统来查找需要的信息。表现为：

（1）确定几种适宜的研究方法（例如实验、模拟和实地调查）。

（2）研究不同研究方法的好处和适用性。

（3）研究信息检索系统的规模、内容和组织。

（4）挑选可以有效地从研究方法或信息检索系统获取所需信息的方法。

（二）有信息素养的学生构思和实现有效的搜索策略。表现为：

（1）草拟一个与研究方法相符的研究计划。

（2）确定所需信息的关键字、同义词和相关术语。

（3）挑选适用于学科或信息检索来源的控制性词汇。

（4）运用恰当的信息检索命令构建搜索策略（例如对搜索引擎要用逻辑算式等，对书籍要用索引）。

（5）在不同的信息检索系统中实现这个搜索策略。这些信息检索系统拥有不同用户界面、搜索引擎和使用不同的命令语言、协议和搜索参数。

（6）用适合于学科的研究方法实现搜索。

（三）有信息素养的学生运用各种各样的方法从网上或亲自获取信息。表现为：

（1）运用不同的信息检索系统检索格式不同的信息。

（2）运用不同的分类法和其他系统（例如图书编目号码或索引）在图书馆查找信息资源或确定要亲自去查找的地点。

（3）利用所在机构的专业化的网上或面对面的服务来获取信息（例如图书馆际互借、文件交付、专业组织、研究机构、社区资源、专家和行家）。

（4）运用调查、写信、采访和其他的查询方式来获取主要的信息。

（四）有信息素养的学生可以改进现有的搜索策略。表现为：

（1）评估搜索结果的数量、质量和相关性来决定是否应该运用其他的信息检索系统或研究方法。

（2）找出现有信息的不足之处，然后决定是否应该修改现有的搜索策略。

（3）运用改进后的搜索策略重复以前的搜索。

（五）有信息素养的学生摘录、记录和管理信息和它的出处。表现为：

（1）在不同的技术中挑选最适合汲取所需信息的技术（例如复制/粘贴软件、复印机、扫描仪、声像设备或探索仪器）。

（2）建立一个信息组织系统。

（3）区分引用出处的类型，熟悉不同出处的引用的组成部分和正确语法。

（4）记录所有相关的引用出处以备将来参考。

（5）运用不同的技术来管理经过挑选和整理的信息。

标准三　有信息素养的学生评估信息和它的出处，然后把挑选的信息融合到他（她）们的知识库和价值体系

Standard Three: The information literate student evaluates information and its sources critically and incorporates selected information into his or her knowledge base and value system

表现指标（Performance Indicators）

（一）有信息素养的学生从收集到的信息中总结要点。表现为：

（1）阅读原文，汲取要点。

（2）用他（她）们自己的语言重述原文思想，然后准确挑选数据。

（3）确定适合于引用的文字。

（二）有信息素养的学生清晰表达并运用初步的标准来评估信息和它的出处。表现为：

（1）检查和对比来自不同出处的信息，旨在评估信息的可靠性、准确性、正确性、权威性、时间性、观点或偏见。

（2）分析论点或论证方法的结构和逻辑。

（3）找出偏见、欺诈和篡改之处。

（4）找出信息产生时的文化的、物质的或其他背景信息，并认识到上下文对诠释信息的影响。

（三）有信息素养的学生综合主要思想来构建新概念。表现为：

（1）认识到概念之间的相关性，初步把它们组合成有论据支持的语句。

（2）如果可能，扩展初步分析，在更高的抽象层次上建立新的假设。新的假设可能需要更多的信息。

（3）运用计算机和其他技术（例如电子表格、数据库、多媒体和声像

设备)来研究新概念和其他现象的相互作用。

(四)有信息素养的学生，通过对比新旧知识来判断信息是否增值，或是否前后矛盾，是否独具特色。表现为：

(1) 确定信息是否满足研究或其他信息需要。

(2) 运用有意识地选择的标准来决定信息是否抵触或证实来自其他出处的信息。

(3) 在总结所收集的信息的基础上得出结论。

(4) 运用适合学科的方法（例如模拟器和实验）来检验现有的理论。

(5) 通过质疑数据来源，信息收集工具和策略的不足以及结论的合理性来决定大概的准确度。

(6) 把以前的信息和知识与新信息融合起来。

(7) 选择可以为主题提供论据的信息。

(五)有信息素养的学生决定新的知识对个人的价值体系是否有影响，并采取措施消除分歧。表现为：

(1) 研究在文献中遇到的不同观点。

(2) 决定是否接受或摒弃新的观点。

(六)有信息素养的学生通过与其他人、学科专家和（或）行家的讨论来验证对信息的诠释和理解。表现为：

(1) 参与课堂和其他讨论。

(2) 参与以鼓励有关课程的主题讨论为目的的电子论坛（例如电子邮件、电子公告、聊天室）。

(3) 通过多种机制（例如采访、电子邮件、电子邮件清单）征求专家意见。

(七)有信息素养的学生决定是否应该修改现有的查询。表现为：

(1) 决定信息是否满足原先的需求，还是需要更多的信息。

(2) 评估搜索策略，适当地融合其他概念。

(3) 评估现有的信息检索出处，如果需要可以包括其他信息来源。

标准四　不管个人还是作为一个团体的成员，有信息素养的学生能够有效地利用信息来实现特定的目的

Standard Four: The information literate student, individually or as a member of a group, uses information effectively to accomplish a specific purpose

表现指标（Performance Indicators）

（一）有信息素养的学生能够把新旧信息应用到策划和创造某种产品或功能中。表现为：

（1）重新组织信息，使它呈现能支持产品或功能的用途和样式（例如提纲、草稿、摘要）。

（2）清晰明白地说明以往经验中可以帮助策划和创造某种产品或功能的知识和技巧。

（3）融合新旧信息，包括引用和直译，使它能支持产品或功能的用途。

（4）如有需要，修改电子文本、图像和数据的位置和格式，使它们适合新的上下文。

（二）有信息素养的学生修改产品或功能的开发步骤。表现为：

（1）把与信息查询，评估和传播过程有关的活动载入日志。

（2）总结以往的经验，教训和其他可以选择的策略。

（三）有信息素养的学生能够有效地与别人就产品或功能进行交流。表现为：

（1）选择最适合产品或性能和受众的通信媒体和形式。

（2）运用一系列的信息技术应用软件来创造产品或功能。

（3）结合设计和传播的原理。

（4）采用一种最适合受众的风格与别人清楚地交流。

标准五　有信息素养的学生熟悉许多与信息使用有关的经济、法律和社会问题，并能合理合法地获取信息

Standard Five: The information literate student understands many of the economic, legal and social issues surrounding the use of information and accesses and uses information ethically and legally

表现指标（Performance Indicators）

（一）有信息素养的学生了解与信息和信息技术有关的伦理、法律和社会经济问题。表现为：

（1）找出并讨论印刷和电子出版环境中与隐私和安全相关的问题。

（2）找出并讨论与免费和收费信息相关的问题。

（3）找出并讨论与审查制度和言论自由相关的问题。

（4）显示出对知识产权、版权和合理使用受专利权保护的资料的认识。

（二）有信息素养的学生遵守与获取和使用信息资源相关的法律、规定、机构性政策和礼节。表现为：

（1）按照公认的惯例（例如网上礼仪）参与网上讨论。

（2）使用经核准的密码和其他身份认证来获取信息资源。

（3）按规章制度获取信息资源。

（4）保持信息资源、设备、系统和设施的完整性。

（5）合法的获取、存储和散布文字、数据、图像或声音。

（6）了解什么构成抄袭，不能把他人的作品作为自己的。

（7）了解与人体试验研究有关的规章制度。

（三）有信息素养的学生在宣传产品或性能时声明引用信息的出处。表现为：

（1）始终如一地使用一种适宜的引用格式。

（2）如有需要，使用受专利权保护的资料时要显示版权及免责声明。

附录二 英国信息素养的7个支柱模型[①]

英国信息素养咨询委员会（Advisory Committee on Information Literacy，ACIL）1999年创建了“信息素养的7个支柱模型”，2004年进行了修订。下面列出该模型的一、二级指标，并做简要说明。

一、基本的图书馆技能

标准一：识别信息需求的能力

一个人能认识到有信息需求以及能够分析这种需求是信息素养至关重要的第一步。大学里的作业和课程都有显而易见的信息需求。然而，学生可能会发现确定他们已知的和需要知道的信息之间的差距非常困难。研究表明，在工作场所这个问题更加严重，如商业人士可能无法看到存在于商业问题中的信息需求。

标准二：寻找辨别信息的能力，包括：

（1）知道恰当的信息源，包括印刷品和非印刷品。

（2）选择最佳的信息源来完成手头的任务。

（3）能够了解影响信息可获取性的问题。

一旦确定了已知和未知之间的差距，就需要意识到满足信息需求的方式多种多样。获得信息的来源和渠道非常广泛：书籍、电子期刊、网站、人、组织等。掌握第二项技能不仅要确定可能的信息源，还要明确能完成任务的最佳信息源。

① 林豪慧，孙丽芳．高校信息素养教程［M］．2版．北京：电子工业出版社，2014：290-291．

标准三：为资源定位制订策略的能力，包括：

（1）明确信息需求，找到最匹配的信息源。

（2）根据信息需求制订检索策略。

（3）了解创建数据库的原则和产生过程。

不存在一种策略适合所有的信息源。具有信息素养的一个内容就是要不断学习面对一种信息源时如何从中获取最佳信息。适合谷歌（Google）的搜索策略不一定适合图书馆目录，在书中查找信息与专家回复邮件也大相径庭。这一技能要求学生明白每种信息来源是如何工作的，以便于将信息需求和信息源相匹配，得到有效的结果。

标准四：寻找并获得信息的能力，包括：

（1）构建适当的检索策略。

（2）使用通信和信息技术，包括国际学术网络条款。

（3）使用合适的索引和摘要服务，引证索引和数据库。

（4）使用实时更新方法，以跟上时代。

在确定了最佳信息源和信息查找策略后，需要拥有获得信息和提炼信息的知识和技能，如信息和通信技术的使用、具备相关的学术素养（如记笔记等）。要会熟练应用不同的搜索技术，如能在搜索引擎里利用布尔逻辑创建一个最佳的检索式。

不同信息来源在搜索的不同阶段作用不尽相同，如通过摘要服务和引用搜索能找到关键的参考文献。该技能不仅包括查找行为，还包括使用任何恰当的方式获得信息，如通过网页浏览或RSS跟踪等。

二、IT技能

标准五：比较、评价从不同来源获得信息的能力，包括：

（1）认识到偏见或权威的问题。

（2）清楚学术出版的同行审查程序。

(3) 从信息中提取符合自己需要的信息。

不同信息来源的作者和发布者会提供不同的观点。至于哪个观点最适合你，取决于信息需求的性质。只有具备信息载体的相关知识，并且了解学术研究程序，才能够给予信息需求审慎而批判性地评价获得的信息。有时为了比较和评价信息，还需要专业性软件帮助人们熟练地处理数据。

标准六：以恰当的方式组织、利用并与他人交流信息的能力，包括：

(1) 在项目报告和论文中引用参考文献。

(2) 创建一个个人的书目系统。

(3) 利用信息解决手头的问题。

(4) 使用合适的媒介去有效地沟通。

(5) 充分了解版权和剽窃问题。

在学术环境里，信息的交流和分享涉及导师和学生之间的沟通；在工作和个人生活中，信息的交流和分享涉及经理、客户、家庭或公众。对媒介的使用，如书面形式、面对面交流、网上聊天、发 E-mail 等应因地制宜。一个具有信息素养的人能够根据任务灵活有效地选择适当的媒介交流信息。在某些环境下，能有效地组织信息以便他人检索和交流至关重要，这就要求知道如何使用编目软件和其他个人信息管理工具。最后，该能力还包括在不同的环境里、基于不同目的来应用信息，如解决问题和支持决策等。

标准七：在现有信息的基础上综合信息，创建新的知识的能力

一个信息素养高手能够通过确定、选择、对比和分析获得的信息实现对信息的综合和创新，提供一个新的观点或创建新的知识。例如，可能建一个网站提供综合信息，不只是链接到了其他信息，而是包含了新的内容，提供独一无二的信息产品。在高等教育领域，信息素养应该包括个人的见解，即基于对现有信息的综合和发展而最终创造出某个特定学科领域的新知识。

附录三　北京地区高校信息素质能力指标体系

维度一　了解信息以及信息素质能力在现代社会中的作用、价值与力量

指标：

1. 具备信息素质的学生具有强烈的信息意识。

指标描述：

（1）了解信息的基本知识。

（2）了解信息在学习、科研、工作、生活各方面产生的重要作用。

（3）认识到寻求信息是解决问题的重要途径之一。

2. 具备信息素质的学生了解信息素质的内涵。

指标描述：

（1）了解信息素质是一种综合能力（信息素质是个体知道何时需要信息，并能够有效地获取、评价、利用信息的综合能力）。

（2）了解这种能力是开展学术研究必备的基础能力。

（3）了解这种能力是成为终身学习者必备的能力。

维度二　确定所需信息的性质与范围

指标：

1. 能够识别不同的信息源并了解其特点。

指标描述：

（1）了解信息是如何生产、组织与传递的。

（2）认识不同类型的信息源（例如：图书、期刊、数据库、视听资料、网络等），了解它们各自的特点。

（3）认识不同层次的信息源（例如：零次、一次、二次和三次信息），了解它们各自的特点。

（4）认识到内容雷同的信息可以在不同的信息源中出现（例如：许多会议论文同时发表在学术期刊上）。

（5）熟悉所在学科领域的主要信息源。

2. 能够明确地表达信息需求。

指标描述：

（1）分析信息需求，确定所需信息的学科范围、时间跨度等。

（2）在使用信息源的过程中增强对所需求信息的深入了解程度。

（3）通过与教师、图书馆馆员、合作者等的讨论，进一步认识和了解信息的需求。

（4）用明确的语言表达信息需求，并能够归纳描述信息需求的关键词。

3. 能够考虑到影响信息获取的因素。

指标描述：

（1）确定所需信息的可获得性与所需要的费用（例如：有的信息是保密的，无法获取；有的信息需要支付馆际互借的费用）。

（2）确定搜集所需要的信息需要付出的时间与精力。

（3）确定搜集所需要的信息和理解其内容是否需要应用新的语种和技能（例如：信息是以非中文/英文的语种表达信息内容的，要了解其内容，则需要先学习一门新的语言；或是理解信息内容需要应用到还未学过的学科知识）。

维度三　能够有效地获取所需要的信息

指标：

1. 能够了解多种信息检索系统，并使用最恰当的信息检索系统进行信息检索。

指标描述：

（1）了解图书馆有哪些信息检索系统（例如：馆藏目录、电子期刊导航、跨库检索平台等），了解在每个信息检索系统中能够检索到哪些类型的信息（例如：检索到的信息是全文、文摘还是题录）。

（2）了解图书馆信息检索系统中常见的各种检索途径，并且能读懂信息检索系统显示的信息记录格式。

（3）理解索书号的含义，了解图书馆文献的排架是按照索书号顺序排列的。

（4）了解检索词中受控词（表）的基本知识与使用方法。

（5）能够在信息检索系统中找到“帮助”信息，并能有效地利用。

（6）能够使用网络搜索引擎，掌握网络搜索引擎常用的检索技巧。

（7）了解网络搜索引擎的检索与图书馆提供的信息检索系统检索的共同点与差异。

（8）能够根据需求（查全或是查准）评价检索结果，确定检索是否要扩展到其他信息检索系统中。

2. 能够组织与实施有效的检索策略。

指标描述：

（1）正确选择检索途径，确定检索标识（例如：索书号、作者等）。

（2）综合应用自然语言、受控语言及其词表，确定检索词（例如：主题词、关键词、同义词和相关术语）。

（3）选择适合的用户检索界面（例如：数据库的基本检索、高级检索、专业检索等）。

（4）正确使用所选择的信息检索系统提供的检索功能（例如：布尔算符、截词符等）。

（5）能够根据需求（查全或是查准）评价检索结果、检索策略，确定是否需要修改检索策略。

3. 能够根据需要利用恰当的信息服务获取信息。

指标描述：

（1）了解图书馆能够提供的信息服务内容。

（2）能够利用图书馆的馆际互借、查新服务、虚拟咨询台、个性化服务（例如：My Library）等。

（3）能够了解与利用其他信息服务机构（例如：CALIS）提供的信息服务。

4. 能够关注常用的信息源与信息检索系统的变化。

指标描述：

（1）能够使用各种新知通报服务。

（2）能够订阅电子邮件服务和加入网络讨论组。

（3）习惯性关注常用的印刷型/电子型信息源。

维度四　能够正确地评价信息及其信息源，并且把选择的信息融入自身的知识体系中，重构新的知识体系

指标：

1. 能够应用评价标准评价信息及其信息源。

指标描述：

（1）分析比较来自多个信息源的信息，评价其可信性、有效性、准确性、权威性、时效性。

（2）辨认信息中存在的偏见、欺诈与操纵。

（3）认识到信息中会隐含不同价值观与政治信仰（例如：不同价值观的作者对同一事件会有不同的描述）。

2. 能够将选择的信息融入自身的知识体系中，重构新的知识体系。

指标描述：

（1）能够从所搜集的信息中提取、概括主要观点与思想。

（2）通过与教师、专家、合作者、图书馆馆员的讨论来充分理解与解

释检索到的信息。

（3）比较同一主题所检索到的不同观点，确定接受与否。

（4）综合主要观点形成新的概念。

（5）应用、借鉴、参考他人的工作成果，形成自己的知识、观点或方法。

维度五　能够有效地管理、组织与交流信息

指标：

1. 能够有效地管理、组织信息。

指标描述：

（1）能够认识参考文献中对不同信息源的描述规律。

（2）能够按照要求的格式（例如：文后参考文献著录规则等），正确书写参考文献与脚注。

（3）能够采用不同的方法保存信息（例如：打印、存档、发送到个人电子信箱等）。

（4）能够利用某种信息管理方法管理所需信息，并能利用某种电子信息管理系统。

2. 能够有效地与他人交流信息。

指标描述：

（1）选择最能支持交流目的的媒介、形式（例如：学术报告、小组讨论等），选择最适合的交流对象。

（2）能够利用多种信息技术手段和信息技术产品进行信息交流（例如：使用 PowerPoint 软件创建幻灯片、为研究项目建立网站、利用各种网络论坛等）。

（3）采用适合于交流对象的风格清楚地进行交流（例如：了解学术报告幻灯片的制作要点，了解如何撰写和发表印刷版或网络版的学术论文）。

（4）能够清楚地、有条理地进行口头表述与交流。

维度六　作为个人或群体的一员能够有效地利用信息来完成一项具体的任务

指标：

1. 能够制订一个独立的或与他人合作完成具体任务的计划。

2. 能够确定完成任务所需要的信息。

3. 能够通过讨论、交流等方式，将获得的信息应用到解决任务的过程中。

4. 能够提供某种形式的信息产品（例如：综述报告、学术论文、项目申请、项目汇报等）。

维度七　了解与信息检索、利用相关的法律、伦理和社会经济问题，能够合理、合法地检索和利用信息

指标：

1. 了解与信息相关的伦理、法律和社会经济问题。

指标描述：

（1）了解在电子信息环境下存在的隐私与安全问题。

（2）能够分辨网络信息的无偿服务与有偿服务。

（3）了解言论自由的限度。

（4）了解知识产权与版权的基本知识。

2. 能够遵循在获得、存储、交流、利用信息过程中的法律和道德规范。

指标描述：

（1）尊重他人使用信息源的权利，不损害信息源（例如：保持所借阅图书的整洁）。

（2）了解图书馆的各种电子资源的合法使用范围，不恶意下载与非法使用。

（3）尊重他人的学术成果，不剽窃；在学术研究与交流时，能够正确引用他人的思想与成果（例如：正确书写文后参考文献）。

（4）合法使用有版权的文献。

第三章

言之凿凿：如何感知媒介语言

党的二十大报告指出，完整、准确、全面贯彻新发展理念，着力推动高质量发展，主动构建新发展格局，……积极发展社会主义先进文化……坚持人民至上，坚持自信自立，坚持守正创新，坚持问题导向，坚持系统观念，坚持胸怀天下，开辟马克思主义中国化时代化新境界。推进文化自信自强，铸就社会主义文化新辉煌，激发全民族文化创新创造活力，增强实现中华民族伟大复兴的精神力量。巩固全党全国各族人民团结奋斗的共同思想基础，建设具有强大凝聚力和引领力的社会主义意识形态，广泛践行社会主义核心价值观，提高全社会文明程度，繁荣发展文化事业和文化产业，增强中华文明传播力影响力。在这样的背景下来谈语言的问题，就是在具体而微的层次上，如何繁荣和创新文化产业、增加中华文明传播影响力的问题。

语言，对于人类而言，看起来是一个平常的词汇。20 世纪以来，学者对语言符号进行了多维度研究，人们逐渐意识到，语言与人类的身体、人类文明、人类历史、人类的社会交往等之间的关联性。众所周知，刚出生的婴儿，便开始尝试着发出各种声音来表达自己的需求和情感，以获得周围人更多的关注。从人类历史来看，语言的产生也是人类文明进化史中重要的里程碑之一。人类的语言产生于 9 万年前到 4 万年前。德国解释学家伽达默尔认为，语言本身是一种世界观，人因为有了语言，才有了一个世界，与世界有了一种关系，对世界有了一种特殊的态度。人与世界的关系因为语言的产生才确立了下来。媒介无论是一种技术形式，还是一种文化形式，或是信息形式，都需要具体而微的中介即语言来实现人与人之间、人与机器之间、机器与机器之间的传播。作为语言的一种特殊形式，媒介语言在现代信息社会中扮演着特殊的角色，而在媒介化社会中，这一点表现得更为突出。

本章先从语言与语言符号谈起，探讨人类的语言如何起源，从语言起源的几种观点，延伸到媒介语言的类型及特征，最后讨论如何理解和使用媒介语言。

第一节　语言的起源及特征

语言是人类文明史发展的产物，人类的祖先在早期的生活和社会实践中，从肢体行为到语言的发明经历了一个漫长的过程。就世界文明史而言，语言可以分为表音文字和表意文字两种主要类型。所谓表音文字，是指文字的表现形式与发音系统直接对应；所谓表意文字，顾名思义是指文字本身的表现形式便是文字的意义。在这两种语言系统中，衍生了当代社会中主要的几种语言类别。那么，语言究竟从何处来？又是如何演化的呢？由于人类对于远古文明缺乏足够而清晰的证明，对于语言起源的研究以及如何认知语言的研究，不同时期、不同学科的研究者提出了几种看法，这几种看法为我们认知语言的起源及其特征提供了很好的切入口，从这些切入口我们才有可能通过人类文明起源的一点亮光来透视人类文明发展的历程。

本节分别从语言的起源及其发展和语言传播的基本特征进行叙述。

一、语言的起源

从人类社会发展进程而言，口语是人类进入早期文明社会的最早切入口。那么，人类的语言到底是来自哪里呢？是谁创造的呢？语言活动的规则有哪些呢？研究的视角可以从古代的文献中出发，也可以从考古文物中发掘，当然也可以从对刚出生的婴儿的观察进行探究，或者还可以将人与动物进行比较来做研究。但是在语言产生之前，人们主要是依靠身体姿态或者说身体语言进行传播，因此难免要问一个问题：人们为什么放弃了以身体姿态为主的传播而创造了语言，从而形成了以语言为主导传播工具的人际交往与社会交往形式呢？从人类器官进化的视角，似乎可以为此提供一些思路。在这里，本书从几种关于语言的起源观点出发，继而对人类为何最终以语言传播为主导，由此形成了人类文明的进化历程进行叙述。

（一）语言起源的几种观点

1. 语言神授说

部分学者从宗教信仰中寻找语言起源的依据。在《圣经·创世记》中记载上帝创造万物并给万物命名，“起初神创造天地。”“神称空气为天。有晚上，有早晨，是第二日。”“神称旱地为地，称水的聚处为海。”上帝继而派遣亚当看守伊甸园，并且让伊甸园的飞禽走兽走到亚当的面前，看他叫它们什么，就算作它们的名字。在《圣经·旧约创世记》第11章，上帝指出，世上原本只有一种语言——“亚当语”。巴比伦地区的人们建造了一座能通往天堂的高塔；据说上帝对人类这胆大妄为的举动颇为不满，一夜之间让语言变得五花八门；人们再也听不懂对方在说什么，误解、纷争使大家终日吵吵闹闹；这一高塔便半途而废。后来，人们把这座塔称为“巴别（变乱）塔”，也称“通天塔”（Towel of Babel)，并把寻找语言扩散的中心比喻为寻找“通天塔”。换言之，上帝赋予了人类的语言能力，自从有了语言能力，人类便开始了一段新的历史时期。因此，学者大致认为人类在语言分化之前，拥有一种类似原始语言（Proto-language）的东西。

2. 声音起源论

声音起源论是从人与动物的发声系统比较而言的。因为大多数动物的发声系统与人类并不相同，如狗和狮子等是以几乎完全相同的方式发出声音的。但是人类的大脑皮层可以将这种叫声进化为语言。换言之，人类的语言有成长性，可以生成，也会死亡，动物的吼叫却不可能[①]。简单来说，我们可以把声音起源论分为以下几种。

（1）摹声论：即“汪汪说”（Bow-wow Theory）或“叮咚说”（Ding-dong Theory）。

（2）感叹论：即“呸呸说”（Pooh-pooh Theory）（或者感情抒发说）。这种理论认为语言起源于情感激发的自然喊叫，如对某人某物不高兴甚至讨厌时就会发出“呸！呸！”（Poop-pooh）之类的声音。

（3）劳动叫喊论：即“咳哟说”（Yo-he-ho Theory）[②]。

上述关于声音的理论，都有一定的合理性，其根基主要在于现有语言中的一些摹声词和感叹词等，由于任何语言中都有这样一些词汇，所以猜测语言起源于这些词语。

3．手势论

手势论是以身体姿态的表达来解释语言起源的一种理论。该理论由美国学者威廉·斯多基（William C. Stokoe）发展而来。他认为人类的语言从手势语言到手语再发展到有声语言，是一个漫长的过程。这也是他对语言起源和发展的一种假设[③]。手势论只能说明人类在产生有声语言之前，主要是用手势、体态等进行交际，但不能说明有声语言是由手势等演变而来的。因为手势等不具备有声语言的材料，无法为有声语言的产生提供确切的论据。手势到手语以及有声语言的发展假设，也需要更多的证据。

4．劳动创造论

劳动创造论是马克思、恩格斯的语言观。在《自然辩证法》中，马克思、恩格斯提出了劳动创造论。例如《劳动在从猿到人转变过程中的作

① 施拉姆．人类传播史［M］．台北：台湾远流出版社，1994．

② Pei M. The Story of Language［M］. New American Library，1965：19-23．

③ 于松梅．威廉C·斯多基对手语语言学研究的贡献[J]．现代特殊教育，2005（9）：35．

用》一文指出："语言是从劳动中并和劳动一起产生出来的。这是唯一正确的解释，拿动物来比较，就可以证明。动物之间，甚至在高度发展的动物之间，彼此要传达的东西也很少，不用分音节的语言就可以互相传达出来。在自然状态中，没有一种动物感觉到不能说或不能听懂人的语言是一种缺陷。如果它们经过人的驯养，情形就完全不同了。犬和马在与人的接触中所养成的对于分音节的语言的听觉是很敏锐的，以至它们在自己的想象所及的范围内，能够容易地学会任何一种语言。此外，它们还获得了如对人的依恋、感谢等表现感情的能力，而这种能力是它们以前所没有的。和这些动物常接触的人不能不相信：这些动物现在常常感觉到不能说话是一种缺陷。不过可惜它们的发音器官已经向一定的方向专门发展得太厉害了，所以无论如何这种缺陷是补救不了的。但是，只要有了发音器官，这种不能说话的情形，在某种限度内是可以克服的。鸟的口部器官和人的口部器官肯定是根本不同的，然而鸟是唯一能学会说话的动物，而且在鸟里面是具有最讨厌的声音的鹦鹉说得最好。我们别再说鹦鹉不懂得它自己所说的是什么了。它一连几小时唠唠叨叨地反复说它那几句话，的确是出于它十分喜欢说话和喜欢跟人往来。但是在它想象所及的范围内，它也能学会懂得它所说的是什么。如果我们把骂人的话教给鹦鹉，使它能够想象得到这句话的意思（这是从热带回来的水手们的一种主要娱乐），然后惹它发怒，那么我们马上会看到：它会像柏林沿街叫卖蔬菜的女人一样正确地使用骂人的话。它在乞求好吃的东西时，情况也是这样。"①

概括来说，劳动创造论的基本观点：第一，语言、思维、人、人类社会是同时产生的；第二，语言是在人们的劳动中，由于交际的需要而产生的；第三，人类的语言从产生时起就是有声语言。劳动为语言的产生提供了条件，即生理条件、心理条件和社会条件。生理条件是指发音器官，心理条件是指具备全方位思维的大脑，社会条件是指人类社会的形成所产生

① 马克思，恩格斯．马克思恩格斯选集：第三卷下册［M］．北京：人民出版社，1972：511-512．

的社会交流的需要。

简单而言，各种语言起源学说，都无法完整地解开语言起源的谜团。随着新的科学技术的发展，越来越多的语言学家、考古学家、心理学家、生物学家、人类学家等开始尝试应用各种新方法来探究语言起源的问题。但至今还没有令人信服的解说。

生物学研究指出，出现有声语言的第一个条件是生理基础。随着人类的进化，发音系统也日趋完善。研究发现，晚期智人的口腔极大缩短，喉头位置显著下降，舌根部位的自由活动空间扩大，发音器官比早期智人有了较大的改善，有可能发出较为清晰的声音。在遗传学领域，科学家发现了被称为“语言基因”的 *FoxP2* 基因。该基因控制人脑语言区的布局和可塑性，并控制说话时面部和口腔的活动。该基因在哺乳动物中广泛存在，但其他动物的 *FoxP2* 基因缺少关键的变异。通过对尼安德特人基因的遗传分析，科学家发现尼安德特人的 *FoxP2* 基因序列与现代人的相匹配。根据上述研究，有科学家认为，一些语言最晚在 40 万年以前就已产生，那时正是尼安德特人和现代人分道扬镳的时候。出现有声语言的第二个条件是思维能力要发展到一定的水平，而且有了产生语言的必要。第三个条件是在语言之前还存在着前语言时期。三者合一才可以科学地解释语言的起源①。

简而言之，就目前的研究成果来说，已达成共识的有以下观点：第一，语言一开始就是有声语言，继而发展到人与人之间的口耳相传；第二，语言一开始就是音义结合体，继而发展到音义结合的符号；第三，语言一开始就与人的抽象思维相关联，并始终伴随着抽象思维能力；第四，语言一开始就具备语音、词汇、语法三个要素；第五，语言一开始就是人类最主要的交际工具。

（二）语言活动的机制

语言活动的机制可以分为以下 3 部分。

---

① 李东风. 人类语言起源之谜［J］. 生物学通报，2021，56（5）：6-9.

1. 布洛卡区（Broca's Area）

位于大脑左半球第三额回后部、靠近大脑外侧裂处。由法国医生布洛卡发现。如果这一区域出现问题，容易出现发音困难的情形，但是阅读、理解和书写等技能不会受到影响，例如运动性失语症、表达性失语症、词语反复现象都是这一区域出现障碍之后人类在口语表达中出现的问题。

2. 维尔尼克区（Wernicke's Area）

位于大脑左半球颞叶颞上回处，其主要功能是分辨语音、语义，这一部分与语言的接受能力关系密切。这一区域于1874年由德国学者维尔尼克发现。这一部分出现障碍，往往表现为不能分辨语音和理解语义。在表达上虽然很流利，但是表达的词语却不能表达出应有之义。出现这一症状可以称之为接受性失语症，也即语言失认症，往往对词语做出错误的意义判断。

3. 角回（Angular Gurus）

位于维尔尼克区上方，顶叶和枕叶交界处，大脑后部的重要联合区。这一部分与人们口语表达中的词语的视觉记忆密切相关，主要功能是联合视觉和听觉的通道，可以帮助人们把书面语言转换为口语，同时将口语转换为书面语言。1924年由Gerstmann首先报道角回综合征①。

尽管语言的表达机制主要集中在这三个部分，但随着对人类自身语言表达机制的进一步研究发现，语言的表达机制并不仅仅限于上述三个部分。

二、语言的发展及演变

语言的产生大大加快了人类走向文明的进程。首先，语言拓展了人类信息传播的内容；其次，语言不仅是人类重要的交际工具，而且成为人类重要的思想工具；最后，在长度、复杂性、准确性和精细程度方面，语言可以记忆、传递、接收和理解的信息，都远远超过了非语言时代。语言产

---

① 彭聃龄. 普通心理学 [M]. 4版. 北京：北京师范大学出版社，2012.

生之后，便进入其发展过程，即语言的发展和演变过程。这个过程是从两个层面展开的：一个层面是社会环境，另一个层面是语言系统内部的运动和发展。

第一个层面是语言的社会性和历史性。某一个社会中产生的语言，必然会受到它所在的社会政治、经济、文化及其他因素的影响，语言的表达在社会发展中会出现一些新的表达形式。例如“先生”和“太太”这两个称谓，20 世纪前半叶是对有一定社会地位和社会身份的人群的称谓，进入 20 世纪 60—70 年代则成为一种社会运动中对特定人群的称谓。20 世纪 80 年代改革开放之后，随着市场经济的深入，人们的观念再度发生了改变，“先生”和“太太”这两个称谓的含义也发生了变化，成为一种普遍化的中等阶层的称谓。再如“小姐”这个词语，在 20 世纪上半叶是对大户人家未出嫁女儿的一种称谓，在 20 世纪 50—60 年代则成为一种被社会主流批判的群体，80 年代以来特别是 90 年代以后，“小姐”与“妓女”这一概念几乎成了同义词。从上述几个例子可以看出，语言在不同的社会时期，随着社会环境的变化，同样演绎出不同的含义来。此外，在不同的社会时期，社会也会“生产”或者“创造”一些特定的新词语来，例如我们现在看作是日常用语的“囧”“宅”“郁闷”“萌”“酷”等词语，只是最近十年通过媒体生产出来，翻看《辞海》或者《现代汉语词典》，我们会发现，总有一些新的词语产生，一些旧的词语消失，这种词语的新旧更替过程，或者说，语言的变迁过程，与社会的变迁如思想、政治、经济、文化和技术等方面的改变密切相关。也就是说，语言的发展变化与其所在的社会环境和历史时期有很大的关联性，即语言有一定的社会性和历史性。

第二个层面是指语言本身内部的发展变化，即语言的分化和统一的过程，同时也包括了语言的融合问题。主要体现在两个方面：第一个方面是口语与书面语的分化与统一；第二个方面是方言和共同语的分化与统一。

首先，从口语与书面语的关系来看，如果口语和书面语之间出现极大的分离，一般来说，将会导致书面语自身表达中的僵化现象，因为书面语来自口语，二者是一种相互依附的关系，与口语分离的书面语，长久下去会成为无源之水、无本之木，其含义也较难为人们所理解，从而成为活着的“死”语言。从社会发展来看，自从民族国家诞生之后，提升国民的扫盲率始终是一个国家综合发展的指标，也是一个人从传统向现代过渡的重要标志。20 世纪 50 年代中期，中国政府在城乡开展的扫盲运动，既是教育大众化的一个组成部分，也是提升现代国家公民基本素养的必然之路。文盲，这一概念大体指的便是仅仅会使用口语的人群，这一群体与现代国家总体发展的人力资源诉求是相冲突的。反过来说，口语与书面语出现较大的冲突或者分化，则会影响人们在社会信息系统中的各种交流活动，就好比一个读书人，仅仅认识书面文字，在口语交流中，却不知道如何表达自己，直接影响了日常的社会交往。就历史发展来说，现代国家的建立与语言的统一关联甚大，尤其是在民族国家建立的过程中，民族语言的一致意味着有标准的口语和书面语，方言的地方性增强了。

其次，从方言和共同语的关系来看，每个地区不同类别的方言在发展中会通过不同的方式选择一种语言作为其通用语，或者共同语，这种共同语最终会成为该地区或者国家的官方或者正式语言，当然共同语形成的前提条件是社会的统一。共同语的形成往往是由历史、宗教、地理、气候、贸易或者政治的因素造成的。例如德语的形成，与马丁·路德宗教改革有直接关系，而马丁·路德对《圣经》的翻译，成为德语语言在书面表达上统一的助推器。

最后，在语言的发展和变化之外，还有一个问题是语言的融合问题。从民族语言的融合来看，语言融合在历史和社会发展中，既有“被迫”融合的情况，也有自愿融合的情形。因此语言融合包括了上述两个方面的情形，既有社会发展的因素，也有语言自身发展变化的因素。在语言融合过程中，会出现一些特殊的语言现象，如双语现象、过渡语现象、洋泾浜现象等。以洋泾浜为例，洋泾浜是指非民族语言，主要是指外语在本民族语言的影响下发生的变种，例如在一种语言表达中夹杂了不同语言种类的词汇。例如让我 look look、小 case、I 服了 you、you 狠、有时间 call 我等。再如采用的词汇量少，使用迂回的方式来指称事物：人山人海（Mountain People Mountain Sea）。最后外语经过本地语言的改造成为新的形式，如 thanks—3X。而在洋泾浜的基础上再混合其他语言成分，形成的语言就是混合语，混合语是一种两不像的语言。当混合语在一定条件下成为社会的交际工具，并成为有些家庭孩子的母语时，就发生了克里奥尔化，形成了克里奥尔语（Creole Language）①。克里奥尔语是在洋泾浜语的基础上发展起来的较完备的语言，它能覆盖一切生活中需要表达的现象，是洋泾浜语使用者后代的母语。

语言的演变并非一个一蹴而就的过程，而是一个渐渐演化的过程，但是在语言演化过程中，完全消失的语言种类很少。例如拉丁语，在中世纪为当时欧洲的官方语言，随着民族国家的出现，民族语言逐渐取代拉丁语的官方地位，拉丁语走向衰落，从原来教育系统中的官方教育语言蜕化了，现在已经成为一种仅仅存在于古籍文献中的语言。再如中国一些少数民族语言，如纳西族的语言，也在经历着逐渐走向凋零的过程。因此，通过各种手段保存正在消失的语言种类，也是人类文明和历史延续的一个任务。

三、语言传播的基本特征

由于语言的历史性、社会性和自身的演变性，语言传播在不同时期也呈现出不同的特征来。

早期的语言，以口语传播为主，非语言传播为辅。例如古人借助一定的物品或记号来传递信息，如结绳记事，这是一种标记传播的形式；又如借助声光信号来传递信息，如击鼓传讯、烽火报警；再如用简单的符号或图画来表达意思，传递信息是指图式传播。更为典型的则是中国的《周易》里面的八卦图，尽管是作为预测的一种解读形式，但是与古人的解读

① 约翰·桑迪福，李潮，杨春学. 克里奥尔语——一种土著语言［J］. 世界民族，1986（3）：38-42.

结合在一起，一定意义上成为口语传播和非语言传播相匹配的一种有趣的文献资料。

语言成熟之后的传播，遵循以下的基本原则，才能实现较好的传播效果。

原则一：采用双重视角（Dual Perspective）。在语言传播中，有一个最低的两人原则，两个人在通过语言进行传播的时候，要注意遵守双重视角原则。双重视角即承认和尊重他人的立场，并且把这一立场纳入语言传播的过程中，因为语言传播是人与人之间的互动过程，应该考虑到人与人之间的相互立场。但尊重他人的立场，并不意味着可以放弃自己的立场，这同样是不道德的选择，双重视角意味着对自己和对方立场的双重认可。例如在学习和工作中，你可以理解对方对你的职业、学习等安排，但并不一定同意他们的观点，但你可以从理解他们的角度出发，改善学习和工作，接受人与人之间的差异，不断成熟，不断成长。

原则二：把握自己的想法与观点。在通过语言进行传播的两个人之间，尊重他人的视角和自己的视角是一回事，但是如何恰如其分地表达自己的观点和想法则需要通过日常生活的自我培训和自我训练。把握自己的观点和想法就是掌握属于自己的语言，即什么是我-语言（I-language），同时要与你-语言（You-language）进行对比。

你-语言和我-语言的对比见表 3-1。

表 3-1　你-语言和我-语言的对比①

你-语言	我-语言
你伤害了我	当你忽视我的话时，我感觉受到了你的伤害
你让我感觉到自己很渺小	当你说我自私时，我觉得自己很渺小
老板胁迫我	当老板挑剔我的工作时，我感觉受到了胁迫
你太专制了	当你冲我大喊时，我感受到压迫
这位演讲者让我哑口无言	当演讲者讨论这么复杂的问题时，我觉得自己一无所知
你让我丢脸	当你在我的朋友面前指出我的问题时，我觉得丢脸

① ［美］朱莉娅·伍德. 生活中的传播［M］. 4 版. 董璐，译. 北京：北京大学出版社，2009：146.

人们在日常生活中，通过语言进行传播时，往往容易在陈述人称上忽视我-语言和你-语言表达方式之间的区别，二者之间的区别在于以下两方面。

首先，以“我”来进行陈述的时候，会容易表达自己的责任意识，而以“你”进行陈述的时候，会将责任意识投射到他人身上，让人有一种由自身导致的某种责任感，这种情形会导致语言传播中各种潜在的防卫心理，影响语言传播的质量与效果，也容易形成双重自我的中心视角。

其次，以“我”为主导进行陈述的话，可以将信息描述得更为全面和周详，而以“你”为主导进行陈述的话，则容易在语言传播中出现概念化的或者论断式的谴责，恶化传播关系，从而降低语言传播的效果。如果学会从“我”陈述出发的话，则会增加信息的可信度，例如在具体的行为和感觉的描述中，补充信息，尽量使得信息在发生语言传播的二者之间得到充分的传播，他人在传播过程中得到了充分的尊重，可以对改善二者的关系或者改善语言传播所要实现的相关信息的沟通与传播起到更好的作用。

原则三：尊重他人的想法和观点。在日常生活中，进行多人传播时，如果我们总是代替或者代表他人说话，而不给他人自我陈述的机会的话，容易造成对他人的不尊重。例如，你和好朋友一起出门，别人询问你的好朋友相关问题的时候，你总是代替他（她）说话，口吻总是“他（她）如何如何”，这样就直接造成了对他（她）的不尊重。因为我们每个人的成长经历和个人经历的差异，即便是我们的父母、子女或者先生、太太，我们也无法完全充分地了解对方，替他人发言，或者代表他人说话，因为这样容易忽视对方的感受和想法。

自然，上述三条基本原则的掌握，并不是一朝一夕的事情，既需要个体的自我训练和日常磨炼，也需要锤炼个体的语言表达能力。尽管语言是我们每个人孩提时代就已经具有的能力，但如何较好地通过语言传播进行社会交往，则是一个漫长的学习过程。人类从婴儿时期开始学习说话，这种说话与我们这里所说的语言表达不是一个层次的问题，孩童时期学习说话是为了一般的日常交流，而如何更好地使用语言进行表达则是需要从多元化的知识体系中获得更多的实践训练和理论指导。在信息社会中，人们需要学习一些沟通技巧、职场面试技巧等，这些与一般的儿童学习说话之间，有一定的区别。换言之，人类的说话能力并不仅仅是指学会发音，还需要学习如何与他人、与社会之间进行良性互动和交往，这样才会形成一个良好的社会交往网络，提升个体在社会生活中的幸福指数。

第二节　媒介语言的特征与类型：视觉语言

日常生活中人们所使用的语言，一旦为媒介采用，其类型和特征便发生了很大的变化。如前所述，语言不但有历史性、社会性，也有其自身的内在发展性。媒介语言，在宽泛的意义上，也会随着社会的变迁、技术的变革以及媒介类型的变化，出现一些新的类型和特征。

就较为狭窄的概念而言，媒介语言自身已经摆脱了传统的语言文字形态，是指广泛意义上、所有媒介使用的语言，包括表达意义的符号、代码以及叙事的形式等。媒介语言同时也是信息与娱乐的表现方式，包括的内容非常广，可以有视觉语言与听觉语言之分。视觉语言除了文字以外，还有色彩、图片、动态画面、形象设计、壁画、雕塑等多种形式；听觉语言除了话音之外，还有音乐、音响效果、背景声音等多种形式。需要注意的是，本节所说的媒介是指以非人际信息传播为特征的信息传播工具。而媒介语言的论述则侧重以所有媒介使用的语言类型为划分依据，从视觉语言、听觉语言两个部分进行论述。

视觉语言是通过以视觉为认知表现形式进行信息传播的方式，不同的媒介根据传播的诉求不同，选择不同的材料和表现形式（如具象或者抽象），通过一定的原则和方式，在特定范围内控制或者安排各个元素之间的关系，最终形成能够传播某种信息的视觉形象。尽管如此，作为媒介语言的一种形式，视觉语言也有一定的普遍特征和基本类别。下面分别从视觉语言的特征和类别进行论述。

一、视觉语言概述

视觉是获得外部有效信息的重要感知途径。人们所获取的信息有很大一部分来自视觉系统。对于视觉而言，一般会涉及以下几个概念：视野，指眼睛固定于一点时中心所能看到的范围；主视野和余视野，分别是指位于视野的中心、分辨率较高和位于视野的边缘、分辨率较低的情形；绝对亮度，指眼睛能感觉到光的强度；相对亮度，指光强度和背景之间的对比关系。在生活中，还会出现一些视觉上的错觉现象或者眩光现象，这些都是由视野范围的差异而产生的，会形成视觉疲劳现象。对于媒介而言，视觉语言主要有以下特征。

1．信息性

视觉语言的信息性，是指媒介在传播中，通过一些特定的主题、象征、隐喻等方式将所要表达的意义进行一定的解构和重构，并通过特定的形式法则进行拼接、编织和视觉化处理，从而创造出具有视觉本体语言特征的视觉形态过程。例如一些商品的品牌标志，就是通过特定的形式，传达了品牌的相关信息，换言之，品牌的标志便是视觉语言信息性的一种呈现形式。

2．艺术性

视觉语言的艺术性一方面表现在原创性上，另一方面表现在独创性上。媒介在视觉语言的运用中，原创性可以给受众更多的想象力，而独创性则容易扩大受众的联想空间，从而增强媒介的传播效果，因此视觉语言与人类的审美意识之间关系密切。

3．文化性

作为人类的一种特殊媒介语言，视觉语言承载着人类文明和文化的传播功能，因此，也是一种传播载体和传播工具。就这个意义而言，视觉语言既是人类文化的一个组成部分，也是媒介语言表达中文化符号的重要构成部分，具有浓厚的文化性。只有人类普遍认可的视觉文化因素，才有可能为大众所认知，成为大众文化的一个组成部分。

二、视觉语言的类型

就广泛意义而言，视觉语言并没有标准的或者确定的规则，视觉语言中既包括图形的形态、色彩、组合方式，也包括不同的语言文字符号的组合。具体来说，视觉语言包括摄影、图案、字体、摄像、绘画、插图、地图、表格、卡通、制图等多种传播表达方式。本书把上述这些因素综合为4种，即书面文字、色彩、图形、版式进行描述。

（一）书面文字的传播

文字是人类文明进步的里程碑，也是人类传统的主要载体。在人类社会的起源处，文字扮演了重要的角色。同时，文字是最普通也是最特殊的视觉语言，就媒介发展史而言，文字，尤其是书面文字的出现，不仅改变了社会的结构，也改变了人与人之间的社会交往关系，一定意义上，也促进了个人主义观念萌芽的诞生。因为对于书面文字的阅读，是一种孤独而又封闭的个人体验过程，通过对文字的阅读，可以让阅读者沉浸在文字所构成的想象的世界中，在获得独特的阅读经验的同时，也培育了个体的独立意识和批判精神。下面结合媒介案例进行分析。

首先，作为一种视觉符号，文字是人们思想情感表达的图画形式，是记录语言信息的一种视觉符号。就语言的类别而言，世界上的语言主要分为表意文字和表音文字两个系统。无论是表音文字还是表意文字，在起源处和绘画都有很密切的关联性，作为视觉语言的一种表达形式，其组合方式呈现出很鲜明的文化性和媒介性。下面以一段新闻报道为例进行说明。

北京文化守护人丨任德永：做好大运河文化的播种者（节选）[①]

2023-09-14　记者：隋坤 王子诚　　编辑：袁国礼

近20年来，任德永先后参与了张家湾古城遗址、通运桥、燃灯塔、通州文庙、通惠河、御制通州石道碑等众多运河文物项目的修缮工程，为2014年大运河成功入选联合国教科文组织世界遗产名录做出了自己的贡献。

8月10日，北京市通州区博物馆，58岁的任德永说起大运河文化时，那些沉淀在丹青上的历史被他信手拈来，让在场的人听得入迷。

黝黑的皮肤，稍显凌乱的头发，走路带风的步伐，风格利落的任德永是北京市通州区文物管理所工会主席、北京大运河文化研究会会员，一位终身致力于宣扬与传承大运河文化的“工匠”。

北京市文物局公开资料显示，大运河始建于公元前486年，包括隋唐大运河、京杭大运河和浙东大运河三部分，是中国古代南北交通的大动脉，是中国历史上许多王朝调剂物资、制衡社会的有力手段。

作为大运河的北端终点，北京城市副中心通州在几千年的漕运历史中，积淀下了厚重的运河文化。

任德永不仅是运河文化的集大成者，更是播种者，这位“运河文化的传承人”说：“运河是历史留给我们的财富，保护运河、传播运河是我们共同的责任。”

这篇新闻报道通过人物故事与运河历史的结合，传播了一种文化价值观：即书面采访文字，对受众构成了视觉上的冲击力，从而扩大了传播效果。这也是一种视觉修辞的效果。通过对受众视觉的感知的影响力，形成

① 隋坤，王子诚．北京文化守护人丨任德永：做好大运河文化的播种者[N/OL]．新京报，(2023-09-14)[2023-10-11]．https://www.bjnews.com.cn/detail/1694623168168848.html

媒介语言的力量。

其次，作为书面文字的视觉语言，不仅在内容上可以进行上述处理，在字体造型的设计上，也可以呈现出强烈的情感性和冲击力。文字的设计包括字体的合理结构、字形之间的有机联系、文字的编排。文字的设计还可以分为平面文字设计、立体文字设计和动态文字设计三部分，下面以作为视觉语言的文字为案例进行分析。

以文字为元素的媒介语言表现形式多姿多彩，可以通过对文字的各种变形、组合和动感设计来凸显。例如可以将文字的历史演变和阴阳字的设计组合在一起，视觉上将历史感和审美感混合在一起，产生一定冲击力的同时，也传播了作为文化的文字形式本身的魅力。又如也可以通过将文字变形，在视觉上形成文字的各种自然形态，这种自然形态的组合，从视觉上，可以形成一定的吸引力。

除了文字的变形所形成的自然形态之外，还可以通过文字之间的空间排列、大小变异来形成视觉上的效果。而文字的疏密排列则会形成一定的空间层次。

由于汉字具有漫长的发展历史，汉字的形体和含义在历史和社会演变中，都发生了很大的改变。书画同源尽管在拼音文字中也有体现，但在表意文字系统中会更为明显、更加突出。例如在图片中，可以将汉字的阴文和阳文结合起来，不仅凸显了文字的张力，也从视觉上凸显了文字的美学韵味。

在媒介运用中，文字的这些特点可以综合运用，作为视觉符号形成冲击力，而不仅仅是通过文字本身的阅读冲击力。二者之间的结合才是书面文字作为视觉符号传播的本质特征，其中一种是针对私人阅读空间而言的，另一种则主要是针对文字外形在空间和时间上的美学意义而言的。

随着网络时代的来临，书面文字的传播也发生了很大的变化，出现了一种可以称为特殊形式的网络语言，网络语言是指在互联网上生产并使用的语言。随着互联网在社会生活的深入化，网络成为人们日常生活的必备工具。作为媒介语言的一种，网络语言有一些特殊的语言表达，大致可以分为 4 类。

热词：一般是指行业内的一些关键词，或是产品类大众搜索比较多的词汇，可以从百度指数、百度关键词排行榜上查询。

口语词：这一类词语表现在网络互动类的信息中，如一些特色的网络流行语或是一些网络信息的代替词等。

需求词：这些词语体现在日常生活中，如一些生活常识类词语、工作商务上的词汇、社会环境下形成的词语等。

生造词：这一类词语是基于社会热点形成的。

（二）色彩的传播

作为视觉语言的色彩，在传播中分为两种：有色彩和无色彩。无色彩（Achromatic Color）指除了彩色以外的其他颜色，指金、银、黑、白、灰。试将纯黑逐渐加白，使其由黑、深灰、中灰、浅灰直到纯白，分为 11 个阶梯，成为明度渐变，做成一个明度色标，凡明度在 0°～3°的色标称为低调色，4°～6°的色标称为中调色，7°～10°的色标称为高调色。与有色彩的相比较而言，无色彩系没有色相和纯度之说，只有明度的变化[①]。

从视觉冲击力上看，无色彩的视觉语言，通过简单的灰色、黑色、白色等的明度变化，实现不同的视觉效果，如图 3-1 和图 3-2 所示，两幅图片，第一幅是运用黑色的几何图形凌乱地组合在一起，组合在浅灰色的带深灰色线条的平面上，看起来很无序，却用简单的图像和灰白的颜色，构成了另一种想象的空间，在这个想象空间中，人们可以衍生出无数种图像来。而另一幅图像则更为简洁，只是无色彩的序列的明度渐变在一个圆圈中的表现，虽然简洁，却有干净的力量。

① 姜海犁．现代色彩构成［M］．重庆：西南大学出版社，2000．

图 3-1　S2 作品无色彩系
http://www.ccym.edu.hk/art/8work/S2/

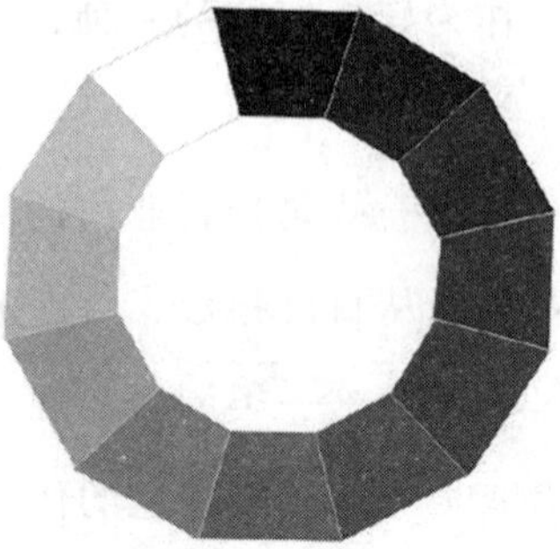

图 3-2　服装形象色彩的运用
http://blog.sina.com.cn/s/blog_9ad6627c010119m4.html

我们来列举一段新闻中无色彩的图片进行说明。在新闻报道中，有时候因为报道主题的需要或者报道体裁的要求等，往往不适合采用彩色的图片，如一些比较沉重的话题或者一些记录的题材，在这种情形下，无色彩便成为一种很有力量的颜色，虽然将五彩缤纷的世界简单化，却抵达了人类最为深沉的情感层面。不同的媒介使用无色彩的图片时，处理方法也不完全相同，比如对报纸来说，由于新闻纸白度低、灰度大，亮度相当于在铜版纸上印刷 15%的黑色平网，而且表面结构疏松、平滑度低，加之印刷速度快，油墨黏度小，着色力低，印上 100%实的黑墨，其反射密度也不过是铜版纸上 75%网点区的密度，图片印刷密度反差很小。如图 3-3 和图 3-4 所示，两幅黑白图片的新闻报道中，一幅是关于汶川地震的报道，另一幅是关于英国前首相撒切尔夫人去世的消息，第一幅采用黑白照片带有对地震中遭遇不幸的人们的深切哀悼，充满了人道主义色彩。第二幅黑白图片的选择则是出于对死者的尊重。

如图 3-5 和图 3-6 所示，两幅是电视新闻中的黑白照片，呈现的恰恰都是电视机本身带来的革命，带有新闻摄影记录的功能，采用黑白色彩，一方面是为了还原当时的历史场景，另一方面是为了唤起观众对这一段历史的记忆。

有色彩（Chromatic Color）指包括在可见光谱中的全部色彩。有色彩主要有三大要素：色相、明度、纯度。三种要素的综合构成了色彩的基本倾向。

中国青年报

国务院决定

今天举行全国哀悼活动

同人民在一起

抗震救灾急先锋

在一起，人民有了主心骨

图 3-3　中国青年报 2008 年 6 月 2 日
电子版封面
来自中国青年报

新快报

the iron lady

铁娘子
平静辞世

广州"限外"征求民意

早晚高峰外地客车
禁止进入中心城区

图 3-4　新快报 2013 年 4 月 9 日
电子版封面
来自新快报

图 3-5　新浪微博图片
http://blog.sina.com.cn/s/blog_6b21624a0102xhet.html

图 3-6　网易新闻图片

http://news.163.com/photonew/0G5V0001/6257_07.html

色调指的是色彩外观的基本倾向。它是由色彩的色相、明度、纯度三要素综合运用形成的，其中某种因素起主导作用，就可以称为某种色调。从色彩的明度上来分，有明色调、暗色调、灰色调；从色彩的纯度上来分，有清色调（纯色加白或黑）、浊色调（纯色加灰）；从色性上来分，有暖色调、冷色调、中性色调；还可以从色相上来分，如紫色、浅紫色、深紫色和灰紫色就属于紫色调。色彩调和应该遵循简洁的原则。比较有代表性的色彩调和理论指出，色彩调和必须以一个主调为支配力量，要么是暖调，要么是冷调，在这个统一的前提下形成秩序性变化，不要平均对待各色，这样才产生美感。

在色彩组合中，一种色彩与其他色彩的组合会引起视觉效果的变化，下面我们简单把色彩的搭配比例原则做一个介绍，然后结合媒介中的应用进行分析。

一般来说，色彩的构成形式主要包括对比和和谐两种关系，对比关系是色彩中一条重要的美学法则。色彩学家伊顿在《色彩艺术》中指出："对比效果及其分类是研究色彩美学时的一个适当的出发点。主观调整色彩感知力问题同艺术教育、艺术修养、建筑设计和商业广告设计有密切关系。"① 色彩

① 约翰内斯·伊顿. 色彩艺术：色彩的主观经验与客观原理［M］. 杜定宇，译. 上海：上海人民美术出版社，1978：9.

对比关系大约有8类：色相对比、纯度对比、明度对比、冷暖对比、平衡对比、互补色对比、同时对比和继时对比等。而色彩的对比必须以色彩的和谐为前提，例如在构图中，所有的色彩要相互关联并在统一的整体产生应有的效果，就必须形成比较和谐的视觉系统。实现色彩和谐的方法有：第一，追求色彩要素的一致性，如在明度、色相、纯度上的近似。第二，不依赖于某种元素的一致或相似，而是通过色相、明度、纯度的不同来组合，形成一种视觉上的有序性。第三，通过色彩的面积、色块的位置来改变每一个色块在画面中的视觉作用，实现色彩在视觉感受中的和谐。除此之外，色彩和每个人的审美感觉及其主观感受有很大的关系。就一般意义来说，人们对于色彩的感知大致归结为以下5个类型：一是色彩的冷暖感，二是色彩的华丽感，三是色彩的进退感，四是色彩的形态感，五是色彩的胀缩感。图3-7为色彩纯度的九宫格图，我们可以根据这个图中的色彩位置，来理解色彩的三个维度[①]。

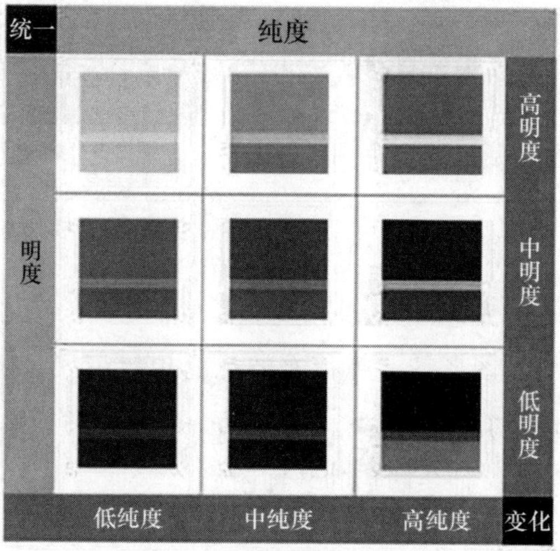

图3-7　纯度对比九宫格

http://my.qqkuyou.com/jianbihua/669476_p3.html

① 苏文明. 设计师谈现代报纸版式设计 [M]. 北京：电子工业出版社，2008.

接下来，我们从媒介中的色彩使用来说明色彩作为视觉语言的几种运用。图 3-8 通过将文字立体化地排列在一个版面中，色彩则以明亮的色调为主，带给观众的是热烈而蓬勃的力量，显而易见，这幅图片的色调为暖色调，像一缕光亮的希望，投射在观众的心中。在这里呢，文字和色彩相结合，在视觉上既形成了和谐的感觉，也在空间上构成了节奏感。另一幅潘婷的广告宣传图（图 3-9），则是典型的冷色调。图片以透视的视角，以将空间延展开来的形象视角，把滚动电梯的空间，设计为乌黑的如瀑布般的头发，在无色彩的背后，晕染了各种充满想象的力量。

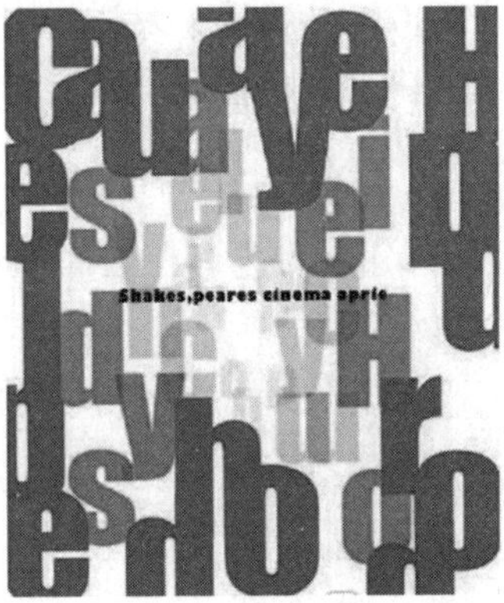

图 3-8　字母排列

图 3-9　堆糖手机客户端

http://www.duitang.com/people/mblog/134254254/detail/

（三）图形的传播

在视觉语言中，图形是一种很有特色的传播形式，图形的类别很多，也可以从不同角度进行各种分类。根据媒介语言中的运用，将其主要分为 3 种形式：具象图形、抽象图形和装饰图形。

1. 具象图形

具象图形是指媒介借助摄影、绘画、喷绘、概括以及一些夸张手法折射或者反映社会现实的具体形象。具象图形在新闻报道中使用较多，而纪实摄影便成为具象图形的主要来源之一，通过摄影技术，可以直观、快速、便捷、几乎是同步地传递新闻信息。

2．抽象图形

抽象图形是指用点、线、面变化形式构成的非具象图形，它在画面中具有充分的表现余地，也有其独特的表现力度。抽象图形可以分为以下 4 种：一是集合形平面构成的抽象图形，二是自由曲线形成的抽象图形，三是偶然纹样、肌理效果构成的抽象图形，四是运用电脑、科学仪器等产生的几何构成图形。这 4 种抽象的图形，在广告媒体中使用较多。

这里分别列举几个不同的例子进行说明。第一个抽象的图形是一家餐馆的广告（图 3-10），这里运用了绘画技巧，将自由曲线加以弯曲，并增加温暖而亮丽的红色，突出了家的感觉。图 3-11 中，抽象的图形是典型的偶然纹样，通过科学的技法，将日常视野中的森林，抽象为一层层的如肌肉般的纹理。但这些纹理并不仅仅是技术本身，充满了各种随机的偶然性，因而也充满了一种不确定的美。

图 3-10　六图网广告案例
https：//www.16pic.com/vector/pic_5185909.html

图 3-11　偶然纹样案例
来自网络

3．装饰图形

究其形式而言，装饰图形可以是创作情节比较复杂的具有主体性的装饰画，也可以是构图单纯简练的装饰小品，一般来说装饰图形有形无象，讲究意境、视觉上的韵律感、节奏感，往往给观众带来特定的美感效果。在造型上则强调平面化，减弱或者取消了形象、体积和层次的表现，并避免各局部之间的重叠，表现富有特征的轮廓外形与上下、左右间的平面构成关系。

在上述几种图形中，除了技术的力量外，绘画技术则根据不同媒介的要求不同程度地参与进来。由于绘画技术可以不受客观对象的束缚，可以高度写实，也可以高度简化，更可以采用夸张手法，对所要表现的对象加以取舍和高度加工，使得形象比客观对象更具有典型性、更理想、更完美、更符合媒介要表达的意义。

图 3-12 和图 3-13 两幅图中，穆桂英和京剧脸谱都是装饰图形，但装饰图形与上面所说的抽象图形、具象图形之间有时候并无严格的区分，这些点、线、面的组合和相关色彩的结合，在视觉上都表达不同的文化意义，为观众提供独特的美学感受。

图 3-12 脸谱(穆桂英)

全景网,http://www.quanjing.com/imgbuy/qj6411858672.html

图 3-13 京剧脸谱

中华国粹——戏曲脸谱@花瓣平面

http://huaban.com/pins/182812263/

(四) 版式的传播

视觉语言中，空间的形态和方向称为版式。空间就是视觉语言的传播背景，空间是有形的，其形状是由形态的轮廓来界定的，空间可以分为 4 种：二维空间、三维空间、现实空间和心理空间。

版式设计又称为版面编排，所谓编排，指在有限的空间中，将版面构成要素，如文字字体、图片图形、线条线框、颜色色块，还有一些动态画面等要素，根据特定的内容需要进行组合排列。在组合排列中，运用造型要素和一些基本的形式原理，把需要表达的媒介内容以视觉的形式，在特定的时间和空间中表达出来的过程。

尽管不同媒介由于其属性的差异，有平面的媒体，也有电子的媒体和网络媒体，就普遍意义来说，仍然有一些一般的设计原则，在这里先做一个简单介绍，然后就其在不同媒介中的使用情形进行案例分析。

版式设计的第一个原则：对称。对称方式是以中轴线为依据进行设计，往往给人一种庄重、稳重、典雅之感。对称有垂直对称与水平对称两种形式，有不完全对称与对称中的不对称两种变化。

版式设计的第二个原则：均衡。均衡形式比对称而言，活泼得多。但均衡并非简单的等量下不等形的计算，而是布局、重心、对比等多种形式的方式全方位应用之后产生的效果。

版式设计的第三个原则：空白。空白在图形设计中非常重要。对特定的空间布局和人类的视觉而言，完全充满，往往有一种成为视觉障碍的感觉；完全空白，则又容易让人产生苍白无力的感觉。因此，在进行空白设计时，首先要注意版心与周围空白的安排、字组与图片之间的空白，字行之间、单个文字之间的空白，最后还要注意它们之间组合后在版面中所形成的整体感觉。空白的形状、大小、方向以及大大小小空白在一个版面中所形成的整体感直接影响着版面的水平与风格，影响着观众的视觉感受和视觉心理。

版式设计的第四个原则：分割。分割可以分为横向分割、纵向分割两种形式。横向分割一般是指二维的分割，或者平面的分割。就平面媒体而言，如版心与开本比例的分割、行距、字距确立的分割等，一般来说，多层次的、更为复杂的横向分割将复杂的局部组织成统一协调的整体。纵向分割则是指向版面深处的纵深分割，具有三维空间的效果。

版式设计的第五个原则：比例。比较好的版式设计，无论对于平面媒体还是电子媒体而言，都取决于比较好的比例分配。研究表明，人类认为美的比例为黄金比例，即黄金分割：1∶1.618（宽∶高或者高∶宽）。黄金比例是古希腊建筑美的基准，这个传统比率一直沿用至今，我们日常生活中看到的纸张，一般都是按照接近黄金比例的值（1∶1.414）来制作的，因此看起来比较舒服。

图 3-14 为各种比例与完美的黄金比例对比。

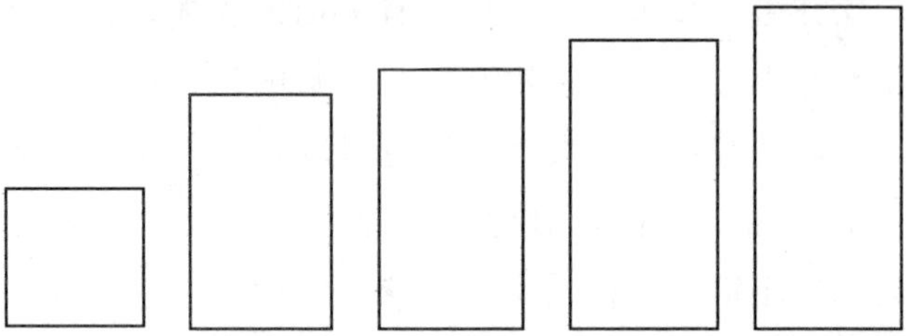

图 3-14　各种比例示意图

https://blog.csdn.net/qwertyupoiuytr/article/details/53999643

版式设计的第六个原则：力场。每个版式设计中，都存在一个力的场域。在这个场域中，空间分割和布局是十分重要的，否则会出现失衡的状态。在每个版式的上方所安置的物体与下方所安置的物体，以及左右两边各安置的物体，都会给观众带来不一样的感受，或者沉重、凝重，或者舒畅、愉悦，或者充满外向的力而形成开阔、大气的气氛，或者充满内向的力而形成紧张、对峙的气氛，或者从近处向远处运动悠远而梦幻。力的场域还使人感觉到有一条潜在的导线引导着视线在版面内运动，力在版面的场域中带动着变化，从而使得版面本身充满了生机勃勃的生命力。

版式设计的第七个原则：韵律。韵律是富于变化的情感起伏的节奏，版面中种种同类视觉要素（如同类形状、同类面积、同类位置等），变化交替地重复，具体到版面中，图形、文字、词组、页码、线条等都能创造性地组合，从而产生节奏和韵律。

版式设计的第八个原则：对比。对比是黑与白、大与小、弱与强、横与竖、曲与直、宽与窄、线与面之间的对比，同时也是动与静、刚与柔、疏与密、虚与实、阴与阳之间的异同并置，看起来在感觉上和文化上“对立”的两种要素，会在版面设计上充满张力，在形成视觉感染力的同时，也使得版面本身充满了活力和生命力，也才更有魅力。

版式设计的第九个原则：统一。统一也可以成为基调。一个版面中参与构成要素多会形成杂乱，版面的基调会显得混乱。因此在设计一个版面时，无论是静态的还是动态的，都不能将元素集中得太多，一方面元素要少，另一方面元素组合关系却要丰富而多彩，从而使得版面确立鲜明的特征与基调，是一种产生整体感的方法[①]。

例如图 3-15 和图 3-16 中报纸的版面排列，通过与主题的匹配，将文字、图片合并起来，在视觉上形成了很大的冲击力，这种冲击力与原来仅仅从文字上对观众产生视觉冲击力的版面相比，凸显了立体空间中，现实世界在新闻报道中的多元化，也给观众形成了一种更加真实、更加专业的印象。

铁路之光
-7℃

图 3-15 报纸版面（一）

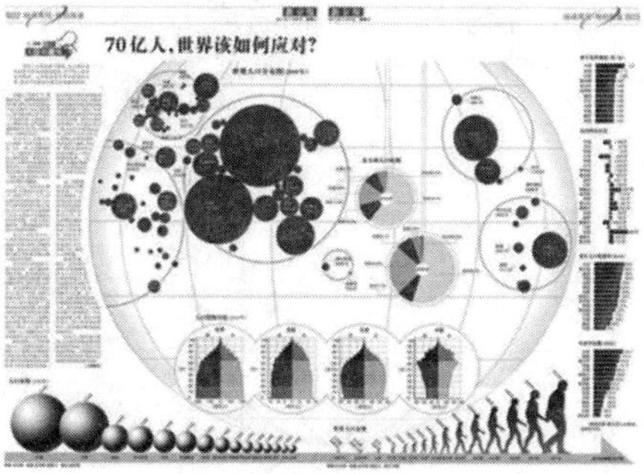
70亿人，世界该如何应对?

图 3-16 报纸版面（二）

第三节 媒介语言的特征与类型：听觉语言

一、听觉语言概述

听觉语言主要作用于人的听觉器官：耳朵。声音的产生首先是一种生理现象。振动产生声波，声波传到耳朵，耳膜受到声压变化则会刺激听觉神经传入人的大脑，人们由此产生声音的感觉。声音的传播既是一个自然过程，也是一个情感、态度和行为的传播过程。人对声音的感觉既是一种生理活动，也是一种心理活动。构成声音产生与存在的客观因素有：振

① 段旭君. 浅谈现代报纸版式设计［J］. 齐齐哈尔大学学报（哲学社会科学版），2010（3）：44.

幅、频率、谐波。人耳对声音高低的感觉主要与频率有关，频率高，感到声音细、高；频率低，感到声音粗、低。音高与频率之间有正相关的关系，但并不是严格的比例关系，这一点，因人而异。

构成人耳对声音的听觉特性的要素有：响度、声调和音色。响度，是人耳对声音强弱的一种感觉程度，取决于声音的振幅和频率（图 3-17），而响度、频率和振幅之间的关系曲线就是等响曲线[①]，单位是分贝（dB），人耳的声压范围为 0～120 分贝；音调，是人耳对声音高低的感觉，频率越高，人耳感觉的声调随之升高，频率增加一倍，在音乐上就是提高一个八度；音色，称为音品，是指声音的音调和响度以外的音质差异。

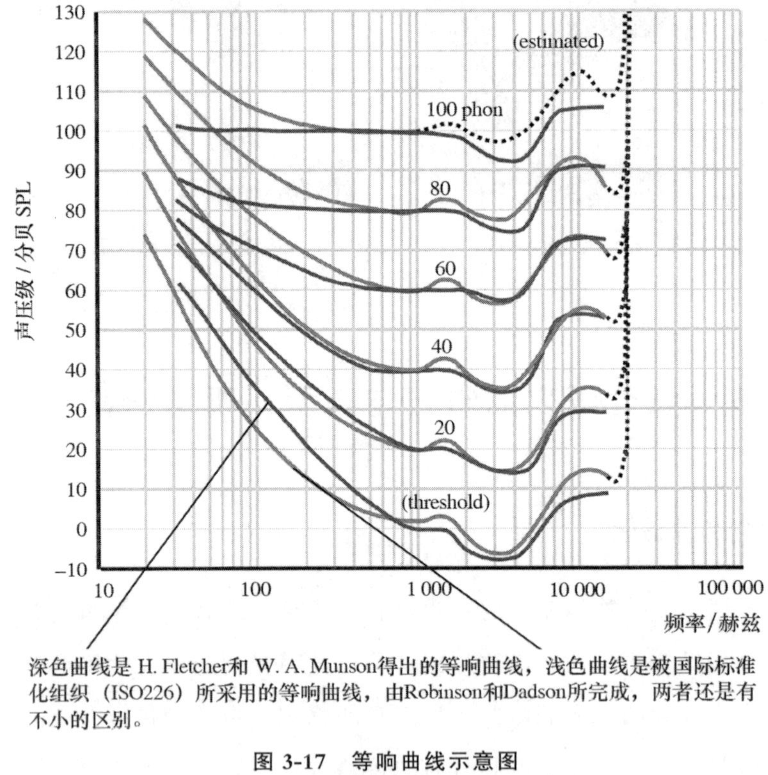

图 3-17　等响曲线示意图
来自网络

① 杜晓文. 从等响曲线说起　谈谈那些与声音强弱有关的概念［J］. 家庭影院技术，2019（6）：92-95.

简言之，听觉的符号传播主要有以下特征：第一，直达声，即室内任一点直接收到声源发出的声音，它是接收声音的主体，也叫主达声，不受空间界面的影响。第二，早期反射声，是指延迟直达声50毫秒以内到达听声点的反射点，对声音起增强作用，在大的空间内，因为反射距离远，容易形成回声，产生空间感。第三，混响声，声波经过室内界面的多次反射，迟于早期反射声到达听点的声音，直至声源停止发声，但由于多次反射，听点仍能听到，所以又称为余声，混响声会影响到声音的清晰度。

此外，我们还可以把声音符号分为乐音和噪声两种。乐音（Musical Sound）通常是指那些动听的、令人愉快的声音，其波形是有规律的。噪声（Noise）通常是指那些难听的、令人厌烦的声音，其波形往往是杂乱无章的。因此，在听觉实践中，会产生听觉阈限的现象。听觉阈限是指在语言交流中，噪声增大时，人们的听觉对某种特定声音的感知能力会逐渐下降，如在噪声很大的大厅时，想听清他人说的话就很困难。而要从众多的声音中听到一种声音，则取决于对该声音的听觉阈限。当噪声在80 dB以下时，听觉阈限与噪声程度呈现出线性关系。

听觉系统在实践中所形成的危害主要有两种：一种是听觉适应（Auditor Adaption），持续时间较短，为几分钟之内；另一种是听觉疲劳（Auditory Fatigue），持续时间较长，可以达几个小时或者更长时间，一般属于生理性疲劳，有望在十几个小时内恢复，也可以将之称为暂时性听阈位移①。

在媒介语言中，听觉语言，可以分为语言符号传播和类语言符号传播两种主要类型。语言符号和非语言符号在听觉中的传播一般有以下特征。

（1）清晰性。与视觉语言的作用力不同，听觉语言作用于人们的耳朵。作为感知器官的耳朵，对于各种声响的接受，是有一定的声波范围限定的。低于或高于正常人体接受的范围，听觉符号会难以抵达，成为噪声。

① 王娜．基于人耳主观反应的听觉特征量及其在目标识别中的应用［D］．西安：西北工业大学，2006.

（2）情感性。与视觉语言相比，听觉语言在表达上具有更为直接的情感性。如果说视觉语言的情感性主要体现在视觉符号对眼睛的冲击力的话，而听觉语言则通过声音传递，作用于受众的情绪，通过情绪感染力，引起受众情感的反应，因此在情感性上比起视觉语言更为直接一些。

（3）记忆性。与视觉语言相比，听觉语言更容易在人的记忆中留下痕迹。

除了上述的特点之外，视觉语言具有信息性、文化性和艺术性的特征，听觉语言也具有这些类似的特征，在媒介的日常应用中，二者常常是结合在一起的。

二、听觉语言的类型

（一）有声语言的声音传播

研究表明，媒介传播中，声音的作用很关键，把握好声音的表达技巧就显得尤为重要。说话太正式了，容易显得机械呆板；说话太随便了，又显得没有诚意。声音太大了，会让受众感到刺耳；声音太小了，又让人觉得听不清楚，影响媒介的传播效果。有声语言在媒介中的声音传播，在媒介现实中也呈现出复杂性和多样性的状态。在媒介现实中“值得新闻传播的事件”，在不同媒介中通过有声语言的传播呈现出媒介叙事的特征。有声语言的运用主要体现在电子媒体中。例如传统的媒体电视和广播，还有新兴的媒体，如在线广播（喜马拉雅电台等）。随着移动传播工具的普及，以移动 APP 为终端的知识付费模式开始被接受。在匆匆忙忙的生活和工作中，都市人对于媒介中听觉语言的诉求大大加强，声音与媒介结合之后的传播诉求，成为这几年流行的形式，无论是流行音乐，还是网络教育，声音传播依靠自身的力量构建了一个新的世界。

这里以电子媒体为主要载体进行介绍。

有声语言是电子媒体中一种量的直观形式，体现在 3 个层次：一是信息量较大，二是概括性较强，三是运用抽象的概念。对于主要作用于听觉的广播媒体来说，主要依靠有声语言进行描述性叙事，一些抽象的概念和概括性的叙事，主要通过有声语言所营造的现场感或者说时间空间感来进行有效的信息补充。因此，在视觉语言缺席时，有声语言肩负着呈现信息的整体性叙事的功能。以广播为例，有声语言在广播中的主要功能有两个方面。

第一，传播信息。这是有声语言的主要任务。鉴于不同的广播节目对信息的需求有差异，信息的客观性是一些节目的主导诉求，如新闻类、教育类、科技类、服务类等节目，这些类别的信息在有声语言的播报中，不需要过多的感情渲染。例如天气预报节目，其目的是让观众了解气温、风向、雨水等气象信息，因此在播报时不宜用过多的音乐、音响等背景来分散听众的注意力，主要依靠有声语言来传达信息。

第二，整合信息。有些广播中的文艺类节目，如广播剧联播、音乐节目、谈话节目等，这些节目需要给观众呈现出完整、连贯的感觉，因此就需要对节目进行一些完整叙事的设计。这一类节目一般需要开头语、过渡语、结束语。通常还需要配置解说词或者设置节目的时间顺序，以顺应媒介中呈现的故事情节。在这个过程中，有声语言的穿插会显得更加清晰、自然、贴切，会在节目情节的起伏中制造一些节目情境中的上下关联性，消除理解上的障碍，维护整个广播节目之间的完整和和谐。对于电视节目而言，其中的有声语言，可以增加电视新闻报道的深度。对电视新闻而言，有声语言可以使得受众获得新闻事件的内在联系。更为重要的是，与广播节目不同，电视中的有声语言对电视新闻评论和新闻深度报道的重要性更为突出一些：首先，由于评论主要依靠有声语言来实现，有声语言是电视新闻评论的核心手段；其次，对于电视新闻深度报道而言，有声语言的插入会起到推进新闻事件叙述节奏的作用①②。

---

① 陈晓宁．也谈有声语言规范［J］．语言文字应用，2006（S2）：199-202.

② 苗丽君．讲述类节目的有声语言在广播、电视中的区别处理［J］．中国广播，2016，276（6）：81-83.

具体而言，有声语言在电视节目中的主要特征体现在直接性与形象化两个方面。直接性是指电视新闻评论的有声语言，其论证主要是以经验判断为依据，一般来说，推理过程较为缺乏，论证的逻辑环节是没有的，因为有声语言的叙述逻辑依靠的是电视节目中呈现的新闻事实，所以更侧重经验的证明，而不是逻辑的判断。电视节目中有声语言的形象化是指在有声语言的表达中，注重其表达的方式是为了引导受众的思维跟着新闻报道以及评论的方向。尽管如此，在引导受众思考新闻事件时，由于编码、解码的力量和因素，并不总会成功，有时是成功的，有时则会引起受众的反抗，有时则会导致新闻评论与受众的思考之间达成协商或者妥协的结果。

除了直接性和形象化之外，对于电视综艺节目而言，有声语言要求更为复杂多元一些。以音效来说，在电视综艺节目中音效分为两种，即自然音效和非自然音效。自然音效包括自然界的一切声音，如风声、雨声、雷鸣闪电声、山间鸟鸣声、树林沙沙声等；非自然音效则是指人类自我制造出来的属于“人工产品”的音效或者自然音效在人工处理之后的变形。电视综艺节目中的人工音效，作为一种特殊的有声语言，则可以烘托节目的气氛、改变节目的节奏，帮助受众进入媒介世界，与节目的叙事节奏对称或者平行[①-④]。

进入新媒体时代中，数字化正在改变原有电子媒介的表达形式，无论是个人在社交媒体平台上的视频发布与观看，还是公共信息如新闻生产与消费的形式都受到了影响。“从数字技术创设的文化生态出发，数字新闻生产的主体构成、价值规范、操作路径等正发生巨大变化，技术和文化双重逻辑的塑造也对数字新闻形态的可见度、情感性、可参与度等提出更高要求，这就促使从业者进一步思考新闻的叙事（Narrative）问题。”[⑤]这种

① 岳铭．有声语言在电视新闻中的叙事功能［J］．当代电视，2016（4）：52-53.
② 陈卓．有声语言与新闻叙事传播［J］．戏剧之家，2015（19）：254-254.
③ 杨秀双．电视新闻的叙述话语研究［D］．重庆：重庆师范大学，2011.
④ 徐立军．论播报与主持在电视新闻中的运用［J］．新闻大学，1996（3）：53-55.
⑤ 何天平．数字新闻叙事的结构、话语和文化研究［J］．新闻大学，2023（1）：28-38，119.

变化过程中，声音所呈现出来的维度更为复杂和多元。

（二）情绪声音的传播

“Emotion”在中文里翻译为情感、情绪。在心理学中，二者常常交互使用。而在媒介语言的表达中，情绪使用得更多一些。因为情感更多地与人们的社会需求关联，而情绪则更多地与人们的自然需求关联。情感的表达往往是稳定、持久的，而情绪的表达则是短暂的且容易暴露的。听觉语言中的情绪声音，是表达个人信息最明显和最直接的方式之一。媒介语言中的情绪语言分析的是情绪的不同方面。声音是呈现情绪的符号，媒介中的声音所传播的情绪，会带给受众不同的情感体验。

因为语音是传递情绪较为精确和具有多样性的媒介。究其实质而言，从语音中识别出说话人的情绪状态，需要对情绪的状态做一个识别，因此本节先对情绪进行分类，然后再描述情绪语音的特征，以及二者之间的对应关系。

1. 情绪的分类

一般来说研究者认为人类的情绪有 6 种，即快乐、兴趣、厌恶、恐惧、痛苦（或者悲伤）和愤怒。但是语音的情绪识别研究大多采用的是中性、快乐、悲伤和愤怒这 4 种区分度较大的情绪。

2. 如何分析情绪声音

从话语中识别说话人的情绪可以从两方面进行分析：一方面是语言学分析，另一方面是副语言学分析。语言学分析是指通过媒介所表达的词语来提取信息传播者的情绪特征，如惊讶是一种语言表达中的高激活度的情绪，而内疚则是语言表达中一种低愉悦度的情绪。副语言分析则是对最真话语内容以外的信息进行分析，如声音的高低大小强度等。但如何将二者结合起来呢？比如说，语言的表达，有时候同一个词语，可以使用不同的语调从而产生不同的情绪，而副语言的分析则相对比较可靠，因此我们这里侧重分析情绪语言中的副语言。

由于情绪可以用来表示人们的主观体验，也可以表现为人们可见的行为，如面部表情、肢体行动和语言等。媒介语言中的情绪语言更多的是表达媒介信息中的情绪，而并非受众自身的情绪。因此媒介传播中情绪语言的介入，会以不同的形式呈现出来，其效果可能也不同。媒介传播者往往会根据自己的产品特点和目的来选择相应的情绪介入，以实现对受众的感染力。媒介的情绪介入主要有两点：一是移情，二是模仿。

移情是精神分析心理学家弗洛伊德在心理治疗中提出来的观点。原本的意思是指接受心理治疗的患者将自己某些压制的情绪进行转移，转移到心理医生身上，这种情绪转移有正负之分。正转移是指将积极正面的情感，如快乐、热情和爱等转移到他人身上；负转移是指将消极的情感，如憎恶、敌意、仇恨等转移到他人身上。通过移情，传播者和接受者之间实现了情感交流、相互理解。媒介中情绪语言的表达，通过一些副语言的形式和语言以及其他视觉表达方式，将情绪转移到受众身上，从而使受众产生情感的共鸣，获得一定的传播效果。但是由于受众的千差万别，媒介中的情绪语言，也会激起受众各异的共鸣。因此，要使得媒介的情绪表达更好地在受众身上实现移情，需要将情绪直接、大众化地表达出来。

移情功能在商业广告和说服性广告中使用较多。例如恐惧类的情绪广告，这是显而易见的消极情感影响，如吸烟有害健康这条广告，其宣传用语或许受众会忘记，但因其而产生的恐惧情绪却会留在受众的记忆中。

模仿功能，是指媒介的情绪语言表达结合其他的媒介语言表达形式，在受众身上产生了特定的行为感染力。模仿这一概念是由法国社会学家塔尔德提出来的，他著有《模仿的法则》一书，模仿理论从社会心理学角度研究传播在人格形成和人的社会化过程中的作用。模仿说后来被学者罗杰斯借用，扩展为创新与扩散理论。这里说的模仿是指受众在媒介中情绪语言的感染下，会出现一些情绪现象，如感动、愤怒、痛苦或者忧伤等，其中也包括受众在情绪语言感染下所做出的一些非理性的判断和行为。

将情感转化为语言（Putting Feeling into Words）一直被认为是调节消

极情感体验的有效方式之一，也称为“谈话疗法”（Talk Therapy），这种方法的核心思想是，谈论自我的情感体验和情感问题是降低消极情感事件影响的最有效途径①。

最后一点，需要说明的是，有声语言和情绪声音的结合，在视频和音频传播中还可以起到影响态度的作用。在受众对信息的接受过程中，情感与态度往往是一个整体性的信息，情感的表现有时仅仅是内在的，有时则是内在和外在的集合，而对情感的感知往往需要一个过程，有时这种过程是与受众感受同步的，有时则是滞后的。态度则是情感的一种具体的对象化，在媒体的新闻报道中，一般要呈现出新闻事件与普世情感一致的情感，以便获得受众的认同。另外，情感本身也可以作为新闻信息的报道内容，尤其是电视评论，态度是构成电视新闻评论的基本要素。通过语气的变化，可以体现情感与态度的差异。这样使得受众在观看中会直接将情感转化为一种情感态度。

（三）伴随语言的声音传播

有声语言中的类语言因素可以为媒介生产过程和消费过程提供特定的情境，通过这些情境引起受众更为强烈的共鸣，例如：颤抖的声音造成一种阴森的背景，欢声笑语表现出其乐融融的氛围，深沉凝重的语气表达出一种追思怀念的情愫，铿锵有力的声调表达出正义的力量等。特定的语调设定了特定的艺术氛围，促使听众产生符合情节和逻辑的联想，除此之外还包括声音的抑扬顿挫、声音的高低、语速的快慢等。

具体而言，例如音速。主持人或者嘉宾的发声速度，即声音发声中两个音之间的间隔越小，表明速度越快，通常人们对 1 秒以上的间隔的连续声音意识能力较差。研究表明，当声音持续 0.001 秒时，我们能够感受到声音，当声音中有 0.002 秒的间隔时，我们可以分辨出两个声音。但是要

① Pennebaker J W. Writing about emotional experiences as a therapeutic process [J]. Psychological Science, 1997, 8 (3): 162-166.

感觉到不同的声音质量，则需要 0.013 秒来辨别声调，需要 0.05 秒来辨别响度，需要 0.1 秒来辨别音色和语言中的副音。因此，音速的快慢可以调节受众的情绪，因为对于声音信息的反应速度，人类的神经系统是有限度的，声音过快时，受众听不出单个的声音，那么对受众而言，媒介时间相对而言是变慢了，因为受众在这个过程中，听不到声音，因此也无法参与到声音的交流过程中，声音似乎被控制了一样。因为音速过快会超过人们的听觉负荷，反而不会产生强烈的效果。简而言之，过快的语速，会超过人类听觉可以辨识的极限，使得受众产生疲倦感，带来焦虑和亢奋的情绪；反之，音速过慢的话，出现媒介时间与现实时间之间的差距，受众也会产生厌倦感，带来倦怠和无聊的情绪①。

因此，声音速度较慢时，声音包含的信息会在充分时间内，在人脑形成映射及其相应的反应，在这样的情形下，受众情绪较为平缓，能与发音体产生互动，积极参与其中。

同样的，声音的高低也会引起受众不同的情绪反应，遇到灾难性新闻时，新闻播报的语气声调与受众所选择的情感判断大体应该是一致的。新闻中的人物表情，如果不符合受众的情感判断，也会引起受众极大的情绪反弹。比如杨达才事件，2012 年 8 月 26 日凌晨，陕西延安市境内，包茂高速，一辆内蒙古牌照的双层卧铺大客车追尾撞上一辆河南牌照的甲醇罐车，瞬间起火，大客车载有 39 人，仅 3 人逃生，36 人命丧火海。然而在车祸现场图片中，却出现了不和谐的一幕，一位领导背着手，挺着大肚子，站在事故现场旁边谈笑风生，导致了网友们一致反感。

这位微笑着的官员就是杨达才。网友又将杨达才在不同场合所戴的手表做了搜索，名表门持续发酵，截至 2012 年 8 月 31 日，杨达才被网友发现的名表总数已达 11 块之多。其中高级手表 5 块，每块价值万元以上，最高的达 20 万～40 万元；此外，网友指出那条腰带也要 2 000 多元。关于对

① 刘俐彤. 电视综艺节目中声音与情绪的关系研究［D］. 南京：南京航空航天大学，2013.

名表的质疑问题，杨达才回应称，这10多年来确实买过5块手表，不过都是用自己的合法收入购买的。他称这几块表里面，最贵的一块是当年买的万宝龙106500型号，价格是3.5万元，不是江诗丹顿牌的。其他几块表的牌子跟网友所说的差不多，每块价格在1万～2万元，他已就此问题向纪律监察部门做了汇报。9月5日，网友"晨曦微播"在微博上贴出照片，称杨达才的眼镜超10万元。

网友"晨曦微播"发布的微博称，"网民发现'表哥'眼镜超10万（元），懂行的网民发现，杨达才的眼镜是罗特斯的，在（香港）溥仪眼镜里，这款镜架最低售价是13.8万元，镜片价格不好判断。与他的表一样，他的眼镜也很多……"同时在该微博后面还配上了杨达才戴4副不同眼镜的图。不仅如此，其系的皮带又被网友扒了出来呈于网上。"@延庆老农"在其微博以"表哥全身都是宝"为题，用一组图片证明，"微笑局长"除了左手手表，右手手镯之外，还拥有各种皮带。但其未列出这些皮带的品牌和价值。9月20日，陕西杨达才因存在严重违纪问题被撤职。陕西省西安市中级人民法院定于2013年8月30日9时30分在3号法庭公开开庭审理被告人杨达才受贿、巨额财产来源不明一案。2013年9月5日9时30分，西安市中级人民法院一审公开宣判：杨达才犯受贿罪，判处有期徒刑10年，并处没收财产5万元，犯巨额财产来源不明罪，判处有期徒刑6年，决定执行有期徒刑14年。受贿赃款和巨额财产来源不明赃款依法没收，上缴国库。

显然，这里的人物表情表面上看是一种视觉语言，但凸显的则是情绪语言，受众会因此而产生情感反射，这种情感反射会在态度和行为中体现出来。

本章小结

媒介语言的一个重要构成部分是语言文字符号，平面媒介尤其如此。

对媒介语言文字的审视角度来自语义学和语用学的研究。语义学研究语言符号的内在意义，语用学则是研究语言符号在具体语言环境中的使用。语言与媒介语言之间有一定的关联性，人类的口语表达、书面表达、类语言表达等构成语言的主要核心，而媒介语言不仅在一般意义上可以将语言的各种表达“放大化”，还可以将语言的各种表达重新组合，借助媒介技术这一中介，媒介和语言的混合，塑造了一种新的语言场景。在这种媒介语言塑造的新场景中，人们不仅改变了理解自我的方式，也改变了人与世界之间的关系。一定程度上，技术成为语言本身，技术也改变了语言的一种生态场域。因此，更多地了解和使用媒介语言的各种形式，不仅对提升媒介素养有较大的帮助，还可以帮助人们更好地理解我们生活在其中的这个活生生的世界。

除此之外，人们还可以借助媒介语言的诸多形式，在民众参与媒介信息生产的趋势中，提升个人生产和消费信息的能力和技术水平。在媒介信息生产从以媒介组织为中心向个人中心和媒介中心并举的媒介社会中，充分了解当下媒介语言的变迁，了解媒介语言和个人语言之间的关系，理解媒介语言和流行文化中语言表达之间的关系，与社会变迁和媒介技术的更新同步，提升自身素质，成为媒介语言和个人语言使用中的社会信息达人。

思考题

1. 请你观察一个儿童的语言表达过程，然后把这一观察结果记录下来，提出自己对人类学习语言的一种看法。

2. 选择一个你最常使用的社会化媒介，如微博、微信、知乎等，对该社会化媒介中你本人的媒介语言使用进行综合分析。根据这种分析结果，对个人的媒介语言使用能力进行自我评估。

3. 如何理解媒介语言的类型及其发展演变？请根据个人的媒介接触经

历进行分析。

4. 根据你所观看的电视新闻报道、纪录片、一部电影、一部小说等，来分析其中的媒介语言体现形式，并将这些形式与媒介内容之间的关系进行对比，最后谈谈作为受众的你从中获得了什么信息？这些信息对你以后使用媒介语言有何帮助？

5. 本章的图片均来自网络，大部分图片标明了网络来源，请原作者联系出版社，特此说明。请同学们思考一下，网络版权如何界定，如何维权，又同时如何受到保护呢？

第四章

知者不惑：如何认知媒介技术

在某大学的一次公开课上，主讲教师假设了一个情境，继而询问在场所有人[①]：假如让你独自一个人到一个小岛上生活一周，而且这个小岛上各种生活设施、日常用品一应俱全。除此之外，你可以带一样东西上岛。你会选择带什么东西？当时，现场的回答五花八门，但统计数据显示排在前三位的都是包括手机、电脑、书等在内的媒介。

主讲教师继续发问：假如让你带手机上岛，你用手机会做的第一件事情是什么？如果不允许你们带这些媒介上岛，让你们到岛上生活一个月，你们愿意否？结果表明，所有人用手机做的第一件事情无外乎是与亲朋好友沟通或者阅览各种信息。而且绝大多数人都表示如果没有这些媒介产品，他们不愿意到岛上生活一个月。那极少数表示愿意的人也称，如果时间超过一个月或者更久，则不再愿意在这个孤独的岛上生活，即使有吃有穿。

笔者曾在自己的课堂上也做过类似的调查，与上述结果异曲同工。显然，在满足日常物质需求的前提下，媒介所提供的信息、社会交往、教育、娱乐等功能可以满足我们的各种精神需要，同时也使我们对其产生了巨大的依赖性。换言之，现代社会已无法离开媒介存在了，现代人也几乎无法离开媒介生活。2023 年第 52 次《中国互联网络发展状况统计报告》

---

① 此互动案例出自安徽大学公开课“当代媒介素养”的录音资料。

数据显示，截至2023年6月，中国网民总量达到了10.51亿人，占全球网民总量的23.4%，位居世界第一。而且中国网民男女比例接近平衡，年龄分布多元化，地域分布均衡化，网民行为多样化和活跃化。用媒介获取信息、满足娱乐和社交需求已成为他们的惯常行为，与吃饭、睡觉占据着同等重要的地位。而网民使用媒介进行购物、教育等活动的频率也在持续增长。

有学者曾这样描述媒介，他说："我们生活于其中的社会犹如一个有机体，现代媒介提供的信息犹如流经有机体各器官的血液。"我们都知道血液对于我们身体的重要性，这也充分说明了媒介在我们的社会生活中扮演的角色有多么重要。媒介通过信息的传播，对社会发挥着监测环境、协调社会关系、教育以及娱乐等功能，它让我们可以了解自身体验之外的环境，可以帮助我们学习知识，可以满足我们的精神需求、打发休闲时间，可以帮我们结识新朋友、联系老朋友……显然，媒介重构着我们的生活，已成为我们生活中不可或缺的部分，甚至关乎生存。

今天，伴随着网络技术的发展，媒介已从报刊、广播、电视这些传统的大众媒介形态发展为今天的微博、微信、客户端等丰富多样的互联网与移动端应用形态。

媒介技术的日新月异让我们能更好地拥抱媒介——我们的沟通方式发生了翻天覆地的变化；我们的权限也悄然变大，几乎可以无限制地接触、建构及散播信息和知识，从而加速了信息的流通；我们可以借助论坛、微博、微信等向大众表达自己的观点与立场；我们可以利用自媒体平台为公众生产和传播信息；我们可以运用搜索工具获取信息；我们可以充当法官进行网络审判；我们可以向网民直播自己的生活态度，展示自己的个性……

然而，媒介的信息庞杂繁多、真假难辨往往会使我们产生迷惑。"万州公交车坠江事件"的案例清晰地告诉我们：我们以为拥抱新媒介后就具有了改变社会的能量，我们以为拥抱新媒介后就具有了应对困难与危机的智慧，我们以为拥抱新媒介后就可以变得强大而有个性。但我们却可能常常无意识地充当起谣言的幕后推手，可能会被居心叵测者的谣言伤得遍体鳞伤，可能会高举正义旗帜暴露着无辜者的隐私。

我们大多数人常自以为对媒介所知甚多，但其实很多时候我们对媒介的认知与使用水平仅仅处在初步的直接经验状态。当突发事件发生时，我们不知道到哪里寻求权威的信源，不知道声称与确认、推论与证据、偏见与公平、伪科学与科学的区别。我们与媒介技术进步的关系并不是孤立的个体遭遇新的媒介文化冲击的简单过程。作为具有主体意识的个体，作为信息社会的一员，我们不应是消极的信息“接收者”，还应是媒介世界里的积极参与者和“意义”的解读者与创造者。如果我们能对媒介多一些深层认识，对媒介技术背后的权力架构与信息影响力有更多的认知，能够在面对新媒介与平台新技术应用时保持警觉性，我们也许就不会那么容易陷入盲从、附和、崇拜或自我沉醉的境地了。

基于以上目的，本章将从技术的视角深入剖析当前的媒介社会，使读者充分了解媒介技术背后的权力架构与信息立场，批判性认识复杂的媒介信息环境，理解媒介的建构属性，理性消费信息，并成为一个知性传播的信息发布者。

万州公交车坠江事件

2018 年 10 月 28 日，重庆市万州长江二桥发生一起惨烈的交通事故。当时一辆载客的公交车与一辆红色小轿车发生了正面碰撞，造成严重的破坏和伤亡，现场惨不忍睹，车辆碎片散落一地，给目击者带来了极大的震撼和恐惧。红色轿车“面目全非”，而公交车却冲破护栏坠入滚滚的长江之中，很快就没了踪迹。

事故发生后，一些不明真相的网友将照片中“女司机”“高跟鞋”等敏感标签不负责任地联系在一起，炮制了“避让论”，即“红色轿车女司机穿高跟鞋在大桥上逆行，导致公交车避让不及而失控坠江”。一部分自媒体和“看客”也抱着投机目的和“吃瓜”心态，不顾事实真相，未深入调查，便纷纷跟风报道，传播先入为主的偏见和恶意，引发舆论对“女司机”长达几个小时的网暴攻击，给轿车女司机造成巨大的心理伤害。

在警方公布是公交车越过中心线而撞上正常行驶的小轿车导致失控坠江后，舆论反转，前一秒还在辱骂女司机的自媒体、网络大V、吃瓜群众，下一秒就删帖逃离网络或不动声色地把信息替换为警方公布的信息，仿佛什么也没发生过似的。

一波未平一波又起。“避让论”破灭了，“K歌疲劳论”又起来了。有网友爆料称“公交车司机凌晨K歌导致开车时睡着，引发事故”。此次，指责的论调又一次“成功”引领舆论，较前一天谴责女司机的舆论势头有过之而无不及，仿佛这些评论者都是知情者。然而他们的所谓“K歌疲劳论”又让已故公交司机平白蒙了冤。

最终，公交车上的黑匣子揭示了真相：乘客刘某为一已私利无理取闹、与公交司机发生肢体冲突导致事故发生。可此时又有一部分网民站在上帝视角谴责无辜逝去的乘客们是间接帮凶，认为是乘客自己冷漠、未能及时拉住闹事者所致。可又有谁能想到，短短几分钟的争吵会演变成一场如此惨痛的悲剧。显然，这些舆论再次对乘客家属造成了伤害。

除上述谣言，“学生幸存论”也曾让悲痛的群众多了一丝希望和安慰，没想到结果也是一场空，让希望变成了失望，加重了悲痛的情绪。

第一节　媒介技术的起源与发展

一、媒介技术发展概述

石洞里的岩画清晰地告诉我们，远古时期的人们就已经有了记录和传播信息的愿望与行为。报纸漫长而辉煌的历史也述说着人类对于信息分享的喜爱与追随。而自1838年塞缪尔·莫尔斯（Samuel Morse）发明了电磁电报开始，信息科技就更像空气和水一样，成为人类社会不可缺少的元素。19世纪末至20世纪初，电影、无线电报、广播相继诞生。20世纪50—80年代，电视技术的成熟为人们带来“沙发土豆”的生活与尼克松的总统大选。20世纪90年代至21世纪，数字视频光盘（VCD）、计算机、互联网等新信息技术的革命，更是让信息传播媒介扮演起越来越重要的角色，展示出强大的力量。

相比传统的信息传播媒介，如电视、电话、电台、报纸和杂志等，互联网是当前发展最快、最流行，也最受争议的信息传播媒介。它有着自己鲜明的特点。研究互联网的学者纽哈根和拉斐利（Newhagen and Rafaeli, 1996）认为互联网具有五大特质——多媒体、互动性、共时性、超文本特性和自由传递方式。正是这些特质，使网络媒介以强大的力量，渗透到我们的政治、经济、文化以及思想等诸多领域，改变着我们的生产、生活及交往方式乃至思维方式，影响着整个世界的面貌。

著名的学者卢克指出，互联网与其他传统信息媒介尚有一点不同，它是技术性的。卢克认为，使用互联网虽然不是一件难事，但是它确实需要比传统信息媒介更复杂的技术，包括操控计算机界面、建立连线、获取信息、制作网页等，并不像看电视般，一按而就①。这一点，其实从互联网媒介涉及的技术名词繁多便可看出。社会性网络服务（SNS）、Web3.0、媒介融合、全媒体、用户生成内容（UGC）、互联网服务提供商（ISP）、大数据、云计算、虚拟现实（VR）/增强现实（AR）、人工智能等诸如此类的概念常常让我们懵懂不知，继而难以适应如今的信息社会。

正是考虑到互联网是我们接触最为频繁的现代媒介，且其所涉及的技术概念与知识又极其多，再加上传统大众媒介如今所涉及的图文、音视频等信息的处理技能其实也包含在互联网媒介技术中，所以本章重点关注

① 陆晔，等. 媒介素养：理念、认知、参与［M］. 北京：经济科学出版社，2010：188.

网络媒介技术。通过梳理互联网时期媒介技术的发展脉络与技术常识，来帮助我们更理性地阅览、消费与处理繁杂无序的海量信息，更有能力辨别、建构、使用和发布信息。

二、网络媒介的诞生

互联网可以说是美苏冷战的产物，大致可追溯到 1962 年。1962 年爆发了古巴导弹危机，把人类推到了核大战的边缘。美国军方意识到，虽然美国已经拥有与苏联相当甚至超过苏联的核装备，一旦苏联突然发起核打击，美国有能力在短时间内发动第一次核反击，但严重的问题是，当时美国军事部门已广泛使用计算机，并建立了许多计算机网络，而当时的计算机网络采用的仍然是“计算中心”模式，其致命弱点是一旦网络中心被破坏，整个网络就陷入瘫痪。这种模式的通信在核打击面前是非常脆弱的。

为了保证美国本土防卫力量和海外防御武装在受到苏联第一次核打击后继续保持通信畅通，1963 年，在美国国防部高级研究计划署任职的拉里·罗伯茨提出了信息传输“分组交换”技术设想，从而实现了网络的不可破坏的战略目标，成为网络技术发展中的第一个重要里程碑。

同时，为了对这一构思进行验证，1969 年美国国防部高级研究计划署资助建立了阿帕网，这个网络采用分组交换技术，把位于洛杉矶的加利福尼亚大学、位于圣塔芭芭拉的加利福尼亚大学、斯坦福大学以及位于盐湖城的犹他州州立大学的计算机主机连接起来，成为互联网最早的雏形。值得一提的是，作为军事实验的产物，这一设想并未在美国得到验证，相反在 20 多年后的海湾战争中得到了证明。据相关资料介绍，在海湾战争中，以美国为首的多国部队试图摧毁伊拉克军用通信系统，但是伊拉克使用了基于“分组交换”技术和后来的 TCP/IP 协议的路由器将全国的军用计算机连接起来，当发现某些节点被破坏后，就会自动绕开这些节点，通过其他路径将通信网络重新连接起来，从而保证了军用通信联络，提高了军事指挥效率。

1970 年，阿帕网初具雏形。到 1972 年，阿帕网已建立了 40 多个网点，开发出电子邮件、远程登录、文件传输 3 项基本功能。尽管阿帕网获得了成功，但不同的计算机和系统之间如何通信的问题仍没有彻底解决，这需要制定一种大家都能遵守的协议。1974 年，一种通信协议——TCP/IP 协议研究成功，互联网迎来大发展时期。所谓通信协议（Protocol），即电脑间彼此传输数据的规则的集合，通俗地说就是任何计算机要想与其他计算机对话都必须使用的语言——“网络的普通话”。

20 世纪 80 年代初，美国一大批科学家呼吁实现全美的计算机和网络资源共享，以改进教育和科研领域的基础设施建设，抵御欧洲和日本先进教育和科技进步的挑战和竞争。1986 年，美国国家科学基金会（NSF）组建了美国国家科学基金会网（NSFNET），并逐渐取代阿帕网。NSFNET 的正式运营以及实现与其他已有和新建网络的连接开始真正成为互联网（Internet）的基础。此时，很多学术团体、企业研究机构，甚至个人用户纷纷进入，逐步把 Internet 当作一种交流与通信的工具。

互联网的商业化导致了它的历史性飞跃。20 世纪 90 年代以前，互联网的使用一直限于研究和学术领域。然而到了 1991 年，为减轻政府负担，美国国家科学基金会要求私人公司承担一些责任。第二年，商用互联网协会成立，并宣布用户可以把他们的子网用于任何商业用途。互联网的商业使用使其在通信、检索和客户服务等方面的巨大潜力得以充分发挥，吸引了越来越多的用户，最终 Internet 成为世界上最大的计算机网络。

当互联网的发展由封闭性的教育科研网络阶段进入到开放性的市场化网络阶段时，用户数量高速增长，其社会作用日益显现。到 1998 年年底，美国的网络用户已达 6 200 万。国际传播专家有这样一个统计：如果以 5 000 万受众为一个传播里程，达到这一里程，广播用了 38 年时间，电视用了 13 年，而互联网只用了 4 年。在中国，网络媒介的发展也基本与此相符合。中国互联网络信息中心（CNNIC）统计显示，1997 年，中国网民数量仅为 62 万人。但这时中国的互联网开始进入商业化发展阶段，所以仅仅到 2002 年时，中国的网民数量就已达到 5 910 万人，几乎每年都是以几何级数的速度在增长。

正是在这一背景下，新闻传播学者对互联网在信息传播领域产生的变革性影响给予了充分关注，互联网作为继报刊、广播、电视之后的第四大传播媒体的概念被提出。1998 年 5 月，联合国新闻委员会正式提出，网络是“第四媒体”。

纵观网络媒介的诞生历程，我们不禁感慨传播学界的奇才麦克卢汉的预言。这位加拿大传播学者曾在 1973 年做了这样的论断：“人类的一切技术，开始时都服务于某一种既成的功能，或者对这一功能发挥辅助作用。这一辅助手段迅速产生一个与己相关的服务和活动领域。反过来，这个领域又创造新的服务和新的领域。”无疑，他的论断言中了今天与人类生活息息相关的网络媒介的发展历程。互联网这一几十年前的“冷战产物”，走过了一条从战争机器到教育科研到商业使用的发展道路，最终孕育、诞生了网络媒介。从某种意义上讲，网络媒介就是互联网发展到一定阶段的产物。因此，互联网发展的过程实则也是网络媒介诞生的背景与过程。在今天看来，新媒介的诞生给我国传统的大众传播环境带来了巨大甚至可以说是革命性的变化。

一般认为，在我国，网络媒介技术经历了以门户网站与新闻网站为代表的 Web1. 0 时代，社交互动与用户参与为特点的 Web2. 0 时代，以及区块链作为底层技术且涵盖产业互联网、大数据、虚拟现实、云计算、人工智能等各类前沿技术的 Web3. 0 时代 3 个阶段。

三、Web1. 0 时代的新媒介形态

Web1. 0 时代其实并没有明确的起始与终止时间。我们可以认为，从互联网进入中国之初，便是 Web1. 0 时代的开端。这个时期，我们对互联网的认识懵懂模糊，尚未把互联网视为重要的、独立的新兴媒体。但包括报纸、杂志、广播电台、电视台、通讯社等在内的中国传统新闻媒体又是

极其积极主动踏入互联网传播领域的，他们纷纷创建起稚嫩的网站，虽然内容多为传统新闻媒体内容的“翻版”“电子版”。从现有材料来看，一般认为世界上最早上网的报纸是美国的《圣何塞信使报》（*San Jose Mercury News*），它于1987年上网。而在我国，1995年1月12日，由教育部（当时国家教委）主办的《神州学人》杂志，经中国教育和科研计算机网（CERNET）进入互联网，向广大在外留学人员及时传递新闻和信息，成为我国第一份上网的中文刊物。同年10月20日《中国贸易报》正式上网，标志着中国国内第一家日报上网发行①。

随着国内大批传统媒体的上网，互联网自身具有的超强信息传播力也开始显现。到1999年，中国传统媒体上网进入一个高潮期。截至2001年年底，中国有报纸2 111家、杂志8 889家、广播电台311家、电视台358家及通讯社2家。这些新闻媒体共建立起了数千个网站和网页，涵盖了中央、省、自治区、直辖市、计划单列市、地市、县各类新闻媒体，形成了庞大的规模群体。同时，众多主流新闻媒体共建的大型网络传播平台也纷纷亮相，如2000年最先组建开通的北京千龙新闻网（5月25日）、上海东方网（5月28日）、天津北方网（12月18日）以及随后组建开通的各省重点新闻网站。众多新闻媒体网站加大投入纷纷改版甚至一改再改，在新闻和信息内容提供、网络服务功能提供、基础设施改善、自身内部资源整合和自身机制调整、网站公司化运作和经营策略等诸多方面，全方位地呈现出前所未有的新面貌。这一时期，网站的内容策划与设计不再只停留在翻版阶段，而是充分发挥互联网自身的特点，运用多样化的表现方法，对传统媒体内容进行扩展和变化。例如，注重追求时效性，设计动态效果，建立相关数据库，对关键字或有关背景建立超链接，以方便读者查阅相关信息，等等。至此，网络新闻媒体经由翻版阶段、变化阶段进入综合发展阶段，即从传统媒体附属品发展为独立网站。

---

① 彭兰．网络传播概论［M］．北京：中国人民大学出版社，2001：133-134.

另外，1999年起，互联网传播领域中商业网站异军突起也是一个重要变化。由于“门户网站”概念的提出，国内一些商业网站迅速整合，新浪、搜狐、网易等门户网站开始全面涉足新闻传播。这种趋势使网络媒体进一步发展，摆脱了传统媒体的思维方式与制作方式的影响，成为一种真正的独立媒体。并且它们逐渐成为一个综合性的信息服务者，以此为基础发展商业、娱乐、网络社区等其他服务手段和经营模式。

因此，“门户网站”与“新闻网站”一并成为Web1.0时代网络媒介技术应用形态的典型代表。当然，电子商务网站此时也已悄悄萌芽，搜索引擎网站也开始兴起。

总之，Web1.0是一个“群雄并起、逐鹿网络”的时代，是一个桌面电脑的静态互联网时代。基于HTTP协议和图形界面浏览器的各类网站提供了以文字和图片为主的信息吸引用户，而用户不需要注册登录，便可直接访问和阅读信息，成为内容消费者。Web1.0的本质就是信息传播的加速器，但是并没有把互联网的交互特性反映出来。用户单向获取网站信息，但无法编辑和发布自己的信息，即无法参与到信息的创作中。网站和网站之间也没有太强的互动性。

四、Web2.0时代的新媒介形态

2001年秋，互联网公司泡沫的破灭标志着互联网的一个转折点。伴随着泡沫挤压之后的留存网络公司与新建网络公司的发展，新的网络媒介技术开始占领中央舞台，“Web2.0”一词开始成为互联网的热门概念之一。

Web2.0源自2004年3月美国奥莱理（O’Reilly）公司与MediaLive公司的一次头脑风暴会议。奥莱理公司副总裁戴尔·朵菲提（Dale Dougherty）在会议上指出，与互联网“崩溃”的说法迥然不同，互联网比其他任何时候都更重要，令人激动的新应用程序和网站正在以令人惊讶的规律性涌现出来。他认为，那些当初幸免于网络泡沫的公司，其模式都具有相似性，互联网正在经历一种新的变革。在分析了新技术与新型网站的模式后，他与公司总裁提姆·奥莱理（Tim O'Reilly）创造性地提出了 Web2.0 的概念。提姆·奥莱理在其发表的文章中指出，Web2.0 是以互联网作为跨设备的平台，其应用程序充分发挥了平台的内在优势，软件以不断更新的服务方式进行传递，个人用户通过组成群体贡献自己的数据和服务，同时允许他人聚合，以达到用户越多、服务越好的目的，通过这种“参与架构”，创造出超越传统网络页面技术的内涵，引发丰富的用户体验的网络效应①。

奥莱理对 Web2.0 概念的描述是语义模糊的。至今为止，人们对什么是 Web2.0 依然没有很清晰严格的定义，他们通常采用 Web2.0 典型应用案例介绍，加上对部分 Web2.0 相关技术的解释来描述 Web2.0。这些 Web2.0 技术主要包括：Blog、RSS、百科全书（Wiki）、网摘、社会网络服务（SNS）、P2P、即时信息（IM）、微博客、播客、社会书签（Tag）等。Blogger Don 在他的《Web2.0 概念诠释》一文中写道：“Web2.0 是以 Flickr、Craigslist、LinkedIn、Tribes、Ryze、Friendster、Del.icio.us、43Things.com 等网站为代表，以 Blog、Tag、SNS、RSS、Wiki 等社会软件的应用为核心，依据六度分隔、Xml、Ajax 等新理论和技术实现的互联网新一代模式。”

总体来说，Web2.0 是相对 Web1.0 的新的一类互联网应用的统称，以博客技术的兴起为标志。Web1.0 的主要特点在于用户通过浏览器单向从服务器获取信息。Web2.0 则使用户不仅可以实现与服务器之间的信息交互，还可以实现同一网站不同用户之间的交互以及不同网站之间信息的交互。

换而言之，Web2.0 更注重用户的参与与交互，用户既是网站内容的

① 匡文波．新媒体概论［M］．2 版．北京：中国传媒大学出版社，2015：76.

浏览者，也是网站内容的制造者。这是因为，Web2.0 的技术架构更为开放，极大地降低了用户参与的门槛，使得用户可以参与生产内容。例如博客与 Wiki 就是典型的以用户创造内容为指导思想，而 Tag 技术（用户设置标签）将传统网站中的信息分类工作直接交给用户来完成。

同时，在 Web2.0 时代，基于“CSS + XHTML”的网站设计与开发代码比从前的 Table（表格）方式更为简洁，从而使得网站对用户和搜索引擎更加友好，提高了信息资源访问速度，并为丰富的微内容应用打下基础。

事实上，Web2.0 的核心与灵魂在于那些带动了技术和社会变革的新思想，而非形式或者技术。因此，与其说 Web2.0 是互联网技术的发展与创新，不如说是互联网应用思想的变革。最突出的表现就是，Web2.0 利用网络收集用户的数字行为碎片，分析其内在的逻辑联系，通过简洁的界面，发掘出大众的智慧。当然，这也导致了用户的隐私和数据的安全无法得到保障。

五、Web3.0 时代的新媒介形态

Web3.0 的概念更是众说纷纭，有人把 Web3.0 等同于基于浏览器的虚拟网络操作系统 WebOS，或等同于智能语义网，或等同于 Web 服务。Google 则把云计算看作 Web3.0——Google 首席执行官（CEO）Eric Schmidt 在韩国首尔数码论坛（Seoul Digital Forum）上，曾如此定义 Web3.0 的概念：“Web3.0 是指集合众多应用在一起，并带有以下特点：应用相对少，数据呈云状分布，应用可以运行于任何设备上（计算机或者手机都可以），应用速度很快且可以高度个性化设置，呈病毒化几何数量级的分发（通过社会网络、电子邮件等）。”

梳理各种关于 Web3.0 的概念，可知 Web3.0 以去中心化为主要思想，以区块链为底层技术架构，涵盖了云计算、AR/VR、语义网、大数据、人

工智能等各种前沿技术。与 Web2.0 一样，Web3.0 更多的不是技术的创新，而是思想的创新，它通过更为简洁的方式为用户提供更为个性化的互联网信息定制，以网络化、个性化、去中心化等为特征，实现更加智能化的“人与人和人与机器的交流功能”的互联网模式，引起互联网价值与权力的新一轮分配，更多的数据与信息控制权与使用权回归至正确的所有者手中。

笔者所能想象的 Web3.0 应用框架是：不同网站中的信息可以彼此进行交互与整合，即 Web3.0 中的微内容可以自由整合与有效聚合。用户则可以在互联网上实现“我的数据我做主”，即用户拥有自己的数据资产，且能依从自己的意愿安排这些数据的使用。换言之，用户所创造的数字内容的所有权与控制权都属于他自己。如此，一方面个性化得以体现，能够应对信息庞杂的挑战；另一方面使得隐私可以更好地被保护，不被那些强大的垄断利益团体获得。此外，云端技术可以使数据和应用全部存储于网络服务端，故而能在不同网站或 APP 中使用简单的浏览器就可以实现复杂的软件或系统功能。同时，Web3.0 时代的媒介应用形态是更为智能的。

总之，Web3.0 的到来将带来颠覆性的科技变革，成为数字经济的新篇章。它通过去中心化、智能合约和数据安全等特点推动数字经济的发展，为数字资产和加密货币的流通提供了更加安全、高效的互联网环境。去中心化模式会赋予用户更大的控制权和数据主权，而基于区块链的自动化合约可以自动执行预设的条件和规则，实现安全、透明的交易和合作。

六、元宇宙与下一代互联网

互联网有着蓬勃旺盛的生命力，其发展永远不会停止脚步。在美国硅谷有条不成文的定律，网上 1 年相当于网下 7 年。互联网技术进步速度之快、变数之难以捉摸，我们几乎无法预测互联网未来长久的发展情况。

下一代互联网会是怎样的？关于这个问题，学术界的争论始终未曾断过。

有人说，Web3.0是互联网信息数据所有权的自然演进和重大升级，它可以帮助用户摆脱互联网巨头的垄断控制，保护自己的隐私权和数据，拿回所有权和治理权。所以，Web3.0就是“下一代互联网”。

也有人说，元宇宙是现有互联网应用在体验上的自然演进和重大升级，它通过对现有信息显示和交互进行重构来满足用户对高质量在线应用体验的需求。所以元宇宙才是“下一代互联网”。

实际上，元宇宙与Web3.0都有着十分可观的发展前景，争论哪个能代表互联网的未来并无太大意义，二者概念的角度并不相同。它们的发展路径也不具有对抗性，相反，当前元宇宙是以Web3.0和去中心化作为基石呈现的，Web3.0为元宇宙的建设提供了技术开源。

虽然“下一代互联网”还未统一定义，但在其趋势方面，专家们已达成共识，他们认为“下一代互联网将从技术、架构上走向融合”[①]，会更加智能化、人性化，会让用户体验到前所未有的交互感和参与感。而AI驱动、全真互联、区块链、AR/VR/XR、5G、云计算、大数据等则是发展“下一代互联网”的技术基础。

第二节　认识媒介技术（上）

传播学者哈罗德·伊尼斯曾经说过，一种新媒介的产生将导致一种新文明的产生。传播学界奇才麦克卢汉也提出过，媒介即人的延伸。显然，信息技术的每次创新，都带来了信息传播的大革命，每一次革命都给人类的政治、经济、文化和社会生活带来不可估量的影响，推动着人类文明不

① 博鳌亚洲论坛2023年年会“下一代互联网”分论坛。

断向更高层次迈进。

W-W-W（World Wide Web）中的3个W构成了万维网的所有技术内涵，也给互联网赋予了强大的生命力。“3W”是一个能够创造、组织和链接文件以方便人们浏览的系统，其通过超文本传输协议（HTTP）从一台Web服务器转到另一台Web服务器上，信息形式也由单一的文字丰富为图文并茂和音视频符号。这样的技术带来的能量结合万维网发明者——英国物理学家蒂姆·伯纳斯-李的奉献精神，使得网络终端的每个人都能够平等、无偿地分享文字、图片、音视频等各种信息符号。

事实上，当伯纳斯-李在2012年伦敦夏季奥林匹克运动会开幕式上，亲自发表消息“这是给所有人的”之际，这种源于技术的“共享”精神就已在互联网中打下深深的印记，绽放着巨大的能量。2004年，宝洁公司的几个年轻人就是利用新媒介技术的“共享”精神，挽救了宝洁公司下滑的业绩。他们把想在“品客”薯片上印制图案却又不知如何做的难题放在网上，很快就得到了一位教授的慷慨分享与帮助[①]。然而，“分享”的世界又并不总是那么美好。《纽约时报》前执行编辑比尔·凯勒（Bill Keller）认为，允许女儿上Facebook就等于递给她一管冰毒[②]。尼古拉斯·卡尔的著作《浅薄》中充满忧虑，担心在社会媒体的影响下，他的大脑越来越需要“按照网络输送信息的方式来接收信息，而且接收的信息越多，大脑反而越饥饿”。

其实，技术是中性的，埋怨它毫无意义。真正要负责的是信息供应者、信息消费者和所有参与其中的人。作为一个普通的信息消费者，我们即使不会运用媒介技术与工具生产、传播信息，至少也要认识这些嵌入我们的世界、成为我们生活中一部分的媒介的技术常识，这样我们才能从容面对这个既百花齐放又鱼龙混杂的信息环境，才能理性消费信息。

---

① 高萍．当代媒介素养十讲［M］．北京：中国人民大学出版社，2015：206-207.

② ［美］Clay A. Johnson. 信息节食［M］．北京：人民邮电出版社，2014：76.

一、数字信息技术与媒介素养

互联网媒介之所以得到迅速发展，计算机网络通信技术、网络互联技术和信息工程技术的发展功不可没，它们奠定了必要的技术基础。因此要深入理解“信息海洋”“信息过载”或“信息爆炸”现象，我们必须了解与计算机网络通信、信息互联等相关的核心技术知识。

（一）数字技术

信息是人们用于表示具有一定意义的符号集合。在传统大众媒介时代，无论是有线相连的固定电话，还是无线发送的广播电视，很长的时间内它们传播的信息都是用模拟信号来传递的。而模拟信号最大的特点就是在一定的时间范围内可以有无限多个不同的取值。显然，不同的信息之间实现互联互通几乎不可能。

进入互联网时代，人类迈入了数字信息世界。无论是图文并茂的信息，还是声画同步的节目，其本质都是由“0”与“1”构成的数字信号。数字技术的诞生，使多种形式媒体信息集中于一体的数字媒体平台构想成为现实，使电信网、广播电视网、互联网这些不同行业的信息有了实现“大融合”的可能，使得媒介融合的发展与全媒体的实现有了良好的基础。

（二）HTML技术与超链接

我们会把万维网上的一个超媒体文档称为“页面”（Page）。所谓超媒体文档（也称“超文本”），就是指页面内除了可以包含文字之外，还可以包含图片、链接，甚至音乐、视频、程序等非文字元素。通常将供用户最开始点击的页面称为主页或首页（Homepage）。主页中通常包括有指向其他相关页面或其他节点的超链接。同样，其他页面之间也可以通过超链接实现自由跳转。所谓超链接，就是一种统一资源定位器（Uniform Resource Locator，URL）指针，通过激活（点击）它，可使浏览器方便地获取新的网页。

那些形形色色的网站与移动端的H5等其实就是一系列超文本页面通过超链接有机集合而成的整体。实现这个有机集合的工具便是HTML技术。

HTML（Hyper Text Markup Language）即超级文本标记语言，它通过标记符号来标记要显示的网页中的各部分内容，浏览器则按顺序阅读HTML文件，根据HTML标准与标记符解释，一一按其样式与要求显示出相应的内容，如文字如何处理、画面如何安排、图片如何显示等。

（三）动态网站与静态网站

伴随着信息技术的发展，网站从静态网站发展为动态网站，用户所浏览的信息不再单纯出自静态网站存储于服务器上的一个个HTML标准页面，而多来源于动态网站后台的庞大数据库，这给网站运维人员带来了更为便捷的页面信息更新方式，也同样给用户带来了更为丰富的信息聚集与呈现。新闻机构往往会给记者、编辑等提供各种数据库，如相关新闻、政府的数据库、基金的数据库、利益集团的数据库、商业数据库等，供他们利用这些数据库资源发现报道线索、发布信息并设置议程。用户也可以根据自己的需求，从后台数据库中搜寻出自己所要的信息资源，或者编辑符合自己喜好的栏目界面。

综上所述，我们可以得出这样的结论——数字化技术的诞生与HTML、超链接、数据库的存在，使得传统媒介与网络媒介中的信息互联互通起来，形成了巨大的信息海洋。

显然，这些数字信息技术的确给我们带来了极其丰富多样的信息资源，却也给我们带来无比艰巨的挑战。我们当中不乏这样一类患信息强迫症的人们，他们每天淹没于扑面而来的庞杂信息中，在这些海量的信息面前迷失自己。他们会花费大量时间和精力把自己接触到的、获取到的、被推送的所有信息看个遍，如果没有看完就会缺少安全感。不仅如此，海量信息还常常使他们很难集中注意力，大大降低信息阅读效率。

现在，当我们认识了数字技术与 HTML 技术，理解了超文本、超链接、动态数据库等原理，我们就一定会认清一个现实：互联网中的信息数量是没有边界、没有止境的。多年前网上就曾流传一个视频，告诉观众：在当时的中国，每分钟，就有上万条短视频被上传到各平台上，有 64 814 篇微博被发出或转发，有 20 万篇图文被生产到互联网中。2021 年年底，网友转载发布的一篇文章，更展示出了近年来互联网信息的海量增加：1 分钟内，微信用户发布了 46.52 万张图片，Facebook 用户分享了 24 万张照片，Instagram 用户发布了 6.5 万张照片，Twitter 用户发送了 57.5 万条动态。也就是说，1 分钟产生的内容可能需要我们花数十万小时甚至更长时间才能看完。笔者无从考证数据的准确性，但是被海量信息包围的体验却是感同身受的。那么，在这样的信息生态环境中，如果我们还采用过去在传统媒介环境中的信息消费习惯——尽可能阅遍所有接触到的信息，显然是极不可取的。我们不知疲倦地接收并处理可接触到的或者被推送的所有信息，只会让我们成为信息的奴隶，对信息的思辨和梳理能力退化，长此以往，形成盲从的心态。

事实上，今天越来越多的人受困于“信息强迫症”中，这就需要人们学会重新审视自己在信息时代的生存方式与习惯，了解我们该如何适应这样的信息社会。

首先，要对媒介有选择地接触。尊重和选择那些向我们持续提供优秀信息养分的内容供应者，同时拒绝其他混乱的信息供应源，即使它看起来好像挺有意思。

其次，对信息环境进行一番打造。很多浏览器都会提供扩展工具，可用于过滤网上的各种干扰。例如 360 浏览器提供的“广告拦截”功能（图 4-1），虽然这些工具还没有达到完美的标准，但也已经够用。从整体上减少接触广告的机会，可能对你的大脑和钱包都有益处。很多 APP 或者应用软件的设置中都提供了关闭信息推送的功能。很多社交软件中都提供了免打扰功能，如微信群的“消息免打扰”功能可以把那醒目的数字变成小红点、关闭“接收新消息通知”可以不诱惑你总去看手机、白天关闭“朋友圈更新提醒”等。例如邮箱，尽管有些邮件很重要，但也有很多不那么重要的邮件。软件可以相对轻松地区别这些邮件，并把不甚重要的邮件存储起来，以供将来查看。总之，能帮助你减少信息干扰的工具你都可以用上，给自己一个纯净的、可以由自己做主的空间。

图 4-1　拦截工具示意

再次，学会使用一些搜索工具，不要盲目在信息海洋中“捞针”或“漂流”。

最后，可以运用一些小技巧训练自己的专注能力与多任务处理能力。可以用“小容”“花儿”“Nobile Alarm”（图 4-2）等 APP 或者 PC 上设置两个登录账号或者应用一些时间管理方法，如番茄钟与计划表等来帮助自己克服手机瘾，提升自己专注做事情的时间，让自己真正成为信息的主人，而不是它的奴仆。

总之，作为信息时代的新新人类，我们必须学会如何与信息友好相处，如何与这些新媒介智慧交往，如何真正成为信息社会的主人。从这个意义上来讲，笔者很认同 Clay A. Johnson 在《信息节食》中提及的“根本不存在什么所谓的信息过载”。

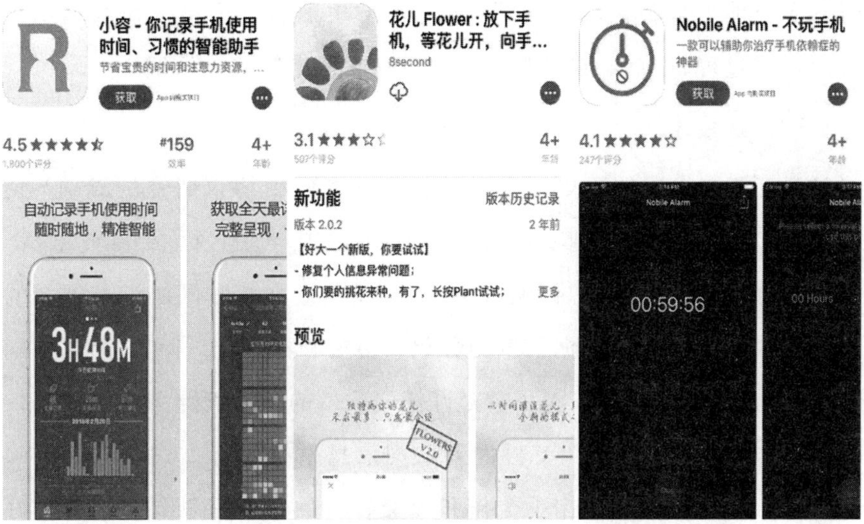

图 4-2　提高专注力的 APP

二、网络互联技术与媒介素养

有大量研究发现，网络促进了公民的政治参与行为。互联网上高度的资源共享能够促进公共信息的流通，使互联网用户能够从各种渠道迅速了解公共信息，并且便捷地在网络平台上讨论社会公共事务。由于网络匿名的保护，人们可以在互联网上就社会公共事务大胆地表达自己的看法。这就形成了当前复杂多变的网络舆论场。

同时，互联网的全球化使得舆论事件的传播极有可能跨越地理边境，引起全球舆论的关注。意识形态的多元和舆论的国际化促使国内舆论场与国际舆论场之间形成互动和反差，大大增加了舆论传播的不确定性。可以说，发生于中国境内的舆论事件，如果受到境外舆论力量的关注，被境外媒体报道，往往会增加其在国际社会的曝光率，对事件的呈现也会与国内不一致。

因此，信息是当前国际政治竞争的核心因素，国际社会的竞争除了传统的海陆空疆域之争外，还有新的疆域之争，那就是信息疆域之争。换言之，网络舆论场本身就是一种政治场域，在这个场域中各种政治权力的争夺导致了目前力量失衡的格局[①]。信息疆域中的这一力量失衡的格局，我们还可以通过理解 IP 与域名解析等网络互联技术知识来认识。

（一）IP 技术

透过互联网发展的历史，我们了解到，TCP/IP 协议研究的成功，使互联网迎来了大发展时期。那么，究竟何为 TCP/IP？为什么它们如此重要？

简单来说，TCP 即传输控制协议，它是建立在互联网协议基础上的一种通信协议，用来保证数据信息的分化、传输和再组合。而 IP 即互联网协议，全名为 Internet Protocol。它允许任何数量的计算机网络连接起来，统一运行。以 TCP/IP 协议为基础的互联网信息系统运行方式就像全球邮件系统，由几十个权威部门携手合作和递交各自的信件，只要在信上写好收信人的地址，贴好邮票，它肯定会到达，没有必要为运送者是谁、走的是哪条路线担心。

显然，如同每部电话有独立电话号码一样，连接互联网的每一台电脑都必须拥有一个 IP 地址。如果没有 IP 地址，电脑根本无法进入互联网，更谈不上信息互联互通了。因此一个国家 IP 地址的数量直接关系到这个国家互联网的普及程度与发展。美国是第一代互联网的创立者，因此在当时 IPv4（第 4 版互联网协议）地址的分配等方面，美国占有着网络核心资源，处于绝对垄断，掌握着绝对的分配权。

IPv4 地址有 3 种基本类型，分别是 A 类、B 类和 C 类，由网络号的第一组数字来表示。A 类地址的第一组数字为 1～126。B 类地址的第一组数字为 127～191。C 类地址的第一组数字为 192～223。例如：202. 206. 64. 34 是 C 类地址，159. 266. 1. 1 则是 B 类地址。它们之间的差别从宏观上来说，即：A 类地址通常为大型网络而提供，全世界总共只有 126 个可能的 A 类网络，每个 A 类网络最多可以连接 16 777 214 台主机。

---

① 张志安，等. 新媒体与舆论十二个关键问题［M］. 北京：中国传媒大学出版社，2016：44.

B类地址适用于中等规模的网络，全世界大约有16 000个B类网络，每个B类网络最多可以连接65 534台主机。C类地址适用于校园网等小型网络，每个C类网络最多可以有254台主机。

我国向Internet亚太中心能申请到的大多是C类地址。截至2004年年底，我国所拥有的IPv4地址不到6 000万个，而我国网民数量已超过9 400万人，近22个中国人分享一个地址。而当时美国2亿多人口拥有近12亿个IPv4地址，人均享有近6个地址，互联网地址分配极不合理，而且随着中国网民数量的大幅度上升，我国获得新的IPv4地址的机会必然越来越少。受同样问题困扰的还有经济高速增长的其他发展中国家，甚至日本、欧盟等国家和地区也不例外，因为IPv4所能提供的地址数最多是2^{32}。事实上，在2011年2月3日全球IPv4地址已全部分配完毕。

IPv4的不足给IPv6带来了机会，也为各国打破美国网络垄断提供了机会。中国在第一代互联网研究上曾远远落后于美国，但在第二代互联网上跟得比较紧。1996年，美国启动“下一代互联网”的第二年，中国专家就开始了IPv6的研究工作。2003年，中国还联合了日本和韩国，共同开发IPv6，希望将这项技术的全球标准在亚洲建立起来。2004年年底，我国开通全球最大IPv6互联网，连接全国20个主要城市，为几百所高校和科研单位提供高速IPv6网络接入服务。这是世界第一个同时也是规模最大的纯IPv6网，并且与美国的Internet2、欧洲的GEANT2和亚太地区的APAN实现了高速互联。

IPv6是“Internet Protocol Version 6”的缩写，它是用于替代现行版本IP协议（IPv4）的下一代IP协议。IPv6采用了认证和加密等技术，是相对于IPv4的改进和完善，因此IPv6能提供更安全的保障。更重要的是，IPv6采用了长度为128位的IP地址，而IPv4的IP地址仅有32位，IPv6的地址资源要比IPv4丰富得多。一个很形象的比喻是：地球上的每一颗沙粒都能分配到一个IPv6地址。而对于普通人来说，IPv6带来的可以看见的影响是：家庭里的每一件电器物品都可互联在网上，一切都能通过网络来调控。以 IPv6 为基础的下一代互联网把人类带进了真正的数字化时代。例如，你清晨醒来，窗帘自动拉开，煮蛋器开始自动工作，衣柜根据天气预报信息与你的活动计划，推荐着今日你的着装……

因此，推动能提供大量地址的下一代互联网的核心协议 IPv6 新技术成为许多国家和地区的现实行动。2003 年，我国启动了中国下一代互联网示范工程，进入了国家部署 IPv6 下一代互联网发展新阶段。而今，20 年过去，我国 IPv6 已经实现了跨越式发展。《中国 IPv6 产业发展报告（2023版）》显示：截至 2023 年 5 月，我国 IPv6 活跃用户数达到 7.63 亿，用户占比达到 71.51%，用户规模位居世界前列。我国移动网络 IPv6 流量占比达到 50.08%，首次实现移动网络 IPv6 流量超过 IPv4 流量的历史性突破。显然，我国 IPv6 网络“高速公路”已全面建成，“通路”已经走向“通车”，迈进了面向 5G 和云时代的 IPv6 + 智能连接时代。

（二）域名解析技术

域名是网站的关键，它是由一串用点分隔的名字组成的 Internet 中某一台计算机或计算机组的名称，用于在数据传输时标识计算机的电子方位（有时也指地理位置）。顶级域名包括两大类：通用顶级域名与国家及地区代码顶级域名。前者如所熟知的 .com、.net、.org 等，后者如德国 .DE、英国 .UK、中国 .CN 等。网民访问一个网站时，表面上输入的域名，实际上会转到 IP 地址。但 IP 地址是网络上标识站点的数字地址，又复杂又难以记忆，所以就采用域名来代替。

显然，理解域名概念后，我们就不难理解钓鱼网站是如何骗取人们钱财的了。它们往往制作成与正规网站完全一致的界面，用各种手段诱使你看到这个伪网站，并要求用户提交银行账号与密码。如果用户没有养成核查域名的习惯或根本不了解域名这一技术概念，仅通过网站界面来判定，误以为是正规网站，就可能造成财产损失。

实现由域名到 IP 的转换过程，就是所谓的域名解析，这需要访问域名服务器（DNS）来完成。域名解析是控制各网站的核心。

目前互联网全球共有13台域名根服务器，编号为A～M。这13个根服务器中，1个为主根服务器，其余12个为辅根服务器。有9个放置在美国（含主根服务器），2个放在欧洲，分别位于英国和瑞典，亚洲有1个位于日本。互联网始于美国，因此这些根服务器一直由美国控制。专家介绍，美国可以通过控制域名解析的根服务器，达到控制全球各种域名及其对应的网站的目的，而且还可以对其他国家的网络使用情况进行监控。2005年7月1日，美国商务部还曾宣布，将坚持保留对互联网域名根服务器的监控权。这一声明的隐含信息是：美国将持续掌握全球互联网的最终控制权。因此，网络信息安全问题一直是我国互联网业界的关注焦点。

2006年网通设立了中国的第三个根服务器的镜像。开通根域名中国镜像服务器，这意味着，今后更多中国网民访问 .com 及 .net 网站时，域名解析将不再由设置在境外的域名服务器提供服务，会使得本地或区域的 DNS 访问流量就近得到处理，提高了网民访问 .com 等网站的速度。但试图通过此技术完全摆脱美国的网络控制，还有一定困难。镜像仅是把一个服务器上的文件复制到另外的服务器，根域名的最终控制权还是被美国垄断着。

另外，英文成为起源于美国的互联网信息资源的主要描述性文字。虽然这加速了互联网技术和应用的国际化，但也成为非英文国家和地区人们融入互联网世界的障碍。2010年，“. 中国”域名被正式写入全球互联网根域名系统。这意味着，作为全球首个纯中文顶级域名，全球网民可使用全汉字作为域名访问互联网。发展初期，为推动“. 中国”域名的发展普及，“. 中国”域名与“中文 .cn”进行了捆绑。2012年10月29日起，“. 中国”域名与“中文 .cn”开始各自独立注册和服务。2011年，国际顶级中文域名“. 网址”也被正式写入全球互联网根域，成为新通用顶级域名的一分子。中文域名虽然并不能从根本上完全解决数字鸿沟与融入障碍的问题，但对于中国网民与全球华人来说，增加了一种可供选择的新方式，有助于网民在世界任何角落，使用自己最熟悉的语言在互联网上沟通与交流，甚至能极大降低那些还未成为网民的普通民众使用互联网的门槛，促进我国互联网的普及。例如，当我们想访问新华网时，只需在浏览器地址栏输入“新华网 . 中国”或“新华网 . cn”即可；想访问华为官网时，只需输入“华为 . 网址”这类中文形式域名就能实现。同时，注册中文域名也有助于保护中国企业的品牌和商标。

通过 IP 与 DNS 等互联网技术的发展历程来看，美国在网络资源配置、硬件设备和软件应用等方面拥有领先优势，所以以美国为首的西方媒体凭借这种强大的互联网技术优势、资本优势和语言优势，长期掌握着世界话语权。我国媒体，包括传统媒体和网络媒体，无论在自身形象的对外传播，还是国际议题的话语影响力方面都面临着这种传播语境所带来的挑战。

如果说维基解密事件、Facebook 信息泄露事件等都从侧面印证了美国长久以来在信息场域中的控制欲望与控制力，那么棱镜计划则更是赤裸裸暴露出了美国在信息场域中的野心。从这一意义上来看，我们都应该提高信息安全意识，关注信息安全的重要性，理解国家信息安全的相关举措。

维基解密：维基解密暴露的美国驻华使馆的电报显示，美使馆在成都、北京、上海的领事馆和使馆有大量的电报，北京电报 3 297 份，其次是成都 600 多份。成都主要是搜集西藏情报，美国使馆北京情报站大量关注着中国领导人的活动信息。

Facebook 信息泄露事件缘由：Cambridge Analytica 公司通过性格测试应用获取了约 5 000 万个 Facebook 用户的数据。然后，这家专门从事与政治事件相关的数据挖掘的公司通过对这些社交网络上的用户数据进行“画像”，并对这些用户精准投放政治广告，最终达到影响美国大选的目的。

棱镜计划（PRISM）：棱镜计划是一项绝密电子监听计划，该计划的正式名号为“US-984XN”。英国《卫报》和美国《华盛顿邮报》2013 年 6 月 6 日报道，美国国家安全局（NSA）和联邦调查局（FBI）于 2007 年启动了一个代号为“棱镜”的秘密监控项目，直接进入美国网际网络公司的中心服务器里挖掘数据、收集情报，包括微软、雅虎、谷歌、苹果等在内的9家国际网络巨头皆参与其中。受到美国国家安全局信息监视项目——“棱镜”监控的主要有10类信息：电子邮件、即时消息、视频、照片、存储数据、语音聊天、文件传输、视频会议、登录时间和社交网络资料的细节都被政府监控。通过棱镜项目，美国国家安全局甚至可以实时监控一个人正在进行的网络搜索内容。

值得注意的是，互联网信息场域中还存在着数字鸿沟问题，这是一个全球性的问题，它不仅关乎技术，更关乎社会公正和经济平等。数字鸿沟是指由于地理、社会、文化等各种因素，不同地区和群体之间数字技术的使用和获取能力存在明显差异，形成的信息不对称和数字落差问题。在我国，互联网出现之初，人们原本期望可以借助它解决我国城乡之间“知识沟”的问题，让每个人都有公平获取信息的机会，从而缩小我国社会经济地位高者与社会经济地位低者之间的知识差距。然而十几年过去，人们发现，互联网不仅没能填平原有的“旧沟”，反而又出现了“新沟”，使得他们之间知识的差距进一步加大。中国互联网络信息中心（CNNIC）发布的《2014年农村互联网发展状况研究报告》显示，截至2014年12月，中国农村网民规模达1.78亿，网民中农村网民占27.5%，较去年下降了1.1个百分点。报告指出，农村网民规模增速缓慢，非网民转化难度加大，城镇与农村互联网普及率差异化进一步扩大。不过，自2015年中国政府开始推出一系列旨在促进农村信息化建设、缩小城乡数字鸿沟的政策和措施后，城乡数字鸿沟扩大的趋势开始有所缓解。尤其是近些年手机等移动媒介及短视频等应用形态的发展，更是为解决我国城乡数字鸿沟问题提供了可能性。抓住机遇，探索消除我国城乡数字鸿沟的有效路径，对促进我国的社会公正、教育公平、经济发展具有重要的意义。

（三）通信传输技术

众所周知，4G是通信领域中的专业词汇，它是“第四代移动通信技术”的缩写，是在 2G、3G 的基础上逐步发展而来的，正在被 5G 取代。那么，到底什么是 2G、3G、4G、5G 呢？

一般人对其的认知，就是越往后面研发出的通信技术所能提供的移动数据传播的带宽越宽。而带宽就好比高速公路，带宽越宽越好，因为车道越宽，行车速度即数据传播速度也就越快，也就是说通信时的数据传输率越高、传播的文本越大、视频内容的流畅性与清晰度越高。简单来说，就是手机上网的速度更快。当然，它们之间的区别不仅限于此，具体说来如下。

2G（数字网络）——第二代移动通信技术，使用了数字传输取代模拟，并提高了电话寻找网络的效率。这一时期手机用户数量急速增长，预付费电话流行。

3G（高速 IP 数据网络）——第三代移动通信技术，最大特点是在数据传输中使用分组交换（Packet Switching）取代了电路交换（Circuit Switching）。电路交换使手机与手机之间进行语音等数据传输；分组交换则将语音等转换为数字格式，通过互联网进行包括语音、视频和其他多媒体内容在内的数据包传输。因此，3G 手机的特点是高速度、多媒体、个性化。它不按时间收费，而是按数据量收费。它的速度很快，不仅能通话，还可以高速浏览网页、参加电视会议、观赏图片和电影以及即时炒股等。3G 时代的来临使手机媒体具有网络媒体的许多特征，成为人们随身携带的交互式大众媒体。

4G（全 IP 数据网络）——到 4G 时代，所有语音通话都通过数字转换，以 VoIP 形式进行。因此在 4G 网络进行通话，可以依靠有线或无线网络而不一定需要移动信号覆盖。

5G——5G 网络作为第五代移动通信技术网络，其传输速度比 4G 网络的传输速度快数百倍，整部超高画质电影可在 1 秒之内下载完成。5G 可以为用户提供增强现实、虚拟现实、超高清（3D）视频等更加身临其境的极致业务体验，可以解决人与物、物与物通信问题，满足移动医疗、车联网、智能家居、工业控制、环境监测等物联网应用需求。最终，5G 将渗透到经济社会的各行业各领域，成为支撑经济社会数字化、网络化、智能化转型的关键新型基础设施。当前，工业和信息化部最新发布的“2023 年 1—7 月通信业经济运行情况”显示，截至 2023 年 7 月底，中国累计建成 5G 基站 305.5 万个，占移动基站总数的 26.9%。中国 5G 移动电话用户达 6.95 亿户，占移动电话用户总数的 40.6%；千兆宽带接入用户达 1.34 亿户，占用户总数的 21.7%。

事实上，随着智能型手机的问世，通信技术一直加速进行着革新，每一次代际跃迁，每一次技术进步，都极大地促进了产业升级和经济社会发展。

如今，我们一方面在追求着信息传输速度的极致体验，另一方面仍需要继续使用数字压缩技术对数据进行适当处理，以适应不同带宽的情况。

所谓数字压缩技术，简而言之就是针对图片、音频与视频等按一定的压缩算法去除文件中的数据冗余，从而进行一定的压缩，减少文件大小的技术。尤其是视频文件，由于其数据量庞大，所以常常需要采用某种视频压缩技术进行视频编码，编码的标准有 H.261、MPEG-2、MPEG-4 等。而使用某种压缩标准形成的视频文件格式有 MP4（注意不同于 MPEG-4）、AVI、WMV、MOV、FLV、F4V、RMVB、MKV、ASF、Navi、3GP、WebM 等①，音频文件格式有 MP3 等，图片格式有 JPG、PNG 等。

正是在数据传输技术的日新月异与数字压缩技术的支持下，网络视频时代已然到来，陌陌、快手、抖音、小红书、西瓜视频等各种短视频社交平台的不断涌现及市场的火热也从侧面证明了这一点。根据中国互联网络信息中心（CNNIC）2023 年 8 月 28 日在北京发布的第 52 次《中国互联网络发展状况统计报告》显示，我国网民规模较大，且持续增长，截至 2023 年 6 月，我国网民规模达 10.79 亿人，互联网普及率达 76.4%。而其中，网络视频（含短视频）用户规模为 10.44 亿人，网民使用率达到 96.8%，

① 温怀疆，何光威，史惠．融媒体技术［M］．北京：清华大学出版社，2016：105.

网络视频继续保持在高位的增长态势，几乎成为全民化应用。

但是，短视频社交产品的丰富与发展也对我们提出了更高的媒介素养要求。抖音推出“反沉迷系统”、快手推出“家长控制模式”、微信与QQ曾宣布暂停短视频APP外链直接播放功能……这一系列举措都是为了帮助用户正确合理使用这些感知性强的社交APP，不被其控制。另外，当我们使用这些APP进行社交时，要时刻提醒自己关注版权问题与隐私问题，避免他人侵害自身的权益或者自己侵犯他人权利。

三、移动社会化媒体与媒介素养

社会化媒体（Social Media）的出现深刻改变着社会整体的信息传播环境，其核心属性即在于内容生产和消费的“社会化”特点。社会化媒体的表现形式包括社交网站、微博、微信、博客、论坛、播客等。

从技术角度来看，社会化媒体通常被看作是互联网上一种基于用户关系的内容生产与交换的工具或平台。用户之间就是通过这一技术平台，彼此之间分享意见、见解、经验和观点，形成某种或松散或紧密的社会网络联系。显然，与其他社会大众媒体不同，社会化媒体平台可以让用户享有更多的选择权利和编辑能力，并呈现出社群化特点。

研究机构Experian公司曾经发布的一份统计结果显示，美国互联网用户很大一部分的上网时间都花在了论坛和社交网站上，这表明社会化媒体已成为人们生活中不可或缺的一部分。在中国，网络也不再仅是超文本链接的天下，而成为一个交互、共享的场所。新闻媒体人常常会提及“三微一端”，指的就是微博、微信、微视频以及新闻客户端这些社会化媒体与网络技术的应用形态，它们如今都已成为移动互联网的重要入口。

移动互联网带来的网络信息发布的更低门槛与信息传播方式的极度灵活，也促使网络社交媒体的格局随之重塑。过去，人们进入舆论场多是通过口耳相传、组织传播或大众传媒，个体意见的表达具有间接性。“三微一端”时代，个体进入舆论场则具有主动性、直接性的特点。以微博、微信、微视频和客户端为代表的传播渠道，不仅是个体与外界交流的窗口，还是个体构建社会关系的平台。个体不仅通过平台生产舆论内容，还产生社会交往。每个个体都可以决定是打开还是关上生产“舆论”的阀门，都可以决定自己和谁交往、如何交往，这种“决定”是信息流动、舆论产生的关键。每个个体就是舆论产生的节点，这些关键的节点，改变了过去舆论生产的线性模式，以关系为中心的网状模式使舆论影响更广、范围更广，同时舆论环境也更加复杂多元。

（一）即时通信技术（IM）

即时通信（Instant Messaging，IM）是一个终端服务，允许两人或多人使用网络即时传递文字信息、档案、语音与视频交流。即时通信软件可以说是目前我国上网用户使用率最高的通信方式了，各种各样的即时通信软件也层出不穷，服务提供商也提供了越来越丰富的通信服务功能。网上聊天的主要工具已经从初期的聊天室、论坛转变为以 QQ、微信等为代表的即时通信软件。

作为使用频率最高的网络软件，即时聊天已经突破了作为技术工具的极限，被认为是现代交流方式的象征，并构建起一种新的社会关系。它是迄今为止对人类社会生活改变最为深刻的一种网络新形态，没有极限的沟通将带来没有极限的生活。

（二）社交网站（SNS）

社交网站是建立在社会化网络服务（Social Network Service，SNS）基础上的交友网站，常被称为 SNS 网站，包括 Facebook、MySpace 以及我国的人人网（原校内网）、开心网等。

社交网站的理念源于六度分隔理论（Six Degrees of Separation）。该理论是美国心理学家 Stanley Milgram 在 1967 年提出的，简述为：你和任何一个陌生人之间所间隔的人不会超过 6 个，也就是说，每两个陌生人之间最多只需要经过 6 个人就能建立联系。在社交网站上，个人通过注册信息或建立主页，可以与他人建立起一个内容共享和沟通交流的平台。在社交网站上，朋友间通过分享日志、照片、游戏、视频等各类信息，加强与朋友乃至陌生人之间的了解与联系，从而最大限度地扩展个人的社交圈和社会资源[①]。

从主要的社会功能上看，社交网站可以用来扩展用户的社会关系，或者用来维系既有的社会关系。在社交网站发展早期，一种引人入胜的理念是小世界模型，即借助社交网站，人们相互之间连接的可能性将无限增大。但人们很快发现，社会关系的建立和维系是需要成本和代价的，包括人情、时间和精力。所以，一个人正常能够有效“打理”或经营的活跃的社会关系数必然是有限的。因此，社交网站上大量的“好友”其实通常只是鲜有直接互动的弱关系，主要以信息分享和交流为主；而具有情感支持和交流功能的熟人或朋友关系——即所谓的强关系，数量是很有限且稳定的，通常是同学、同事或家人、朋友。

（三）博客（Blog）

中文“博客”一词源于英文单词 Blog。Blog 的全名应该是 Weblog（网络日志），后来缩写为 Blog。博客是一个易于使用的网站，用户可以在其中迅速发布想法、与他人交流以及从事其他活动。

博客的出现所具有的意义是革命性的。虽然相比于个人网页，博客从技术的复杂性和难度上而言并没有太大的革命性突破，但博客所体现的理念以及它较之于个人网页所具有的易用性特点，使得它成为真正的“草根媒体”。

从文化意义上而言，博客第一次在中国文化历史上，让大规模的“草根”书写和文本留存、流传甚至流行成为可能。它可以是纯粹个人的想法与心得，也可以是基于某一主题的集体创作。博客的兴起，不仅大大消解了传统大众传媒和印刷出版对社会话语、思想传播的垄断性，而且从根本上为社会公众之间的相互了解、整合和协作提供了可能。社会的知识生产和知识传播，因为有了博客，发生了根本性的变化，从中心化到社会化或

① 黄楚新．媒介融合背景下的新闻报道［M］．杭州：浙江大学出版社，2010：180.

去中心化的趋势从此一发不可收。可以说，博客开启了自媒体时代。

（四）微博客（MicroBlog）

微博客又称为一句话博客或迷你博客，是一种可以即时发布消息的系统。Twitter 以及我国的饭否、新浪微博等都是微博客的代表。作为自媒体，微博客较之博客使用更为方便。因为其技术原理可以支持用户通过移动设备、IM 软件和外部 API 接口[①]等途径向微博客发布消息。显然，微博客具有可移动化的特点。微博客的另一个特点还在于这个“微”字，一般发布的消息只能是只言片语，每次只能发送 140 个字符。正是这个“微”的特点使微博客至今为止魅力不减。

值得注意的是，由于微博的技术架构，微博提供了用户编辑“个人信息门户”或“微门户”的可能性。作为一种个人定制的信息集成门户，微博用户的“关注列表”无疑犹如相机的“取景框”，用户自身对于他人微博的选择性关注，以及由此而构建的自身“关注列表”，决定了微博用户所看到的网上世界的内容。因此，哈佛大学教授桑斯坦曾提醒人们，小心微博时代的“信息茧房效应”——即人们只关注自己感兴趣的人和事，只跟随和自己气味相投的人，于是作茧自缚。

那么，微博作为用户选择性关注的信息集成门户，其选择关注的对象是越多越好吗？非也。关注列表存在一个“最佳长度”的问题。如果用户关注的对象过多，则极有可能造成信息冗杂，影响“微门户”内用户真正感兴趣的信息被关注的概率。一般而言，关注列表的“最佳长度”与关注对象微博的内容更新速度和微博博主的访问频率这两个因素有关。另外，用户对其“关注列表”进行“分组”，根据个人使用习惯将关注对象进行归类，从而进行选择性的内容浏览或内容定向发布也不失为上策。

（五）微信（WeChat）

微信（WeChat）是腾讯公司于 2011 年 1 月 21 日推出的一个为智能终

---

① API 是一些预先定义的函数，目的是提供应用程序与开发人员基于某软件或硬件得以访问一组例程的能力，而又无须访问源码，或理解内部工作机制的细节。

端提供即时通信服务的免费应用程序（图 4-3）。具备公众平台、朋友圈、消息推送等功能的微信已成为腾讯集团的战略级产品，创造了移动互联网中属于它自己的辉煌——10 个月 5 000 万手机用户，433 天之内完成用户数从 0 到 1 亿的增长过程，千万级用户同时在线，摇一摇每天次数过亿……[①]正是因为微信这个即时通信工具的影响力太巨大，且又具有社会化媒体属性，所以笔者单独列出来对其做进一步描述。

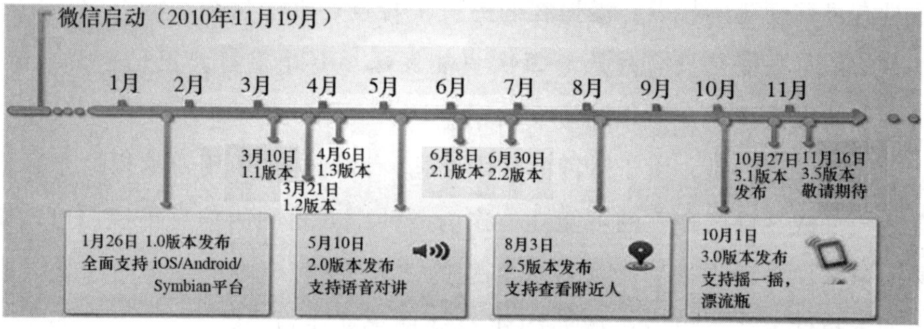

图 4-3　微信进化时间表[②]

从技术角度来看，微信变后台庞大的支撑体系为一个个清晰的小巧模块，提供了很多基于位置的社交插件，允许用户通过“摇一摇”“附近的人”“扫一扫”“看一看”“搜一搜”等方式添加好友和关注公众平台，还可以把内容随时分享到微信朋友圈。同时它支持跨通信运营商、跨操作系统平台、跨终端地快速发送语音短信、视频、图片和文字。其开发的微信小程序，更是为用户提供了“无须安装，触手可及，用完即走”的良好体验。

以微信为代表的移动互联网的出现，让我们看到了一种新的可能——中心入口的价值逐渐消弭，社交力量发挥了越来越重要的威力[③]。但作为一种

---

① 微信技术总监谈架构：微信之道——大道至简（演讲全文）［EB/OL］. http://www.52im.net/thread-200-1-1.html/2012-05-25.

② 此图出自腾讯广研助理总经理、微信技术总监周颢出席腾讯大讲堂在中山大学校园的宣讲活动中的演讲 PPT。

③ 谢晓萍，等. 微信力量［M］. 北京：机械工业出版社，2015.

社交工具，微信为人们的工作与生活提供便利的同时，如果使用不当，会带来一些安全隐患，如个人隐私泄露、遭遇网络诈骗、迷失自己于繁杂信息中等。显然，安全高效地使用微信是我们当前应具备的基本媒介素养之一。

一方面，我们要培养信息安全意识，遵循适时、适度、适量的原则，养成良好的微信使用习惯。例如以下这些微信使用习惯就可以大大减少个人信息泄露的风险。

——设置昵称时慎用自己的真实姓名，因为昵称可以被任何人看到，包括那些你授权微信登录方式的应用。当然，这里也存在一个问题，那就是：如果你的信息被 3 个以上的好友进行过备注，甚至在描述里上传过你的照片，那么你的真实名字与相貌等信息也相当于暴露了，只不过这类信息归属于腾讯公司所有，一般的不法分子无法获得。类似地，头像、地区、性别等信息也尽量不要用真实的，以防被不法分子盗用进行违法活动。

——开启“加我为朋友时需要验证”功能，并禁用“允许从群聊中加你为好友”功能，为陌生人加你好友设置一道防线，给自己一个辨识虚实好友的机会。

——关闭“允许陌生人查看十张照片”选项。相册里会透露你自己的照片或在无意中暴露周围环境等，这些照片分享到朋友圈里给自己的朋友看一看无可非议，可要是被不法分子翻看到重要信息并加以利用就不好了，所以建议还是把这一项关闭。

——慎用“摇一摇”以及“附近的人”等功能，以防给不法分子以可乘之机。比如启用“附近的人”功能，会暴露你的实时地理位置信息。如果你启用此功能有他用，那么用完后应点击“清除我的位置信息”选项，保护自己的隐私安全。据说，利用微信“附近的人”功能，如果连续变换 3 次以上位置，再辅以电子地图，就能定位出用户在哪儿。

另一方面，我们也要提高自己对微信技术常识的认知，减少因自己的无知而困于骗子的各种陷阱中。同时，我们要辩证地看待微信的各类信息与活动，理性选择信息进行消费，提高辨别虚假信息的能力。例如，如果我们了解微信公众号的类型与申请机制，我们就可以通过查看公众号主体身份，一定程度上判别信息的权威性。又如，如果我们了解 Apk 文件是安装包，绝对不是网页或者图片等文件，就不会盲目点击群里陌生好友发送的这类 Apk 链接。

再如，微信朋友圈或微信群里风靡一时的 H5 测试小游戏——“测测你的心理年龄”“你的名字命运”“测测你前世是谁”“算命”“测姻缘”“测测你 5 年后的生活状态”“朋友 PK 笑脸”等，潜藏着更为隐蔽的危险。这类信息一般都需要用户填写自己的姓名、年龄、生日、手机号等个人信息，而这些数据能存储于游戏的后台服务器中。如果被别有用心的人收集并进行梳理，甚至可能拼凑出完整的个人画像。人们会由于既得利益或者有趣好玩等因素而积极参与其中，主要还是因为大多数人都不了解 H5 背后的技术运作原理。对这些游戏，尤其是来源不明的，我们应该谨慎参与，甚至不参与。类似的还有“点赞营销”“扫码送话费”“限时大抽奖”等五花八门的活动，它们都或多或少存在着个人信息泄露的风险。记住：天下没有免费的午餐。

另一个案例是，微信为保证用户体验以及防止乱加好友情况的出现，用户在拉取群二维码时都会自动设定一个识别有效期，每个有效期的时间是 7 天，到期后可重新生成。然而很多人不了解这个常识，所以使得一则有关二维码过期的谣言（图 4-4）在各微信群里畅通无阻、一再流传，从而使得此谣言赚足了眼球与流量。

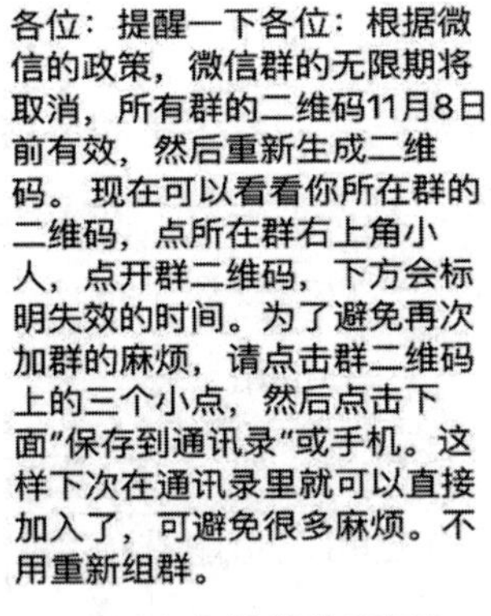
各位：提醒一下各位：根据微信的政策，微信群的无限期将取消，所有群的二维码11月8日前有效，然后重新生成二维码。现在可以看看你所在群的二维码，点所在群右上角小人，点开群二维码，下方会标明失效的时间。为了避免再次加群的麻烦，请点击群二维码上的三个小点，然后点击下面"保存到通讯录"或手机。这样下次在通讯录里就可以直接加入了，可避免很多麻烦。不用重新组群。

图 4-4　来自某微信群通知

（六）播客（Podcasting）

播客（Podcasting）一词源自苹果电脑的“iPod”与“广播”（Broadcast）的合成，因为它出现初期是借助“iPodder”软件与一些便携播放器相结合而实现的。网友可将网上的广播节目下载到自己的 iPod、MP3 播放器或其他便携式数码声讯播放器中随身收听，不必端坐在电脑前，也不必实时收听，享受随时随地的自由。同时用户还可以利用“播客”将自己制作的音频节目上传到网上与广大网友分享。2004 年 8 月 13 日，iPod 的发明者美国人亚当·科利开通了世界第一个播客网站——“每日源代码”（http://www.dailysourcecode.com），亚当·科利也因此被称为“播客之父”。在中国，土豆网创建之初就成为国内第一个拿到风险投资的播客。2014 年，中国国际广播电台（CRI）、中央人民广播电台（CNR）入驻“Podcasts”，正式入驻播客队伍。如今，荔枝 FM、喜马拉雅等平台中也聚合着各类播客内容。

播客的出现不是偶然的，它是多项技术（包括 RSS、Enclosures、MP3、BitTorrent 和 iPod）在特定的时空下发生的一次共振，是厚积薄发的结果。经过一年的发展，视频技术也被引入播客之中，颠覆了大多数人认为播客只是音频的看法[①]。土豆网便是在网站发展后期引入视频技术的代表之一。

“播客”又被称为“有声博客”，就像博客颠覆了被动接受文字信息的方式一样，播客颠覆了被动收听、收看的方式，使听众与观众成为主动参与者。有人说，播客像博客一样，带来大众传媒的又一场革命。

（七）对等联网技术（P2P）

P2P 是 Peer-to-Peer 的缩写，Peer 在英语里有“（地位、能力等）同等者”“同事”和“伙伴”等意义，所以 P2P 被称为“点对点”，或称为对等联网。它是一种网络新技术，依赖网络中参与者的计算能力和宽带，而不是把依赖都聚集在较少的几台服务器上。该技术有两方面的优点：不需要互联网路由器和网络基础设施的支持，因此性价比高且易于部署；用户不只是下载文件或媒体流，还把文件或媒体流上传给其他客户，因此这种方法可以扩大用户组的规模，且由更多的需求带来更多的资源。也就是说，

① 石磊．新媒体概论［M］．北京：中国传媒大学出版社，2009：26．

使用的人越多，文件或媒体流传送就越顺畅。迅雷、Torrent 等下载工具或一些交互游戏都是基于这一技术原理运作的。

简单来说，P2P 体现了“我为人人，人人为我”的技术理念，即用户下载文件时，此文件同时成为一个“种子文件”。当其他用户下载此文件时，不需要从服务器获取，而是可以在众多用户的“种子文件”中择优下载即可。这是一种用户之间共享文件的方式，因此下载此文件的用户越多，文件就被传送得越顺畅。

当然，由于视频流大，所以基于 P2P 的流媒体技术被广泛使用。P2P 流媒体系统按照其播送方式可分为直播系统和点播系统。一般来说，P2P 直播最能体现 P2P 的价值。因为在流媒体直播服务中，用户观看同一个节目，内容趋同，所以可以充分利用 P2P 的传递能力。而在点播领域中，P2P 技术发展速度相对缓慢，一方面是因为点播中的高度交互性实现的复杂程度较高，另一方面是节目源版权因素对 P2P 点播技术的阻碍[①]。曾经这类 P2P 视频类软件很流行，包括爱奇艺 PPS 影音、西瓜影音等。其中，爱奇艺 PPS 影音还是全球首款集 P2P 直播、点播于一体的网络视频软件。

但是，就在 P2P 技术被认为是互联网技术的重大进步，在加强网络中人与人之间的交流、文件交换、分布计算等方面会大有前途的时候，人们也发现，P2P 技术也很容易造成侵犯版权和传播违法或不良内容的事件发生，因为使用此技术，任何个人或组织只需耗费很少的带宽，直接挂上种子或者链接即可提供盗版或不良内容的服务，几乎没有成本。百度和快播公司于 2013 年 12 月被国家版权局分别处以 25 万元罚款，就是因为使用 P2P 技术的百度影音与快播里充斥了大量盗版和色情内容。显然，技术本无错，但如何合理合法使用它，需要我们每一个人认真思考。为加强对 P2P 的监管，国家推出了一系列政策和法规，有效遏制了 P2P 技术的滥用。

（八）维客（Wiki）

Wiki 一词来源于夏威夷语的“WeeKee WeeKee”，发音 wiki，原本是

---

① 曹世华. 新媒体技术应用与实践［M］. 杭州：浙江大学出版社，2017：322.

“快点快点”的意思，被译为“维基”或“维客”。它是一种多人协作的超文本写作工具。Wiki 站点可以由多人（甚至任何访问者）维护，每个人都可以发表自己的意见，也可以对共同的主题进行扩展或者探讨。与其他超文本系统相比，Wiki 有使用方便及开放的特点，它可以调动最广大的网民的群体智慧参与网络创造和互动，帮助网民在一个社群内共享某领域的知识。维基百科、百度百科等都属于 Wiki 技术的典型应用。

作为全球最大中文搜索引擎百度旗下的百度百科吸引了大量网友的参与和分享。截至 2023 年 9 月，百度百科已经收录了超过 2 743 万词条，参与词条编辑的网友超过 777 万人，几乎涵盖了所有已知的知识领域。就连知名的“围脖女王”姚晨也曾称赞“百度百科细致入微”。

维客平台实现的是让一批怀有维基理想的普通人在网络上来撰写百科全书，进行知识分享与合作，这种“维客精神”让人敬佩，但也就不难理解，为何一部严谨的学术文章或著作通常不允许把百度百科中的词条作为论据，因为它毕竟缺乏权威性，虽然我们注意到很多词条的编辑的确很精准。

（九）基于 RSS、网摘与 TAG 的聚合技术

在浩瀚的互联网海洋中，高速高质高效地获得自己所需要的信息，是人们普遍的渴望。而 RSS 技术与网摘产品可以有效聚合信息，同时使那些有着共同兴趣爱好与共同话题的社会化媒体用户聚集在一起。TAG 则提出了更为自由与个性化的信息聚合方式。无疑，它们推动了网上信息的传播，为人们提供了另一种看世界的方式。

1. RSS

RSS 是因为 Blog 的诞生而兴盛起来的。RSS 是什么？具体来说，RSS 是英文 Really Simple Syndication（真正简单的整合）的缩写，是一种在线共享内容的简易方式（也叫聚合内容）的技术。网络用户可以在客户端借助于支持 RSS 的新闻聚合工具软件或新闻阅读器，在不打开网站内容页面的情况下阅读支持 RSS 输出的网站内容。

这意味着，任何一个想要关注你的 Blog 动态的人，都可以通过 RSS 来订阅你的 Blog。订阅后，它会自动将信息组合到一个列表中，以后，他们不用访问你的 Blog，就可了解你的 Blog 最新信息。同样，如果你经常会访问某些支持 RSS 输出的新闻站点，那么你也可以用 RSS 工具或阅读器进行订阅。这样的话，你不必再耗费时间一个个地访问这些分散的信息，而可直接通过 RSS 聚合获得所有信息的更新与整合。可以说，RSS 订阅方式赋予了用户更为主动的内容选择权，改变了受众被动接收信息的方式，杜绝了“搭车”传播的现象，例如为获取一点有用的信息，就得被迫买整份报纸或者看整晚的电视或者浏览网站上一堆无用的垃圾信息。

Google、雅虎、网易、腾讯等都曾推出过自己的 RSS 在线阅读器。在 RSS 阅读很流行的时候，美国很多大型站点都提供了 RSS 订阅服务。到 2004 年年底，不支持 RSS 的站点已开始成为“异类”，页面上红色的“订阅”按钮几乎已成为美国主流网站的标准配置。特别是传统媒体，多家报纸均要推出自己的新闻阅读工具，充分利用新闻聚合服务这一潮流，使普通读者能够更方便地通过 RSS 浏览新闻。在中国，各大网站也均发布了自己的 RSS 订阅服务。

如今，随着移动互联网和社交媒体的发展，人们获取信息的方式发生了巨大改变，很多人认为 RSS 时代已经结束，Google 也关闭了 Google Reader 服务。但其实我们可以从两方面来看待这个问题。一方面，RSS 依然有存在的价值，并被一部分用户继续使用着，开源的 RSS 阅读器 Miniflux 和 Tiny Tiny RSS 等还为用户提供了自己搭建的可能性。另一方面，人们对聚合信息的需求依然强烈，RSS 的聚合思想与技术理念依然存在，只不过人们用来完成聚合工作的技术与方式发生了改变而已。例如一些 TV 视频聚合软件就可以帮助用户在一款产品中搜索到所有视频服务商的资源，而不用安装一大堆客户端。又如，微信订阅号，其实可以认为是移动互联网时代的 RSS 订阅。

2. 网摘

在 PC 互联网时代，互联网用户在上网的时候都习惯使用收藏夹来记录感兴趣的网址。但收藏夹缺乏有效的索引机制，而且无法对信息进行注解，且当时又是本地存储，不利于随时随地使用这些资源，更不用说分享信息和结交志趣相投的朋友了。随着互联网上信息的逐渐增多，用户迫切需要对个人知识库进行管理。正是在这一背景下，“网摘”应运而生。

“网摘”又名“网页书签”，起源于一家叫作 Del. icio. us 的美国网站自 2003 年开始提供的一项叫作“社会化书签”（Social Bookmarks）的网络服务，网友们称之为“美味书签”。国内最早的专业网摘站点是 2004 年 10 月开始上线运行的 365key（http://www.365key.com），它通过与内容提供商进行合作的模式向国内提供网摘服务。随后，其他网站也纷纷推出自己的网摘服务平台，例如新浪 ViVi 收藏夹、和讯网摘、百度搜藏等。具体来说，网摘可以保存用户收藏的信息，并做必要的描述和注解，长久积累可形成个人知识体系；网摘可以使用户间彼此分享收藏信息，从而集结依照同一标准建立的彼此联结的个人知识库，使参与的用户更加轻松地得到更多数量、更多角度的信息；网摘可以通过知识分类，帮助用户更快地结交到具有相同兴趣和特定技能的人，通过交流和分享互相增长知识，满足沟通、表达等社会性需要；网摘可以满足人们收藏、展示的性格需求。总之，网摘就是一个放在网络上的海量收藏夹。如果每日使用网摘的用户数量较大，用户每日提供的链接收藏数量足够，网摘站就成为汇集各种新闻链接的门户网站。

真正能体现网摘本质的定义是：网摘是一个让用户可以高度自主参与的信息收集、保存、分享、传播、优化组合的信息平台。也就是说，网摘帮助用户把网络上零散的信息资源有目的地进行汇聚整理后保存，然后再分享与传播，从而把信息展现出来。网摘的核心价值已经从保存浏览的网页，发展成为新的信息共享中心，能够真正做到“共享中收藏，收藏中分享”。从这一意义上来看，今天我们广泛使用的林林总总的网络笔记 APP，如印象笔记、有道云笔记等，可以被认为是“网摘”理念的另一种技术呈现形态。

3. Tag

Tag是一种可以根据自己的喜好而自由定义的标签。人们可以给一篇日志或文章设定一个或多个Tag，从而聚合起网上所有和你使用相同Tag的日志或文章，由此找到和你志趣相投的人。Tag真正不同的地方在于，你可以随心所欲地用任何词来标记一个事物，只要方便你找到它。因此，Tag是更为开放的、活跃的、无序的、个人化的、相当自我的一种标记方式。它可以帮助信息条理化，使用户可以从积累的一定数量Tag中发现自己最感兴趣的话题，为我们提供了一种个性化的建立知识网与社交圈的方式。例如，你在一篇日志上添加了“历史”和“旅行”两个标签，就能通过这两个Tag看到和你有相同兴趣的其他日志，而且如果你自己在下一次去寻找此日志时，也能轻易找到。现在很多网站与APP都使用了Tag模式，如微信通讯录、印象笔记等都提供了Tag功能，我们可以用Tag来管理联系人或者一篇篇笔记。此外，爱奇艺等很多APP中的“我的搜索历史”功能就是采用了Tag模式，使得你的每次搜索关键词都可以成为Tag标签。

分析这些构建起社会化媒体生态的技术应用及理念可知，社会化媒体的最大特点就是融合了“内容”与“关系”这两个维度。如果说互联网是我们宏观社会经济结构转型和社会文化秩序重建的重要推动力量和建设要素，那么社会化媒体则是嵌入到网民个体日常生活之中的一个不可忽视的社会动员和认同凝聚的空间。由于社会化媒体的用户都拥有一个特定的“订阅来源集合”和一个特定的“读者群体集合”，极大地提高了信息处理和传播的效率，也能够赋予用户彼此间建立起社会连接的空间，将具有共同兴趣和利益的个体有效地集结在一起，使得网络社区变得更为活跃。因此，社会化媒体集体行动中组织动员的特点呈现出与以往不同的方式。研究发现，不同于传统社会运动中自上而下的组织动员模式，互联网空间中的社会行动并不存在明显的核心组织，取而代之的是借助于协商和辩论而形成相对民主化的组织动员形式，这为人际信任、社会支持、社团归属感的培养和塑造提供了良好的契机①。

但是，社会化媒体的发展也可能给社会的发展带来各种问题和挑战，造成网络信息秩序的混乱场面。一方面，以社会化媒体为代表的民间舆论平台常被商业和资本滥用，网络推手制造“媒介事件”与虚假民意、传播热点话题引起轰动效应，以牟取个人的经济利益或提升企业的知名度。例如海南毒香蕉事件、山东费县的剧毒花生案、“艾滋女”闫德利事件等都是出于某种目的而炮制的“媒介事件”。另一方面，广大普通网民自身也可能出现滥用民间舆论平台的行为，如崔真实自杀、陈易卖身救母、铜须门、高跟鞋虐猫等事件中的网民都不同程度地出现了网络暴力行为（包括多数人暴力、语言暴力、人身攻击、精神骚扰、人肉搜索等）。除此之外，网络谣言的盛行、网络极化现象、网络社群中的在线讨论缺乏反思性以及信息安全等问题也是当下中国互联网社会化媒体空间的真实写照。

总之，如果你知道奥巴马在总统大选中怎样利用社会化媒体“网”络民心，你就能深深理解媒介的建构属性。如果你了解伊朗大选后的Twitter革命，就能意识到社会化媒体广泛的传播力和动员力。因此，我们在社会化媒体中应该谨慎进行情绪式发言，不要随意把缺乏思考的极端情绪砸入互联网中。当然，谨慎发布情绪言论不等于不发言。而且，我们不仅不能不发言，还应积极发声，就一些公共事件而言我们应该发出理性的声音，从而净化网络世界。

其实，社会化媒体素养具体包括社交意识、使用技能、批判意识和功能利用等多个维度。而我国网民使用社会化媒体现状的相关研究表明：我国网民在社会化媒体上甄别和查证信息来源、内容质量及其真实性的意识和能力普遍较弱。因此，除了理性发声外，我们也要深入了解和掌握社会

① 徐煜，金兼斌．社会化媒体的发展及其社会影响［J］．传媒，2013（6）：12.

化媒体的相关技术机理与功能，从而能加强批判意识与去伪存真的能力，更好地理解与运用社会化媒体。

第三节　认识媒介技术（下）

一、搜索引擎技术与媒介素养

由于互联网中处处充斥着超时空且无秩序的海量信息，受众常常会主动运用能便捷获取信息的搜索引擎工具来寻求自己所需信息。搜索引擎是一种特殊的交互文本资源，它能够对文本展开识别、关联与分类。它可以将那些最能呈现世界的文本，或者说最为贴切的信息文本带给用户。当然，我们通常说的搜索引擎主要是指网络搜索引擎，如百度、谷歌、雅虎等，包括一些特殊搜索引擎如为难民找家人的数据引擎。而实际上，搜索引擎还包括了独立数据库和个人计算机中的一系列数字检索系统，这些系统也能帮助查找一些数据。

但是搜索引擎的使用并不如看上去那样简单。一部分人使用搜索引擎查找资料时往往无果而终，另一部分人却总能称心如意地寻求到自己需要的信息。实际上，查询的结果往往跟搜索关键词的选取及搜索者的技巧密切相关。学会化自己复杂的搜索想法为简练、精准且具代表性、指示性的关键词对提高信息查询效率至关重要。同时，搜索者运用高级搜索、布尔搜索、类别搜索等专业技巧，更可以使搜索工作达到事半功倍的效果。

与传播活动一样，搜索互动也有其终点。元数据——关于数据的数据——促使搜索活动抵达其终点。元数据是关于任意信息片段的来源、特征以及轨迹，而任意信息的片段通常被我们认为是数据。元数据在数字传播系统中处于关键性位置，它原则上包含了任何形式媒介中的任意数据类型。值得注意的是，传统的“以文搜图”其实是依赖于语言和其他相关联的元数据的，而非通过视觉数据。但现在随着 OpenAI 提出的多模态模型的发展，“以图搜图”正变为现实。

综上所述，搜索引擎使用者的数字媒介素养非常重要。一项调查表明，“使用者往往只具备基本的搜索引擎使用技能，而搜索引擎又缺乏透明度，这使得问题变得更加糟糕”。一方面，搜索引擎使得网络更加开放；另一方面，搜索引擎也屏蔽了一些特殊的信息和传播内容。这可能会把我们引入歧途。关键的问题在于，哪种文本被视为初级文本，它存在于怎样的语境之下，又有着何种目的。这一问题的答案不仅仅取决于用户的搜索词语，同时也取决于搜索引擎的组织架构、交互文本、元数据以及那些衔接服务提供商与搜索者以及搜索者之间的运算法则①。

正是基于这样的技术架构与算法，“竞价排名”这个备受诟病并酿成很多悲剧的事物诞生了。所谓“竞价排名”就是指企业的产品或服务在搜索引擎优化算法的帮助下，让自己出现在用户的搜索结果中并且能排在靠前位置，从而被用户优先看见。而对搜索引擎公司来说，如果该企业相关信息一旦被用户点击，就可以向企业收取推广费从而获得利益。这个看似双赢的结果，对用户来说，却可能是致命的。“血友吧”“魏则西”事件就是例证。2018 年 6 月，浙江宁波的周女士也因遭遇竞价排名，误以为一家名不见经传的民营医院——“复大医院”是上海复旦大学附属眼耳鼻喉科医院，结果既耽误了病程又损失了很多钱财。当然，在舆论的呼声中，百度保证今后医疗类的广告不参与百度的竞价排名。同时，很早之前，广告常混于搜索结果中，让用户无法辨清，如今搜索引擎公司会在查询结果中用“广告”标签清晰标识出。然而，竞价排名依然存在，SEO 搜索引擎优化的需求与服务也造就了一堆充满垃圾链接与外链接的信息，搜索结果中

① ［丹麦］克劳斯·布鲁恩·延森．媒介融合：网络传播、大众传播和人际传播的三重维度［M］．刘君，译．上海：复旦大学出版社，2014：98．

的信息鱼龙混杂、良莠不齐，我们必须提高自己的数字媒介素养，擦亮眼睛，认真辨析并寻找到自己真正需要的准确信息。

同时，搜索引擎还可能存在信息霸权问题。有时候搜索引擎公司可能会出于某些利益原因，牢牢控制着网络信息传播的源头。竞价排名服务背景下发生的百度公司“屏蔽门”事件就是最好的例证。

另外一个值得我们深思和关注的问题是，互联网的空间具有相对无限性，因而各类网络媒介内容传播和存储的成本大幅度下降，对规模效应的依赖有所减弱，为分众化打下了基础。受众可以从容地利用各种检索工具在各类数据库中“各取所需”，几乎所有类型的信息需求都可以在互联网上得到满足，并可以自由地选择信息接收的时间、地点及媒介表现形式。受众不再被动地等待生产者提供内容，个性化的信息需求开始受到重视，这当然会促进分众化趋势[①]。但这会不会造成分众群体思维的窄化，导致社会的共识更难达成？甚至于会出现自我世界封闭、偏离社会主流价值观与人生观，继而造成严重后果的情况呢？一些青少年常年厮混于某些负能量和颓废信息的网站，逐渐变得抑郁消极，最后甚至做出自杀的举动，这样的案例在现实生活中是真实存在的。因此，我们虽然要主动搜寻信息或者主动订阅信息，但也要尽量聚集多元化观点的信息，才不会使媒介窄化我们的思维，产生信息茧房效应。

同样，深入认知与理解搜索引擎技术后，我们也就不难理解搜索引擎为何与国家信息安全、个人生活隐私也息息相关。你搜索的高频关键词能反映出你最近的生活轨迹，例如是否新添了孩子、是否在装修房子等。同样，一个国家的人们使用的高频搜索关键词，可以一定程度反映出这个国家的发展水平及文化习俗等。

---

① 于翠玲，刘斌．大学生媒介文化素养概论［M］．北京：北京师范大学出版社，2016：188.

二、文图音视频技术与媒介素养

媒介环境是一个在真实世界上建构却又不同于真实世界的“拟态环境”，人们很容易对这个“拟态环境”里的信息产生高度的信任感。1938年，美国哥伦比亚广播公司根据科幻小说改编的广播剧《火星人入侵地球》使很多美国人陷入恐慌就是一个非常典型的例证。

“火星人入侵地球”恐慌事件

1938年10月30日，哥伦比亚广播公司根据科幻小说《星际战争》改编的广播剧《火星人入侵地球》在电台播出。广播剧运用了逼真的音响效果，被一个名为奥森·威尔斯（Orson Welles，1915—1985年）的演员和他所在的水银剧团（Mercury Theater Group）演播得绘声绘色。通常，广播剧播出10分钟之后会播放一段音乐休息一下，但是，当天的音乐被“突发新闻”取代了：一个天文学家（由奥森·威尔斯扮演）证实，可以观测到火星上有几个很显眼的爆炸产生的“白色炽热气团”。紧接着，新闻称：一个“巨大的燃烧的物体”已经降临到新泽西州附近的一个农场，播音员还以记者的口吻描述说，他看见了火星人正从一个太空船里爬出来。《火星人入侵地球》所用的手法——一个急促的、喘着气的报道，同一个月前报道“慕尼黑危机”时的方式一模一样。这使得成千上万的人相信，他们真的正在面临来自火星人的攻击。人们惊恐万状，向报社、广播电台和警察局询问该如何逃生，该怎样预防来自外星人的袭击，电话都被打爆了。

《纽约时报》曾在第二天的头版报道中描述了前一天听众的恐慌：“极度恐慌的听众塞满了道路，有的藏在地窖里，有的在枪中装满子弹。在纽约的一个街区，20多个家庭中的人们都冲出房门，他们用湿毛巾捂住脸，以防止吸入火星人的‘毒气’。据普林斯顿大学事后调查，整个国家约有170万人相信这个节目是新闻广播，约有120万人产生了严重恐慌，要马上逃难。”

实际上，广播剧播出时，开头和结尾都声明说这只是一个改编自小说的科幻故事，在演播过程中，哥伦比亚广播公司还曾4次插入声明。然而，谁也没有料到，该节目会对听众产生如此巨大的影响！这个闹剧的始作俑者、时年23岁的奥森·威尔斯自然备受谴责。后来，他通过新闻媒体向全国公众道歉。这一事件也成了新闻史上一个有名的恶作剧。

随着我们生活环境的复杂多变与互联网社交媒体的影响，真实世界与“拟态环境”之间的关系变得越来越模糊。人们无法依靠亲身经验来了解世界，人们对世界的认知信息很大部分来自媒介。但在图片新闻与短视频信息盛行的今天，人们变得越发浮躁，很少能静下心来品味有着丰富内涵的文字信息或做深度思考。快餐式的信息消费方式带来更为可怕的后果：很多不了解图片处理与视音频编辑技术的受众往往以为“眼见为实”，盲目相信一些别有用心的组织或个人通过“移花接木”或“断章取义”而制造的虚假图片或视频，给自己或他人带来巨大伤害。

2020年7月12日，美国驻华使领馆在官方推特账号发出一则转自美国国务院发言人摩根·奥塔格斯并进行过汉化处理的推文，污蔑“中国政府在新疆侵犯人权”。推文声称，中国制造的很多产品由奴隶劳工制造。每个工商企业都应清理其供应链，以确保自己没有从中国在新疆对维吾尔族的人权侵犯中获利。同时，推文还配有一张带有“中国奴隶劳工制造”字样的图片。一些细心的网友很快就发现，含有英文字样的图片并非原始图片，它经过了“别有用心”的PS处理，原图中的内容实则为“100% Cotton，Made in China”。中国外交部发言人华春莹13日回应称，这个如此粗制滥造、特别低劣、不值一驳的谎言，美方居然堂而皇之地拿来污蔑诋毁中国，实在是令人不齿。虽然这样的认知背后还有许多其他原因，但也不可否认这些所谓的“图片证据”的影响力。

电影《搜索》展示了这样一个案例：年轻靓丽的白领叶蓝秋，拿着自己的癌症诊断书，失魂落魄地走上一辆公交车。车上的一位老人希望叶蓝秋让座，但正被恐惧包围的她没有挪动身体，随即遭到全车人的指责。这番争吵恰好被一个记者拍摄下来，并把视频上传网络。很快，叶蓝秋成了众矢之的，人肉搜索使她的个人信息在公众面前暴露无遗。在病痛和指责的双重压力下，叶蓝秋选择了自杀。真相大白之后，公众反思之余，又开始了对曝光此事记者的围攻……[①]这名记者根据臆想猜测，断章取义地发布了这个视频，给叶蓝秋及他自己都带来了巨大的伤害。而其实，这样的事情在我们的现实生活中也比比皆是，超市女孩被店主在毫无证据的情况下以“小偷”面貌曝光监控录像于网上，遭到大众指责，最终自杀；大妈与外国人街头发生口角，因目击者断章取义的“中国大妈讹诈外国小伙”图片帖子成为众矢之的，直到警察参与调查还原了真相，才使舆论反转。除此之外，我们在日常生活中还会接触到大量出于商业目的、想混淆视听降低自己恶评或产生轰动效应引发受众关注而被处理过的图片或视频。

因此，认知和学习媒介信息处理技术，将各种形式的信息材料置于批判性的质询之下，提高自身的媒介素养十分重要。媒介素养是一种从文字和图像符号中创造个人意义的能力，这些符号是我们每天从电视、广播、网络、报纸、杂志和广告中获得的。这是一种甄别和选择、挑战和质疑的能力，是一种“对我们周遭所发生的事情保持自觉的能力——而不是被动和弱势的”。[②] 我们接触到信息时，都应该问问自己：谁制作了这个信息？为吸引我的注意力使用了哪些创造性的技巧？与我相比，其他人在理解这个信息上可能有些什么差异？在这个信息中表达了什么价值、生活方式和观点，或者在这个信息中省略了什么价值、生活方式和观点？为什么发出

① 你有一千个理由不让座，也有一个理由必须立刻起身［EB/OL］. http://dy.163.com/v2/article/detail/DR4DAUGT0511RQ7G.html/2018-09-07.

② 陆晔，等. 媒介素养：理念、认知、参与［M］. 北京：经济科学出版社，2010：54.

这个信息？思考这些问题，运用媒介自身的技术规则去解构信息本身，批判性地分析与解读信息，我们才可能不轻易掉入“陷阱”中。

值得注意的是，文字也是经过作者编辑和加工处理过的信息，同样也要引起我们谨慎待之的态度，如一些软文或者利用人们刻板印象煽风点火的标题党，或者集结一些相似观点的文章所营造出的观点场域都可能会使我们产生错误的认识或失当的行为。

三、媒介融合技术与媒介素养

互联网技术使信息传播成本大大降低，数字与压缩技术使网络传输系统兼容了曾在传统媒体里传播的文字、图片、声音、影像等信息。正是基于此，新旧媒体之间的融合成为未来传媒发展的主要趋势。在这一趋势影响下，三网融合、媒介融合成为热门名词。

“融合”（Convergence）一词最早由美国麻省理工学院媒体实验室的创办人兼执行总监尼古拉斯·尼葛洛庞帝提出。尼葛洛庞帝用3个圆圈来描述计算机业、印刷出版业以及广播电影业这三者之间的技术边界，认为3个圆圈的交叉处将会成为发展最快、创新最多的领域。

1983年，美国学者伊契尔·索勒·普尔提出了“媒介融合”（Media-Convergence）的概念，他在著作《自由的科技》中认为，媒介融合是指各种媒介呈现出多功能一体化的发展趋势，即过去不同媒介所提供的服务，如今可由一个媒介提供；过去一种媒介提供的服务，如今可由不同媒介提供。如今在学界与业界有个比较普遍的认识是：“媒介融合”的概念应该包括狭义和广义两种，狭义的概念是指将不同的媒介形态“融合”在一起，会随之产生“质变”，形成一种新的媒介形态，如电子杂志、网络电视；而广义的概念则范围广阔，包括一切媒介及其有关要素的结合、汇聚甚至融合，不仅包括媒介形态的融合，还包括媒介功能、传播手段、所有权、组织结构等要素的融合。

媒介融合使得传统媒体的信息采集渠道和传播通道呈现多元化的特

点。重要的是，媒体工作人员可以根据多媒体的原始素材，综合整理提炼、加工，通过不同媒介传播的特点，快捷传达信息，表现事件背后的真实，还原新闻的全貌，从而提升新闻报道的质量和深度。这就是大家所熟知的“中央厨房”信息生产方式，也是“全媒体”“融媒体”等热词的基础。虽然没有统一的定义，一般认为，融媒体是传统媒体与新兴互联网媒体融合的产物，在融合形势下，媒体形式、生产平台和传播方式都发生了很大的变化。

因此，当你消费各种信息时，你会发现手机端的信息、网站端的信息及其传统媒体端的信息很相似，因为它们都是用同一“厨房”里的素材加工处理出来的。但是又因传播渠道不同，所以各有特点。而正是全媒体时代的多渠道新闻接触，能够让人们有机会获取不同类别与侧重方向的新闻信息，从而形成对有关资讯更为全面的认知。

而“三网融合”的权威界定是源于2010年1月21日国务院发布的《国务院办公厅关于印发推进三网融合总体方案的通知》。通知提到，“三网融合”是指电信网、广播电视网、互联网在向宽带通信网、数字电视网、下一代互联网演进过程中，其技术功能趋于一致，业务范围趋于相同，网络互联互通、资源共享，能为用户提供语音、数据和广播电视等多种服务。当前，“三网融合”主要是指高层业务应用的融合，遍及智能交通、环境保护、政府工作、公共安全、平安家居等多个领域，即将广播电视网络具备的广播功能、电信网络具备的通信功能、互联网具备的计算和信息服务功能融合为一体，三者之间相互交叉，形成你中有我、我中有你的格局。事实上，早在具有多媒体功能的手机使用传统媒体所提供的信息时，在手机用户定制手机报、手机电视已成现实时，就已经跨越了政策壁垒，开始打破三网之间的边界。如今，手机屏、电视屏、计算机屏三屏合一的时代已经到来。

由此可见，媒介融合的讨论更侧重于传媒领域，而“三网融合”则涉及电信业、互联网信息服务业、通信制造业和家电制造业等不同传统行业的融合以及这些传统行业对应的不同监管体系。

四、大数据技术与媒介素养

全球知名咨询公司麦肯锡发布的《大数据：创新、竞争和生产力的下一个前沿领域》报告指出："大数据已经渗透到每一个行业和业务职能领域，逐渐成为重要的生产因素；而人们对于海量数据的运用将预示新一波生产率增长和消费者盈余浪潮的到来。"显然，数据已经成为信息时代的核心资源，并开启了一次重大的时代转型。平日里我们接触到的数据多为小数据，而所谓"大数据"指的是无法在可承受的时间范围内用常规软件工具进行捕捉、管理和处理的数据集合，是需要新处理模式才能具有更强的决策力、洞察发现力和流程优化能力的海量、高增长率和多样化的信息资产①。麦肯锡在2011年的报告中界定"大数据的一般范围是从几个TB到数个PB（数千TB）"。

所谓量变引起质变，基于大规模的数据，人们可以进行很多具有想象力和创造力的探索和实践，而这些探索和实践在小规模数据的基础上是无法完成，甚至是无法想象的。例如，视频网站Neflix通过分析海量用户的观看行为数据，成功地推出剧集《纸牌屋》；又如，谷歌通过跟踪分析用户搜索关键词的海量数据，对美国流感疫情的估测值与美国疾病控制和预防中心的报告基本一致②。

大数据技术分为整体技术和关键技术两个方面。整体技术主要有数据采集、数据存取、基础架构、数据处理、统计分析、数据挖掘、模型预测和结果呈现等。大数据处理关键技术一般包括：大数据采集、大数据预处理、大数据存储及管理、大数据分析及挖掘、大数据展现和应用（大数据检索、大数据可视化、大数据应用、大数据安全等）。基于这样的技术原理与架构，大数据技术能够将隐藏于海量数据中的信息挖掘出来，从而提

① 李军．大数据：从海量到精准［M］．北京：清华大学出版社，2014：8.

② 万小广．媒体融合新论［M］．北京：新华出版社，2015：172.

高各个领域的运行效率。在我国，大数据重点应用于三大领域：商业智能、政府决策和公共服务[①]。大数据技术的应用案例在新闻服务领域里比比皆是，新闻信息传播模式因这一技术而发生变化。

首先，新闻的生产方式可能会发生变化。2015 年 9 月，腾讯财经推出国内第一篇由 Dreamwriter 撰写的《机器人新闻》，在国内率先开启了利用机器人进行新闻生产的新模式。2016 年，里约奥运会上第二代新闻机器人“张小明”更是在奥运会开始后的 13 天内，撰写了 457 篇关于羽毛球、乒乓球、网球的消息简讯和赛事报道，每天 30 篇以上。不仅囊括了从小组赛到决赛的所有赛事，且其发稿速度之快，也让人惊讶——几乎与电视直播同时。他不仅加入了图像识别，可以通过检索图片自己选择图片，还能模仿人类的语气，使用诸如“笑到了最后”“实力不俗”等词语。有人甚至预测，未来记者可能可以直接把按特定方式录制的音视频放入大数据平台中进行数据分析与新闻编写工作，还可以与虚拟现实技术结合起来。当然，新闻机器人还有很多，包括美联社的 Word Smith、新华社的快笔小新等，但他们无一例外地都运用了大数据处理技术，且对新闻的生产方式产生着变革性的影响。

其次，基于大数据技术的新闻内容更加多元化。大数据挖掘技术可以对繁杂的媒体信息进行整合、分析以及二次开发利用，找出更有价值的新闻点。同时，大数据还开创了新型的报道形式，可以通过数据呈现宏观层面的社会现实。2014 年 1 月 25 日、26 日两天，在央视综合频道《晚间新闻》栏目中，一则名为《据说春运》的专题报道引发观众好评如潮。报道中，央视一改以往派出记者在各大车站蹲点报道春运的形式，而是引入百度地图 LBS 定位大数据，在屏幕上直观地向观众展示全国范围内春运人潮流动情况，并结合新颖的大数据洞察让观众大开眼界[②]。

---

① 温怀疆，何光威，史惠．融媒体技术［M］．北京：清华大学出版社，2016：25-26.

② 新闻联播．“据说春运”：百度大数据洞察逆向迁徙[EB/OL]. http://www.chinanews.com/2014-01-30.

最后，大数据改变了媒体与受众的互动模式。以今日头条为代表的搜索、推荐、个性化定制的新闻客户端就是大数据在这方面应用的典型案例。今日头条凭借数据分析、数据挖掘、信息检索等技术优势以及拥有的海量数据，可以对用户进行数据画像，了解用户偏好及对新闻信息产品的反馈，从而依据特定算法进行精准内容的个性化推荐。同样，在大数据场景应用下，媒体舆论影响力也越来越可以被各种指标所量化，包括粉丝量、转发量、评论量等，媒体对受众的影响力更加透明化，依据这些指标，媒体可以适时调整传播策略。显然，受众与媒体间的互动模式已然发生改变。

众所周知，大数据具有4V特点：Volume（海量）、Velocity（高时效）、Variety（多样）、Veracity（真实性），它使得可供分析的数据变得更多，因为《大数据时代》的作者认为，追求精确度已变得不可行和不需要，也不必知道现象背后的原因，我们只要让数据自己发声。例如亚马逊网站根据用户在网站上的类似查询数据进行产品推荐；Twitter等社交网络通过用户的社交网络图来获知用户喜好。但这种说法也招致很多质疑。大数据可能是存在系统性偏差的数据，如果不对数据总体、数据可靠性与数据来源进行审慎考虑，即使数据规模再大也无法提供关于某个现象的可靠结论。例如，通过分析Twitter的海量数据发现，人们远离家庭时更快乐，在周四的晚上最悲伤，但这个结论的可靠度很低。首先，来自皮尤研究中心的资料显示，只有16%的美国成年网民使用Twitter，这显然不是一个有代表性的样本，它突出了年轻人群体和大城市人口。其次，我们知道很多Twitter账户是由机器自动控制或辅助操作的。最新的估算认为，Twitter上可能有2 000万虚假账户。因此数据捕捉到的那些“人类感情”很可能是由机器表达的。不仅如此，当数据规模增大之后，其出现错误的可能也随之增大，即巨量数据集和细颗粒度的测量会导致出现“错误发现”的风险增加[①]。因此，当我们用相关技术手段处理大数据或者解读数据分析得出的信息时，我们应当有个质疑：这些来自网络的、带有“信息痕迹”的数据所写出来的新闻是否真的客观真实？网上抓取的数据是网络民意吗？是民意吗？可以代表现实民意吗？甚至是真实民意吗？

同时，某些观点指出，数据规模大并非“大数据”的核心特征，也没有体现新技术趋势的本质。一种观点认为，数据“在线”比数据“大”更体现新技术趋势的核心特征。例如，阿里巴巴集团CTO兼阿里云总裁王坚称，数据的“在线”远远比数据“大”更反映本质，更体现互联网的特点，而不在线的数据再大也没什么价值。而且，“在线”还使得数据搜集、整理、分析变得容易，并且能够反过来快速对社会产生影响。还有一种观点认为，“长数据”比“大”数据更值得关注，“长数据”即从文明起源至今有关历史事实的数据集。哈佛大学应用数学家萨缪·阿布斯曼认为，“大”数据所呈现的只是信息与知识的切片，只有将数据置入长时段的历史中，我们才能获取信息与知识的完整图景。而“长数据”不仅能够分析长时段的变迁，也能为当下的趋势变化提供背景[②]。

此外，大数据时代，各种新技术、新应用带来了种种生活便利与可能性，但这些技术和应用的前提是数据是开放的和可获取的。因此，获得这些生活便利与新可能性的代价往往是个人隐私，也就是说，大数据时代网络获取的数据越多，其提供服务的能力便越强。这种特征蕴含着一系列的价值冲突与社会伦理争议。

首先，是对个人隐私权的担忧。例如手机使用数据，看起来似乎是匿名的，但是欧洲一项针对150万手机用户的研究表明，只需要4个参考点就能识别95%的个人用户。即使看起来不那么重要的个人数据，如年龄、性别，被泄露后也可能造成信息安全风险。有研究称，只要知道一个人的年龄、性别和邮编，可识别出此人身份的概率为87%。因为大数据公司可

① 万小广．媒体融合新论［M］．北京：新华出版社，2015：174.

② 同①172.

以根据这些数据与公开的数据库交叉比对，并结合对个人行为特征的分析，如购买了哪些商品，所处位置，便可以生成一系列的“推测数据”而危及个人信息安全。一些机构过度使用数据榨取商业价值，就可能会限制个体的选择自由并侵犯个人隐私。例如我们手机系统安装APP时，常会有个隐私Cookie，用户不同意就不能安装，但同意后其实自己的一部分信息就已经泄露出去。滴滴打车、共享单车可以记录你何时何地出门去哪里，淘宝、京东可以记录你曾经买过什么，现在差不多用完了，提醒你买新的等。事实上，随着大数据时代的到来，当数据挖掘成为互联网行业发展的未来趋势时，网民的个人隐私问题也必然成为互联网行业的核心议题。在西方社会，已有研究者开始非常警惕大数据时代的隐私问题，他们认为大数据的可得性并不代表这种行为是符合伦理的。大数据本身可以被看作是为个体制造麻烦的“老大哥”，它会侵犯到个人隐私，降低网民个人自由，增强了国家力量和商业力量的控制。

其次，大数据有可能加剧歧视现象。剑桥大学针对Facebook的一项大数据研究被用来估测一些非常敏感的用户个人信息，如性取向、种族、宗教、政治倾向、性格、智力、幸福感、吸毒情况、父母婚姻状况、年龄和性别等。有业内人士认为，这些高度敏感的信息可能被雇主、房东、政府机构、教育机构和私营组织轻易获取，用于对某些个体的歧视和惩罚。

最后，大数据可能还会造成数据垄断。“大数据”时代也带来信息存储和管理的集中化。这是因为能够拥有大数据的往往是拥有强大技术实力与广泛用户的大公司。这也意味着，这些大公司有可能为了维护自己的利益与垄断地位，而拒绝公开数据。大数据最终可能变成少数几个大公司的游戏①。

五、物联网技术与媒介素养

2010年全国“两会”上，温家宝总理在《政府工作报告》中提出，积

① 万小广．媒体融合新论［M］．北京：新华出版社，2015：175-176.

极推进新能源汽车、三网融合取得实质性进展，加快物联网的研发应用。这是物联网第一次被写入政府工作报告中，报告的末尾还对“物联网”做了解释：“它是在互联网基础上延伸和扩展的网络。”其实，物联网（The Internet of Things，IoT）的早期定义非常简单，就是通过一些技术构成物物相连的互联网，实现智能化识别和管理。随着技术和应用的不断发展，物联网的内涵也在不断地发展。目前，业界普遍公认的定位为：物联网是指通过射频识别、红外感应器、全球定位系统、激光扫描器等信息传感设备，按约定的协议，把任何物体与互联网连接起来，进行信息交换和通信，从而实现智能化识别、定位、跟踪、监控和管理的一种网络架构。这里有两层含义：一是物联网的互联核心和基础仍然是互联网，是在互联网基础上延伸和扩展的网络；二是物联网是物与物之间的信息交互和通信[①]。物联网广泛应用于网络的融合中，因此也被称为继计算机、互联网和移动通信网之后的又一次信息产业浪潮。那么，物联网技术是如何影响我们的生产生活与信息传播的呢？从本质来看，物联网技术是将互联网逻辑进一步拓展至物与物的层面。在物联网技术的作用下，联网设备的数量可能会达到百万种，遍布人类生产生活的每个角落，从手表、眼镜再到咖啡杯，从工厂流水线、汽车再到无人机，都将与互联网相连接。例如当下流行的“小雅”音箱、谷歌眼镜、小米扫地机等都是物联网技术的应用形态。显然，在“万物皆媒”的世界里，媒体与受众都可以不受时间、地点、设备和服务的限制，可以随心所欲地自由生产信息、传播信息和获取信息。比如，在新闻领域，无人机能够进入此前受环境限制而无法进入或进入成本高昂的任何新闻现场，并以大量新颖的拍摄视角，实时传回图片或视频。特别是对突发自然灾害事件、重大事故、群体性事件、战争地区以及交通不便的山区报道，无人机能大大降低新闻报道的成本与危险[②]。2014 年 8 月的江苏昆山中荣工厂特大爆炸事件中，《都市快报》记者韩丹便使用航

① 温怀疆，何光威，史惠．融媒体技术［M］．北京：清华大学出版社，2016：288.

② 万小广．媒体融合新论［M］．北京：新华出版社，2015：191.

拍器多角度地拍摄到了爆炸现场的情况，并传给后方编辑①。

研究者 Elisabeth Clark 更是形象地描述了物联网时代新闻消费的一个典型场景：某个早晨，联网咖啡壶发出的信号，通过苹果手机将 John Smith 先生叫醒。这个咖啡壶知道什么时候开始煮咖啡，并告知媒体何时推送最新新闻。这些新闻都是高度个性化定制的，既包括实时新闻，也包括个人 Twitter 账号上订阅的信息流。这些信息将跟随 John Smith 先生的日常生活轨迹，从浴室镜子到汽车进行呈现。这个场景中，镜子、汽车等日常物品都可能成为媒体的“肉身”。实际上是为了说明，物联网时代媒体将真正做到无处不在。当然，这种无处不在的核心原则是以受众为中心、最大限度地方便受众生活，在紧凑的时间和空间内提供个性化、随身化、方便化的新闻信息②。

毫无疑问，物联网是未来互联网的发展趋势。基于我们在第一代互联网落后于发达国家而处处受限制，所以我们十分重视并积极参与了物联网的标准制定，这对中国争夺网络主动权是非常重要的。可喜可贺的是，2017 年 10 月中国自主研发的物联网安全协议关键技术 TRAIS-X 被国际标准组织正式发布，成为国际标准技术规范，当然过程可谓是惊心动魄。

物联网技术的发展能提供给人们更为舒适便捷的生活，但它对新闻媒体从业人员提出了更高的技能与素养要求，他们需要具备全媒体执行能力。同时，无所不在的联网设备，也让人们担心其被滥用和误用而造成各种社会问题，包括侵犯隐私、泄密及交通安全等。例如，汽车等智能设备如果被恶意入侵控制，轻则损坏，重则造成人员伤亡。不过，也有人说，物联网是网络诈骗的克星。因为将一个人的信息全部写入物联网域名对应的电子芯片之中，形成个人数据库，这个数据库必然是真实的，而且是没有办法造假的。如果你造假，那你在物联网层面，便会成为另一个人。而

① 南方都市报．昆山爆炸案现场被警方封锁，记者教你如何突破采访［EB/OL］．http://epaper.oeeee.com/2014-08-06.

② 万小广．媒体融合新论［M］．北京：新华出版社，2015：193.

且，所有人都会把你看成另一个人。

六、VR、AR 技术与媒介素养

VR（Virtual Reality）技术即虚拟现实技术，又称为“灵境技术”“虚拟环境”“赛博空间”。虚拟现实技术是一种综合应用计算机图形学、人机接口技术、传感器技术以及人工智能等技术，制造出逼真的人工模拟环境，并能有效地模拟人在自然环境中各种感知的高级的人机交互技术。虚拟现实系统包含操作者、机器、软件以及人机交互设备 4 个基本要素。其中，机器是指安装了适当的软件程序，用来生成用户能与之交互的虚拟环境的计算机，其中存有大量图像和声音的数据库。人机交互设备则是指将虚拟环境与操作者连接起来的传感与控制装置。人机交互设备将视觉、听觉、触觉、味觉、嗅觉等各种感官刺激传达给操作者，使人的意识进入到虚拟世界。目前已经开发出来的，在视觉方面有头盔式立体显示仪等，听觉方面有立体音响，触觉、位置感方面有“数据手套”“数据服装”等，以及一些语音识别、眼球运动检测等装置①。近几年，模拟嗅觉的设备也逐渐被开发出来。2018 年，马来西亚 The Imagineering Institute 的研究人员展示了电流气味技术，帮助用户在 VR 中闻到各种味道。2023 年，我国香港城市大学的一支生物医学和机械工程师团队，与北京航空航天大学和山东大学的两位同行合作，开发出了两种能够在 VR 中传递嗅觉刺激的系统，使虚拟现实更加逼真。虚拟现实技术作为一项新的技术，将对人们的生产生活产生重大的影响，它可能的应用场景有：飞行模拟、医学模拟、战场虚拟、电影电视、娱乐游戏等。

而 AR 技术即增强现实技术，是一种实时的计算摄像机摄影的位置和角度并加上相应图像的技术，简单来说，就是要将现实世界中的信息与虚拟环境中的信息进行无缝连接和拼合，从而实现与虚拟空间之间的互动。

---

① 温怀疆，何光威，史惠．融媒体技术［M］．北京：清华大学出版社，2016：27-35.

它不仅能够展现现实世界的信息，也能够将虚拟环境中的信息显现出来，从而实现两种信息的补充。AR 技术主要有 3 个特点：集成真实世界和虚拟环境中的信息、实时交互性以及在三维尺度空间中增添定位虚拟物体[①]。

显然，VR 与 AR 给人们带来了丰富且有趣的体验，也推动着社会变革和进步。但它们也具有很强的颠覆性，可将现实与虚拟世界无缝对接，甚至让当事人分不清虚拟世界与现实生活。可以想象，这是一件多么危险的事情。网站 You The Data. com 的创建者，同时也是一位科技道德研究者 Fiona J. McEvoy 在讨论技术、人类和社会之间的关系时，就提及了她对 VR 技术的一些担忧。例如独自一人在家使用 VR 设备时，很容易沉浸在 VR 世界里，导致其在现实生活中发生意外或者被人行窃时懵懂不知。再如，Facebook 等公司开发出的 Spaces 这样的 VR 应用可以帮助一些内向和孤独人群在虚拟社交环境中互动，但也可能会助长人们对现实互动的消极态度。此外，经常沉浸于虚拟的 VR 环境中，还可能会造成人们在现实生活中的情感麻木，这将会变成一种危险，使用户渐渐习惯 VR 游戏中的暴力行为。或者形成人们错误的认知，做出一些失当行为，如从高处跳下去等。同时，VR 技术也伴随着一些涉及人格、色情以及隐私等的伦理问题。

总之，我们越想通过 VR 或 AR 技术融入有趣的虚拟世界，就越有可能迎来新的危险。这也意味着，当我们兴奋地迎接 VR 与 AR 技术之际，也要保有一些谨慎的态度与忧患的意识。

七、其他技术与媒介素养

下一代互联网是建立在一系列核心技术的支持下而发展的，除了前文所述的那些技术外，还包括网格计算、云计算、语义网、语音识别、人工智能、区块链等技术。多了解几个与下一代互联网发展紧密相关的技术概

---

① 李帅 . VR/AR 技术的机遇和挑战［J］. 文化创新比较研究，2018（22）：53.

念，可能对想象与理解未来互联网的面貌、提升媒介素养大有益处。

（一）网格计算

网格计算的出现，使计算机不再是一种孤立的计算工具，而是变成了信息共享的手段。第一代互联网实现了信息资源的交换与汇聚，但在这一过程中，每一台计算机都仍然只是为自己的主人服务，而新一代互联网技术则可以进一步实现机器硬件能力的汇聚。每一台机器都可以做到“一仆多主”，而每一个使用者又可以做到“一主多仆”。网格计算就是这样一个代表。网格计算的主要思想是利用互联网把分散在不同地理位置的计算机组织成一个“虚拟的超级计算机”，其中每一台参与计算的计算机就是一个“节点”，而整个计算是由成千上万个“节点”组成的“一张网格”。简单地讲，传统因特网实现了计算机硬件的连通，Web 实现了网页的连通，而网格计算试图实现互联网上所有资源的全面连通，包括计算资源、存储资源、通信资源、软件资源、信息资源、知识资源等。

网格计算不仅成本低廉，且具备超强的数据处理能力，还能充分利用网上的闲置处理能力，但是，需要通过法律的手段解决网上资源共享中的知识产权、相互信任和报酬等问题，才能确保网格计算的安全性，不让不法分子有可乘之机。

（二）云计算与云媒体

云计算的概念是 Google 公司于 2006 年正式提出来的，云计算的目的就是把计算能力变成像水、电等公共服务一样，随用随取，按需使用。它将计算任务分布在大量计算机构成的资源池上，使各种应用系统能够根据需要获取计算能力、存储空间和信息服务。云计算是网格计算、分布式计算、并行计算、效用计算、网络存储、虚拟化、负载均衡等传统计算机和网络技术发展相融合的产物。

百度云、阿里云、有道云笔记、印象笔记等都是云计算的典型应用形态，统称“云媒体”。即“云媒体”是云计算时代下的所有媒体的总称，一般指基于云计算技术可用于提供媒体服务和应用的新兴媒体服务。“云媒体”平台将传统媒体与互联网或移动互联网相结合，用户可以在“云媒体”中分布式地存储和处理多媒体应用数据，而不需要在计算机或终端设备上安装媒体应用软件，从而减轻了用户对多媒体软件维护和升级的负担①。

但是云计算最明显的缺点就是严重依赖网络，网络信号或者电力服务中断都会阻碍用户的云访问。而且，用户也容易对云端产生依赖，一旦云端发生故障或者云提供商破产等，用户数据就有可能完全损失，用户对数据和技术的掌控灵活度也会下降。此外，云计算还会涉及数据隐私与安全问题。

（三）语义网

语义网是 Semantic Web 的中文名称，它是能够根据语义进行判断的网络。简单地说，语义网不仅是一种能理解人类语言的智能网络，还可以使人与电脑之间的交流变得像人与人之间的交流一样轻松。语义网是对未来网络的一个设想，在语义网的构想里，机器可以识别文件信息的意义。也就是说，机器不仅可以处理信息，还能像人一样理解信息的含义，读懂网页的内容。这样，当你想在网络中搜索有关“苹果”电脑公司的信息时，就不会搜出一堆与水果相关的话题了。显然，语义网的建立能够让搜索引擎实现更加智能的搜索。

目前，开发语义网的两个基础技术是可扩展标记语言（XML）和资源描述框架（RDF）。虽然要完全实现语义网的思想，在技术上还有障碍，但它的确代表了一种发展方向。它将使人类从搜索相关网页的繁重劳动中解放出来。因为网中的计算机能利用自己的智能软件，在搜索数以万计的网页时，通过“智能代理”从中筛选出相关的有用信息，而不是数以万计的无用搜索结果。例如，在进行在线登记参加会议时，会议主办方在网站上列出了时间、地点以及附近宾馆的打折信息。如果使用万维网的话，此

① 温怀疆，何光威，史惠．融媒体技术［M］．北京：清华大学出版社，2016：284.

时你必须上网查看时间表，并进行拷贝和粘贴，然后打电话或在线预订机票和宾馆等。但假如使用的是语义网，那么一切都变得很简单了，此时安装在你计算机上的软件会自动替你完成上述步骤，你所做的仅仅是用鼠标点击几个按钮而已。在浏览新闻时，语义网将给每一篇新闻报道贴上标签，分门别类地详细描述哪句是作者、哪句是导语、哪句是标题。这样，如果你在搜索引擎里输入“老舍的作品”，你就可以轻松找到老舍的作品，而不是介绍他生平的文章。总之，语义网是一种更丰富多彩、更个性化的网络，你可以给予其高度的信任，让它帮助你滤掉你不喜欢的内容，使得网络更像是你自己的网络。

（四）语音识别技术

语音识别技术也被称为自动语音识别（Automatic Speech Recognition，ASR），其目标是将人类的语音中的词汇内容转换为计算机可读的输入，如按键、二进制编码或者字符序列。

目前，语音识别技术已非常成熟，并被广泛应用于很多领域。例如，人们使用语音助手来控制智能家居设备、定制导航、查询信息、控制音乐播放等，既能解放双手，又能提高效率。此外，医疗、物流、金融等行业中，语音识别技术也发挥着重要作用。

但这些被收集用于机器学习的语音大数据却有可能对用户的隐私环境造成多层次的威胁和安全风险，而用户对隐私环境的感知又往往不足，缺乏隐私意识和自我信息管理能力。此外，语音识别技术仍然存在一定的误识别率，恶意攻击者可以通过语音指令操纵我们的智能设备。更有甚者，人工智能语音助手的高精密性，不法分子甚至可以用来模拟你的声音，通过虚拟号码模拟你的手机号，对你的家人和朋友进行诈骗，因此避免接听来源不明、被标记为诈骗或营销的电话是我们保护自己音源的重要举措之一。

（五）人工智能

人工智能（Artificial Intelligence，AI）是研究、开发用于模拟、延伸和扩展人的智能的理论、方法、技术及应用系统的一门新的技术科学，它是计算机科学领域的重要研究方向。随着各种新型 AI 技术的出现，许多新应用场景正在逐步出现，如智能物流、自动驾驶、智能家居、图像识别等。

AIGC（AI-generated content）便是一种具有巨大潜力和价值的新型 AI 技术，它能为用户带来更丰富和更精彩的内容体验，也能为社会带来更多的创新和进步。所谓 AIGC，它是一种利用人工智能技术自动生成各种类型内容的方式，如文本、音频、图像、视频等。其重塑了互联网内容生产和用户交互方式，被应用在自动化写作、产品介绍、个性化推荐、品牌宣传等多个领域和场景。它的优点是可以大量且快速地生成高质量的内容，节省时间和人力，提高效率和精确度。但其发展也面临着一些挑战和问题，如可能生成不真实或存在道德与版权问题的内容，面临隐私保护和财产权问题。当然，如果 AIGC 结合 Web3.0 的理念和技术，如去中心化、区块链和智能合约等，可以更好地保证内容的安全、透明和可信，同时保护内容创作者的知识产权。

作为 AIGC 的一种具体的应用和产品，ChatGPT 是一种基于自然语言处理技术的语言模型，它一出现就风靡全球，为 AI 的发展带来了无限的想象空间。ChatGPT 可以进行语言理解和生成，实现人机之间自然而有趣的对话。这种更接近人类智能的高效沟通和表达方式，使其可在各种情境下应用，如聊天机器人、智能家居、医疗问诊等领域，给人们的生产和生活带来极大便利。其缺点是可能生成不正确或不合适的文本，需要人类反馈来强化学习，还不能完全替代人类。因此，ChatGPT 如果被不法分子使用，会成为极为便利的谣言生产机，在网络中滋生大量谣言。例如某不法分子利用 ChatGPT 将自己从网络中搜集而来的社会热点新闻修改编辑，编撰出一条“今晨甘肃一火车撞上修路工人致 9 人死亡”的虚假新闻，借此来获取网络流量和关注度来变现。此新闻一经发布便获得了超 1.5 万点击量，幸好警方在舆论进一步发酵前介入调查，证实是不法分子利用 AI 技术进行的新闻造假。

这些新型 AI 技术的发展，给我们的生活和生产带来了前所未有的便利，却也让原本就没有时间和耐心看清事情全貌的网民们更是在层出不穷的新型骗局面前失去了分辨真相的能力。例如某不法分子播放使用 AI 换脸技术提前制作好的视频，冒充熟人诈骗，造成了当事人巨大的财产损失。AI 假照片更是泛滥成灾，连一些老牌媒体都失去了判断力。美国时间 2023 年 5 月 22 日，一张五角大楼附近地区发生爆炸的图片在社交网络中的广泛流传，一度导致标普 500 指数由涨转跌。随后美国国防部发言人表示，这是一张由 AI 生成的虚假图片，其具有明显的 AI 生成图像的一些特征，例如路灯的灯柱有些歪，围栏“长”在了人行道上等。

可见，人工智能在打造智慧世界的同时，我们也要关注由此可能产生的道德伦理、新型诈骗和安全问题，必须对潜在风险保持高度的警惕。我们要保护好个人信息，不轻易提供人脸、指纹等生物信息给他人，不过度公开或分享动图、视频等，不随意点击来历不明的链接，不随意安装陌生软件。网络转账时一定要多渠道核验对方身份，甚至通过见面等途径。

（六）区块链技术与媒介素养

2016 年，工业和信息化部发布的《中国区块链技术和应用发展白皮书》中指出，区块链技术被认为是继大型机、个人电脑、互联网、移动互联网之后计算模式的颠覆式创新。

具体说来，区块链技术是一种去中心化的分布式账本技术，以其不可篡改、安全、透明等特性，在金融、物流、医疗、知识产权管理等多个领域都有广泛的应用。但是，区块链系统也并非绝对安全，也有可能因黑客攻击或技术漏洞而被攻破，造成资产损失、数据泄露，甚至信任危机。另外，区块链系统的去中心化可能会导致管理和监管的困难，从而加大安全风险。而且目前全球各国对于区块链技术的法律监管政策还未完全统一和规范，具有法律风险。

本章小结

媒介技术的飞速发展使信息受众“本体”凸显，但媒介的商业化也被加速，媒介信息跨界融合，其信息环境更加复杂多元化。YouTube巴士阿叔事件、香港艺人裸照风波都是例证。但技术是中性的，媒介信息往往具有内含的价值和观点，却也常常被组织用于获取利润和权力。我们要做的不是埋怨技术本身，而是学习与认知更多的媒介技术常识和方法，让自己能更主动地应对信息的“陷阱”与“轰炸”。我们既要能批判性地分析和解读媒介信息，不做无意识或盲目的“帮凶”；也要清晰客观地发布言论与信息，不做极端情绪言论的始作俑者；同时也要能真正适应海量信息社会，养成良好的信息获取能力与专注阅读的习惯，减少低效信息对我们的干扰与时间的浪费。我们会拥抱新技术，也会评估新技术可能带来的风险。

一方面，我们要了解和认知媒介技术这把双刃剑的特性；另一方面，我们也可以适当学习一些技术与使用技巧，以便让其更好地为自己服务。毕竟互联网社会中的任何一个人，无论是信息消费者，还是信息生产者或信息传播者，无一例外地都会接触并使用到媒介工具。媒介技术和工具的熟悉程度与运用水平，直接制约着媒介传播的深度与广度，制约着媒介传播的质量，更重要的是，掌握一定的媒介技术与工具使用技能，可以帮助我们更好地探索与分析媒介信息的各个要素，充分理解媒介信息是人为建构的结果，使自己能理性消费信息或客观传播信息，从而提高自己的媒介素养。

例如，当我们想辨识某些信息的真假时，可以使用社交媒体工具查找信息发布者的相关信息，包括检查这个视频上传者的历史记录和地理位置，看他的个人博客，搜寻他过去是否分享过有用、可信的内容，或者他是否剽窃其他人的内容等；还可以用一些技术手段搜寻用户的地理位置；也可以使用搜索引擎与街景图或卫星图来甄别视频中的天气、景物、背景等事件细节是否属实；可以用数据采集与分析工具监控社交媒体流量变化，看哪些人在分享这一内容，以及提出了哪些相关问题；用数据库检索技术对官方数据库资源等进行核查；用追踪溯源的技术手段尝试找到信息源，判断信息的权威性；用搜索引擎从多方媒介中寻求相同信息，多方印证，尤其是一些权威性比较高的媒体网站、政府网站；通过一些技术特征来判别某段视音频是否被剪辑过，因为光影、地面的痕迹或者树叶摇晃频率等如被编辑过就一定有痕迹的……

当我们自己发布信息时，也可以充分利用一些媒介技术保护自己与他人的版权或其他权益，同时也要避免自己发布有失客观的信息。例如用图片处理工具给自己拍摄的照片上加水印，以便保护版权；使用他人图片时，要核实真实性并标注来源；不要随意使用 Photoshop 软件修改自己的照片，尤其是新闻信息类照片，以免误导他人；自己剪辑制作的恶搞娱乐的音视频，一定要标注或说清楚；发布的可视化图片，一定要说清楚数据来源与局限性，避免误导受众。

思考题

1. 如何理解媒介技术与媒介素养之间的关系？试举例说明。

2. 媒介技术的发展给我们带来海量的信息，但是它也为我们提供了应对这浩瀚信息海洋的有效途径。谈谈你对此的理解。

3. 从媒介技术的角度来看，当前国际舆论场域中我国的话语权地位是怎样的？我们该如何关注国家信息安全与数字鸿沟问题。

4. 在复杂的网络环境中，我们该如何甄别和查证谣言？又该如何在社会化媒体中发出自己的声音？

5. 如何理解和认知搜索引擎、大数据、物联网、VR/AR、人工智能、区块链等新技术？

第五章

仁者不惧：如何学习媒介法规

美国学者斯坦利·巴伦曾提道："媒介已经完全渗透到我们的日常生活当中，以致我们经常感觉不到它的存在，媒介对我们产生的影响就更不在话下。媒介向我们传递信息，给我们提供娱乐，使我们兴高采烈，让我们烦恼困惑。媒介改变我们的情绪，挑战我们的知识，侮辱我们的理智。媒介经常把我们变为最高中标者的廉价商品。媒介给我们下定义，为我们塑造现实。"① 而今，媒介生态圈更是随着网络技术的发展发生着翻天覆地的变化，媒介形态不断创新，更深远地影响着我们的生产、生活、社交，乃至思维方式。新媒介给予了我们自由，加速了民主化进程，却也空前刺激与诱发了一部分人的卑劣欲望；新媒介为人类丰富了信息，却也带来鱼目混珠、谣言横行、色情泛滥的局面；新媒介给予我们与世界交流对话的便捷方式，却也带来了更为复杂的意识形态渗透、危害公共秩序和国家安全的行为集结。媒介社会环境正变得愈加复杂多样化，人类社会长久以来形成的结构和秩序正面临着巨大挑战，一个全新的传播语境亟待管控和自律。而法律正是管控信息社会安全的有力保障。离开了法律这一强制性规范体系的约束，即使有再先进的管理技术与手段、再完善的网络系统和安

---

① ［美］斯坦利·J. 巴伦．大众传播概论——媒介认知与文化［M］．3版．刘鸿英，译．北京：中国人民大学出版社，2005：6.

全机制也不可能避免侵害他人权益、非法攻击以及网络犯罪等行为的发生。

一方面，互联网使得用户与媒介之间的黏合性越来越强，人们对现代媒介的依赖日益加深。而同时，媒介中的不良信息种类越来越繁杂，不良行为也越来越隐蔽，其对用户的影响力也更加巨大和快速，也更具有破坏力与杀伤力。因此，我们应当具有一定的媒介法律素养，认知与理解媒介相关的法律知识与规章条例，培养媒介信息安全意识，懂得运用媒介法规保护自我权利，有效地抵制与反击媒介中的各种侵权行为。

另一方面，互联网技术的巨大推动力激活了人的主体性，如今我们每个人都可以低技术门槛地参与到媒介的信息传播活动中，并对媒介生态环境和社会环境有着至关重要的影响。显然，我们的媒介法律素养在很大程度上决定了我们的媒介行为。我们是否熟悉当前的媒介法规条例，是否理解我国的媒介法规体系建设，直接关系到我们能否合理、正确地使用媒介，直接影响到我们的媒介社会环境建构。因此，我们在媒介上发表言论或者发布信息的过程中，应当理解并具有道德基本素质和法律基本素质，规范自我的媒介素养实践，避免侵犯国家、社会或者他人的基本权益，维持一个良好的媒介社会环境。

第一节　媒介法规概述

媒介政策与法规体系的建设是媒介管理中一项非常重要的内容。而媒介管理是指媒介主管部门和媒介组织通过制度、法规、计划、组织等步骤，充分调动、协调和运用各种社会资源、促成媒介社会功能和经济功能实现的活动。

一、国内外媒介管理方式概述

自媒介诞生起，包括中国在内的世界各国都采取了各种监管措施，出台了相应的法律法规等，对媒介社会的信息传播进行了一定程度的管控，以应对媒介社会中的各种侵权行为的发生或者违法信息的传播。但即使在单一的传统媒介时代，媒介管理的方式都一直是个艰难的课题。如今，互联网新媒介诞生后，媒介的管理更是面临着一系列的挑战，经历着艰难的探索。

（一）国内媒介管理方式

目前有代表性的媒介管理措施主要有 4 种，分别是：法律法规管理，技术手段控制，行业、用户等自律，市场规律的自行调节。当然，每一种管理方法既具有一定的优势，又都带有明显的局限性。

一般来说，法律法规控制是最为有效的管理手段。但是，法律在有力地保护各种关系的同时，其硬性的规定也在一定程度上妨碍了各方的自主权。同时，法律、执行机制都是根植于实体的地理范围之内，存在地域差异性问题，而这个问题在如今具有超时空性的全球性媒介——互联网社会中尤为凸显。

此外，技术手段是常见的一种基本管控措施。媒介内容尤其是互联网信息基本都被要求采取技术措施来限制非法有害信息的传播。常用的技术措施包括关键词过滤和选择性屏蔽网站。关键词过滤是指网络应用中，对传输信息进行预先程序过滤、嗅探指定的关键字词，并进行智能识别，检查网络中是否有违反指定策略的行为。关键词过滤的主要布置在路由器、应用服务器、终端软件上；应用场合包括网络访问、论坛、网志、即时通信、电子邮件等。这种过滤机制是主动的，通常对包含关键词的信息进行阻断连接、取消或延后显示、替换、人工干预等处理。选择性屏蔽网站就是对被界定为非法有害的网站进行屏蔽，使用户无法打开或延后显示，其采取的技术和关键词过滤较为类似。同时，国内还采取了架构性控制方式管理互联网，将互联网分为两大类：骨干网和接入网。骨干网是用来连接多个区域的高速网络。接入网指的就是网络服务提供商。目前我国拥有四大骨干网，即中国公用计算机互联网、中国金桥信息网、中国教育和科研计算机网、中国科学技术网。这些骨干网均由政府部门创建。所有连接国际互联网的网站，首先必须连上骨干网，而所有骨干网必须通过工业和信息化部的端口方可连上国际互联网。一方面，通过控制骨干网和连接国际互联网的端口，政府就获得了对网络传播的架构性控制权，在紧急情况下甚至有能力进行全面封网。另一方面，在骨干网之间以及接入网之间存在激烈的竞争，这在很大程度上促进了中国基础网络产业的发展。然而，技术限制不是万能的，用户有时可以通过免费或付费的软件绕过相应的 IP 封锁、内容过滤、域名劫持等，实现对网络内容的访问。换而言之，技术本身的机械性，并不能灵活地处理各种具体问题。而且，有控制技术就会产生相应的反控制技术。

现阶段的内容管理中，尤其是互联网管理中，基于技术管理的有限性，呼声较高的是行业、用户各方自律，因为自律给行业发展带来较少的限制，更有利于网络的自由发展。最具代表性的事例就是 2001 年中国互联网协会成立。该协会由国内从事互联网行业的网络运营商、服务提供商、设备制造商、系统集成商以及科研、教育机构等 70 多家互联网从业者共同发起成立，是由中国互联网行业及与互联网相关的企事业单位自愿结成的行业性的、全国性的、非营利性的社会组织。官网显示，截至 2023 年 10 月，其已有会员单位 1 000 多家①。2003 年 12 月，中国互联网协会互联网新闻信息服务工作委员会正式成立。新华网、人民网、中国网、南方网、新浪网、搜狐网等 30 多家互联网新闻信息服务单位共同签署了《互联网新闻信息服务自律公约》，承诺自觉接受管理和公众监督，坚决抵制有害信息。同时，中国政府更加积极主动地支持互联网发展，并参与网络发展的进程。此外，2004 年 6 月 10 日，中国互联网协会互联网新闻信息服务工作委员会还成立了“违法和不良信息举报中心”，接受公众举报违法和不良信息，督促从业单位加强自律。2004 年 12 月 22 日，中国互联网协会互

① https://www.isc.org.cn/article/9661083678273536.html 中国互联网协会官网.(2023.10)

联网新闻信息服务工作委员会在京召开第二次全体委员会议。这次会议公布了《互联网搜索引擎服务商抵制淫秽、色情等违法和不良信息自律规范》要求，搜索引擎服务商不得以任何方式主动传播、收录、链接含有淫秽、色情等违法和不良信息内容的网站、网页，不得为含有淫秽、色情等违法和不良信息内容的网站、网页提供搜索导航、广告、排名、接入等任何形式的网络服务，不得与非法网站建立任何性质的合作关系；搜索引擎商应当依法采取技术手段阻止违法和不良信息，有义务向政府行政管理和执法部门举报发现的含有非法和不良信息的网站。之后，该协会还针对互联网出现的具体问题发布了数十个行业规则，如《中国互联网网络版权自律公约》(2005 年)、《博客服务自律公约》(2007 年)、《中国互联网协会反垃圾短信息自律公约》(2008 年)、《反网络病毒自律公约》(2009 年)等。按照协会章程，所有协会会员都应遵守这些公约。在我国，行业自律管控互联网的作用不应被高估，但也不应被低估。以打击垃圾邮件为例，中国互联网协会宣称，我国垃圾邮件从 2002 年的 23% 锐减到 2009 年的 4.1%，与其主导的行业自律有密切关联[①]。

然而，自律的力量在巨大的市场压力面前又常常显得微不足道。发生关系的各方，通过各自所需的获取与付出，达到一种各方认可的协调与平衡。这种调节是以一定的市场规律为前提，但这种自由的协商，缺乏一个权威的把关人作为中间环节。其结果是协商的各方很可能仅从自己的个体利益出发，根据自己的规则与价值判断来决定取舍，而这种取舍很有可能不符合或损害社会的整体利益。

(二) 国外媒介管理方式

政府到底是否应该干预网络舆论，这一问题在理论界一直因国情不同而各有理解，但在实践中没有哪个国家的政府真正放弃了对网络舆论的管

---

① 国务院新闻办公室．中国互联网状况 2010.[EB/OL]. http://politics.people.com.cn/GB/1026/11813615.html,2010-06-08.

理[①]。世界各国出于政治安全、文化安全等原因对媒介尤其是互联网媒介的信息内容都实施了监管。监管的手段也大多是以下 4 种：法律法规管理，技术手段控制，行业、用户等自律，市场规律的自行调节。但由于国体和政体不同，世界各国所采用的媒介管理方式也有各自的特点。例如对网络谣言的管理，各个国家都采取了严打措施，但手段和途径有很多不同。比如美国有 130 多项法律和法规涉及对网络传播内容以及网络谣言的管制，英国则是设立了公民咨询局。

作为互联网发源地的美国，对互联网媒介的管理主要是通过执行有关互联网管理的各种法律来实现的。针对自己的国情，从联邦和州两个层次入手，进行机构设置和立法管理，其管理体系已经较为成熟。事实上，对媒介进行法律法规管理是世界各国的首要选择。随着互联网的诞生与发展，各国更是专门制定了或在原有法规体系下修订了法律法规，以适应新的管理需求。有统计表明，世界上有 33%的国家正在制定有关互联网的法规，而 70%的国家只是对原有的法规进行修改以适应互联网的发展。德国、英国、美国在这方面具有一定的代表性。总体来说，美国关于互联网的规章制度基本健全，法律环境较为宽松，网上信息传播者享有较充分的自由。其立法重点解决了几大问题：版权问题、商务管理问题、成人网站管理和儿童互联网权利保护问题、垃圾邮件问题、隐私权保护与反诽谤问题、对公民互联网通信监控问题。例如《未成年人互联网保护法》规定，中小学、公共图书馆等必须在其网络服务程序上提供过滤器，确保未达 17 周岁的未成年人不接触到含有色情内容的成人网站。政府对建立网络过滤技术系统提供资金支持。法案规定，任何因商业目的在互联网交流中导致未成年人接触到有害信息的，将受到不高于 5 万美元的罚款或被判不长于 6 个月的刑期。此外，美国还有一部《1998 年儿童在线隐私保护法》，规定任何提供网络服务和产品的组织和个人不得通过互联网搜集 13 岁以下儿

① 石磊．新媒体概论［M］．北京：中国传媒大学出版社，2009：279.

童的姓名、住址、电话或儿童父母的个人信息。当然，技术控制也是美国媒介管理的重要手段之一。美国依仗其高度发达的网络技术，可以对全世界的计算机网络用户（包括博客）进行隐蔽监控。美国已经建立起全球电子邮件监控系统，可以对可疑邮件进行全天候过滤、跟踪、检查。美国政府一方面积极加大对互联网研发的投入，保持其在互联网技术上的领先；另一方面加强对互联网的管理和控制，致使全球互联网的核心技术和服务器等硬件设施都在他们的掌控之中。此外，美国政府也非常注重网络伦理的建设，用此作为其媒介管理的补充手段。比如美国计算机伦理协会所制定的“计算机伦理十诫”①，就约定了“你不应该用计算机去伤害他人，你不应该去影响他人的计算机工作，你不应该到他人的计算机文件里去窥探，你不应该用计算机去偷盗”等诸如此类的内容。不过，在美国，尽管宪法第一修正案不允许政府干涉个人的言论自由和新闻自由，但实际上它是有限制的。“9·11”事件后美国政府颁布了《爱国法》和《国土安全法》。《爱国法》授权国家和相关的执法机构可以大范围地截取嫌疑人的电话通话内容或互联网通信内容，还可秘密要求网络和电信服务商提供客户的详细资料。不需要证明某电话和计算机正在被不法分子或行动目标使用。《国土安全法》增加了有关监控互联网的条款。可见，对待网络上的不良信息和违法信息，美国同样会采取强硬手段实施事前监管，直接对网络内容进行审查和监控。

而英国政府对互联网行业采取的行业自律和协调的管理策略、网络内容分级认定和分类标注技术，对于保护青少年免受色情、种族主义等不良信息的危害、促进网络在社会和文化发展中发挥积极的影响，起到了很大作用。英国秉承“少干预、重自律”的监管思路，多建立行业协会，以行业监管为主，国家强制性管制为辅，国家与行业相互协同监管。国家主要制定指导性的内容监管政策与法规，具体的操作规范和监管执行则多由互

① 匡文波．美国博客管理特点分析［J］．网络传播，2007（5）：33.

联网行业协会进行。例如英国通过贸工部、内政部和英国城市警察署的联合支持，英国的网络服务商成立了行业自律组织——网络观察基金会（IWF）并发表《安全网络：分级、检举、责任》，以解决色情、暴力、种族歧视尤其是色情问题对未成年人的损害[①]。

而严谨认真的德国人对互联网内容管理可以说是宽容有度。德国于1997年6月13日出台了世界上第一部规范互联网传播的法律——《多媒体法》，制定了《电讯服务法》《电讯服务数据保护法》《数字签名法》。并根据网络传播发展的需要，对《刑法法典》《治安条例法》《危害青少年传播出版法》《著作权法》和《报价法》等及时进行修改完善，加强了对互联网传播内容的控制。各项法律的实施，既体现了网络言论的自由性，又根据国家和社会发展要求对其给予严格的限制。在合法性原则的前提下，德国建立了措施严厉的执法队伍，保证法制的落实，规范互联网内容管理。比如作为德国宪政体系基础的《基本法》明确强调："每个人都有表达和传播观点的权利，通过书面或视频方式，人们可以合法获得信息，不受任何阻碍。"在网络服务方面，针对数字化传媒制定的《多媒体法》指出："任何人可以自由从事网络传播和经营，不受限制。"但是法律也规定"所有权利都要受到一般法律的限制"。德国是发达国家中第一个对互联网不良言论进行专门立法监管的国家，他们对有害言论的法律制裁和行政处罚措施非常严格。

总之，世界各国都构建了符合本国特色的内容监管体系，他们会沿袭或改进传统政策法规进行法律监管，责令网络服务提供商采用内容分级、信息过滤等技术手段对内容进行控制，辅以强制性的审查和监控手段，建立社会投诉举报机制，倡导行业的自我协调与监管。

二、我国媒介法规体系的构建

我国直接涉及传媒的法律不多，几乎都分布于其他领域或具体事件的

---

① 黄春平．西方国家监管互联网内容手段探析［J］．网络传播，2010（4）：17.

法律文本中。例如2007年11月1日起施行的《中华人民共和国突发事件应对法》，其中第五十四条规定：任何单位和个人不得编造、传播有关突发事件事态发展或者应急处置工作的虚假信息。第六十五条规定：违反本法规定，编造并传播有关突发事件事态发展或者应急处置工作的虚假信息，或者明知是有关突发事件事态发展或者应急处置工作的虚假信息而进行传播的，责令改正，给予警告；造成严重后果的，依法暂停其业务活动或者吊销其执业许可证；负有直接责任的人员是国家工作人员的，还应当对其依法给予处分；构成违反治安管理行为的，由公安机关依法给予处罚。这是对突发事件情况下传媒信息传播的法律规定①。

为保障我国传媒产业的有序发展，我国政府制定和颁布了一系列政策法规，以期望对传媒适度管控。1996年2月，国务院颁布实施《中华人民共和国计算机信息网络国际联网管理暂行规定》，被认为是新中国成立以来对互联网进行管制的最早的法律。该规定旨在加强对计算机信息网络国际联网的管理，以保障国际计算机信息交流的健康发展。

2000年9月20日颁布的《中华人民共和国电信条例》是新中国成立以来第一部有关电信业的综合性行政法规。它的出台结束了电信市场长期以来无法可依的现状，并把互联网作为重要电信业务纳入了电信监督管理领域。2000年年底，全国人大常委会通过了《关于维护互联网安全的决定》。这在互联网乃至整个信息传播领域，都是最高位的专门的法律文件。该决定指出互联网在促进国民经济、科学技术的发展和社会服务信息化过程方面起到了非常重要的作用，但也存在运行安全和信息安全方面的问题。

事实上，2000年以来，我国出台了一系列专门针对互联网管理方面的相关法规，包括：《互联网信息服务管理办法》（2000年国务院公布，被认

① 高萍．当代媒介素养十讲［M］．北京：中国人民大学出版社，2015：247.

为是中国互联网内容管理的“根本大法”，2011 年修订）、《互联网站从事登载新闻业务管理暂行规定》（2005 年又修改为《互联网新闻信息服务管理规定》，2017 年国家互联网信息办公室重新修订发布了《互联网新闻信息服务管理规定》）、《最高人民法院关于审理涉及计算机网络著作权纠纷案件适用法律若干问题的解释》（2000 年发布施行，2006 年修订，后在 2012 年 12 月公布、2013 年 1 月施行《最高人民法院关于审理侵害信息网络传播权民事纠纷案件适用法律若干问题的规定》之日起被废止）、《互联网出版管理暂行规定》（2002 年 6 月颁布，在《网络出版服务管理规定》于 2016 年 3 月施行之日起被废止）、《互联网等信息网络传播视听节目管理办法》（2004 年 10 月发布施行新的管理办法，即 39 号令，并废止原管理办法，即 2003 年发布的 15 号令。2007 年国家广播电影电视总局和信息产业部还联合发布了《互联网视听节目服务管理规定》，即第 56 号令，且于 2015 年进行了修订。2016 年发布施行《专网及定向传播视听节目服务管理规定》后，《互联网等信息网络传播视听节目管理办法》即 39 号令同时废止）、《信息网络传播权保护条例》（2006 年公布施行，是在原《互联网著作权行政保护办法》基础上修订而成的。2013 年该条例被重新修订）等。这些法律法规不仅对互联网的各种具体问题进行了规范，而且确立了行政部门对互联网的管辖范围。政府在电信业务、互联网信息服务、新闻信息服务、互联网视听节目服务、互联网出版以及互联网文化产品和活动等业务领域，可以对各类网站和移动新媒体进行直接的控制，也可对网民的活动施加直接或间接的影响。

这一系列的法律规范性文件为我国构建了一个强而有力的媒介法规体系，它们全面保护着公民的个人权利，还为媒介社会的健康发展与国家的信息安全提供了良好的法治环境。

第二节 媒介法规与个人权利保护

一、媒介法规与名誉权保护

诽谤性的言论往往会损害他人的名誉，伤害他人人格尊严，严重的甚至可能给他人造成精神创伤、人身伤害与财产损失，因此常受到名誉权等权利的限制。

所谓名誉，是指社会或他人对公民的思想、品德、才干、信誉、功绩、身份等方面的评价，是公民个人得到社会承认和尊重的标尺。公民之所以能够与他人发生权利、义务关系，除了其具有独立的人格之外，还因为其他人对其有所信赖，根据其名誉认为其能够以自己的积极态度和良好才干完成义务。所谓名誉权，是指公民或法人享有应该受到社会公正评价的权利和要求他人不得非法损害这种公正评价的权利，即它是公民依法对其名誉所享有的不受侵害的民事权利①。

我国1979年颁布的《刑法》是有关诽谤最早的法律条文，其中规定：禁止捏造事实诽谤他人。《宪法》第三十八条规定："中华人民共和国公民的人格尊严不受侵犯。禁止用任何方法对公民进行侮辱、诽谤和诬告陷害。"

1986年《民法通则》将名誉权定为人格权的一种，并在第一百零一条中规定："公民、法人享有名誉权，公民的人格尊严受法律保护，禁止用侮辱、诽谤等方式损害公民、法人的名誉。"2010年《侵权责任法》第二条和2017年《民法总则》第一百一十条也都规定了名誉权。

在网络信息传播侵权行为中，最常见的形式就是网络侵害名誉权行

① 黄瑚．新闻传播伦理与法规实用教程［M］．北京：高等教育出版社，2011.

为，我们也称之为“网络诽谤”。“铜须门”事件中男主角因一篇杜撰的“丑闻”而遭遇网络暴力，网民公开号召“以键盘为武器砍下奸夫的头，献给那位丈夫做祭品”；“史上最毒后妈事件”中“后妈”受到舆论谴责，后来真相大白，后妈并没有施虐行为，那篇帖子是网络谎言；韩国的“崔真实自杀案”更是引起了世界各国对网络诽谤的高度警惕。

相比传统的媒体侵权，网络上的名誉侵权并没有本质上的区别。但因为网络名誉侵权使用的是功能强大的计算机网络，所以网络名誉侵权具有侵权成本低廉、侵权方式便捷，但侵权后果极其严重、侵权责任难以界定、侵权主体隐蔽与虚拟化、侵权案件复杂等特点。例如 1998 年轰动一时的“恒升笔记本电脑名誉侵权纠纷案”中，恒升集团的名誉受到影响，经济损失也非常惨重，仅由法庭认定的总退货金额就达到了 2 450 万元。可见，网络媒体名誉侵权的危害性是传统媒体名誉侵权无法比拟的。这是因为，比起传统媒体，网络媒体传播的速度更快、范围更广。而且，诽谤性内容一旦被上传到网络中，往往会保留很长一段时间，甚至是永久留在那里。显然，对于被诽谤者来讲，所受到的伤害自然更为严重。

面对日益增多的网络诽谤案件，全国人大常委会在 2000 年 12 月通过《关于维护互联网安全的决定》，规定利用互联网造谣、诽谤，构成犯罪的，依法追究刑事责任。2013 年 9 月，最高人民法院、最高人民检察院联合发布《关于办理利用信息网络实施诽谤等刑事案件适用法律若干问题的解释》（下文简称《解释》），为法院处理网络诽谤案件提供了更加严格、详细的规定。《解释》对《刑法》第二百四十六条中的“捏造事实诽谤他人”的行为作出了具体规定，主要包括 3 类：捏造诽谤信息并在信息网络上散布；篡改原始信息为诽谤信息并在信息网络上散布；明知是虚假的诽谤信息而在信息网络上散布。其中，第三类行为不仅要求行为人“明知”，而且要求达到“情节恶劣”的程度，如行为人的动机卑劣、散布的诽谤信息内容恶毒或者行为人长期诽谤他人等才能以“捏造事实诽谤他人”论。《解释》还进一步明确规定了行为人捏造事实诽谤他人，“同一诽谤信息实际被点击、浏览次数达到 5 000 次以上，或者被转发次数达到 500 次以上的”，或者“造成被害人或者其近亲属精神失常、自残、自杀等严重后果的”，或者“二年内曾因诽谤受过行政处罚，又诽谤他人的”，均应当认定为《刑法》第二百四十六条第一款规定的‘情节严重’，可构成诽谤罪。此外，《解释》还列举了“严重危害社会秩序和国家利益”的几种情形。

如今，2020 年公布、2021 年施行、具有划时代意义的《中华人民共和国民法典》（下文简称《民法典》）的颁布，更是对有关名誉权的学术研究成果和司法实践经验进行了系统的总结和提升，在第四编（“人格权”）第五章（“名誉权和荣誉权”）中从第一千零二十四条至一千零三十一条规定了名誉权与名誉的概念、名誉权保护的限制、新闻失实报道产生的名誉侵权问题等有关内容。具体说来，一是为了平衡个人名誉权保护与新闻报道、舆论监督之间的关系，对行为人实施新闻报道、舆论监督等行为涉及的民事责任承担，以及行为人是否尽到合理核实义务的认定等做了规定。二是规定民事主体有证据证明报刊、网络等媒体报道的内容失实，侵害其名誉权的，有权请求更正或者删除。

《民法典》中还规定“任何组织或者个人不得以侮辱、诽谤等方式侵害他人的名誉权”，同时指出“捏造、歪曲事实”“对他人提供的严重失实内容未尽到合理核实义务”“使用侮辱性言辞等贬损他人名誉”三种情况，需要承担民事责任。但也积极回应现实问题，将“新闻报道”“舆论监督”写入其中，一方面充分保护新闻媒体、舆论监督的合理限度自由，如第一千零二十五条明确规定：“行为人为公共利益实施新闻报道、舆论监督等行为，影响他人名誉的，不承担民事责任。”另一方面划出了法定的规则底线，以确保舆论监督的权威性和公信力。与其他侵害名誉权的方式相比，新闻舆论监督出于公共利益维护需要而进行的真相披露和不良现象批评的行为，具有特殊性，应当受到法律的保护。

二、媒介法规与隐私权保护

1890 年，美国的法学家沃伦与布兰迪斯在《哈佛法律评论》共同署名发表《论隐私权》一文，被公认为隐私权概念的首次出现。随着人们自我权利保护意识的增强，隐私权已被公认为是人类的基本人权，是不容侵犯的重要权利。

根据我国《民法典》定义，“隐私是自然人的私人生活安宁和不愿为他人知晓的私密空间、私密活动、私密信息”（第一千零三十二条）。而隐私权是指个人享有依照法律规定保护自己的隐私不受侵害的一种独立的人格权。不过，当前学界对隐私权的定义一直有众多争议。

一般认为，侵犯他人隐私的情形有多种，具体可以概括为以下 4 种：①公布、宣传他人的隐私，如披露性犯罪、性侵扰的被害人姓名、身份、地址和其他足以使人辨认的特征；未经允许非法向第三人披露他人婚姻、恋爱、家庭情况。②窃取个人资讯，如非法刺探、调查他人私人经历、行踪、通信记录、财产状况；窃取或者披露他人信件、电话等通信内容；收集、储存、使用涉及自然人隐私的各种个人资料（身份证号码、家庭住址、电话号码、日记等）；医生、律师、会计师、评估师等违反保密义务，向外界公布当事人隐私。③侵入他人私生活领域，如侵入他人住宅；窃听他人电话和偷拆、偷看他人信件；侵入公共场所的私人场合，非法偷窥他人私生活；通过手机短信发布黄色信息，骚扰他人的私生活；非法搜查他人身体、财物或住所；非法强迫他人接受检查。④侵入互联网的私生活区域，如侵入个人信箱，获取数据资料等[①]。

如前所述，隐私权概念的起源地是美国波士顿。1890 年，美国学者沃伦（Samuel Warren）的妻子在家中举办盛大社交宴会。次日早晨，她在波士顿当地的《星期六晚报》中看到自己在宴会上一些让人尴尬的细节。沃伦和他自己的同学布兰迪斯（Louis Brandeis）在《哈佛法学评论》上发表了一篇名为《论隐私权》的文章，首次使用了隐私权的概念。他们认为隐私权是指“不被了解的权利”，“新闻报道有时为了迎合低级趣味，不厌其

① 黄瑚．新闻传播伦理与法规实用教程［M］．北京：高等教育出版社，2011.

烦地制造流言，这种流言侵犯了个人私生活的神圣领域，逾越了符合社会利益的规范”。1902年，纽约一家面粉厂主人未经当事人允许，就把当事人——一位年轻女孩的头像印在了面粉产品宣传广告中，年轻女孩感觉其隐私权受到侵犯，向纽约最高法院提起了诉讼。这就是有名的“罗伯森诉罗切斯特折叠盒生产公司案”。虽然最终原告诉求被法院因无先例而被驳回，但它毫无疑义地成为首个有关隐私权的案例。并且随着人们对隐私权认识的深入，一些法院最终在类似案件中承认了隐私权。在中国，隐私权的研究起步较晚。改革开放以来，中国社会发生了巨大变化，隐私权逐渐被接受。有关隐私保护的条款逐渐见于我国的《宪法》《民法通则》（1986年发布，2021年《民法典》施行后被废止）、《民法典》等法律法规中。

如今随着现代生活的高度信息化，私人生活不单可能被媒体曝光，也有可能被相关的人或机构收集、提供或公布，所以衍生出另一种隐私权的概念，即“控制有关自己信息传播的权利”。不少学者认为隐私权是一种支配权，权利人可以决定是否以及怎样公开、利用自己的隐私。从这个意义上来说，隐私权的概念已经从一种被动的权利向一种积极的权利发展①。事实上，在立法之初，由于立法者对隐私权还未充分认识，所以我国《民法通则》没有提及隐私权的保护问题。但是，《民法通则》颁布实施之后不久，人们就认识到了这个问题，并在司法层面上采取了补救措施。即根据新闻传播侵权的实际状况，最高人民法院于1988年颁布《关于贯彻执行〈中华人民共和国民法通则〉若干问题的意见（试行）》中规定：“以书面、口头等形式宣扬他人的隐私，或者捏造事实公然丑化他人人格，以及用侮辱、诽谤等方式损害他人名誉，造成一定影响的，应当认定为侵害公民的名誉权的行为。”1993年，最高人民法院在《关于审理名誉权案件若干问题的解答》中，延续这一原则，对隐私权采取间接保护的方式，进一步规

---

① 邵国松．网络传播法导论［M］．北京：中国人民大学出版社，2017：169.

定："对未经他人同意，擅自公布他人的隐私材料或者以书面、口头形式宣扬他人隐私，致使他人名誉受到损害的，按照侵害他人名誉权处理。"①正如葛云松教授指出的，隐私权是以前的法律没有明确规定、但司法解释上长期承认的一种权利。可喜的是，2005 年我国修订《妇女权益保障法》规定妇女享有隐私权，第一次在法律中确认了隐私权。2009 年 12 月我国颁布了《侵权责任法》，首次从民事基本法的角度对隐私权进行公开承认。其中第二条列举了隐私权，将隐私权列入《侵权责任法》保护的范畴之内，这是我国立法保护隐私权的重大进步。2020 年《民法典》在第四编"人格权"第六章"隐私权和个人信息保护"更是作出了系统规定，指出"任何组织或者个人不得以刺探、侵扰、泄露、公开等方式侵害他人的隐私权"，同时还具体列举了一些属于侵犯他人隐私权的行为。

随着我国立法的进步，我国民众的隐私权意识也在增强。但当前网络时代个人隐私被侵犯已成为众多网民的隐忧与困扰，业界有人表示：原来说互联网时代没有人知道电脑背后上网的是不是一条狗，现在不仅知道是否是条狗，还知道这条狗爱吃什么骨头。显然，网络空间的隐私权保护正面临巨大挑战。当前，网络中公共领域与私人领域的界限往往难以辨清，个体生活与个人空间被拉进公共领域，海量的个人数据与个人信息在网络中大规模聚集、存储和自由流通，并常常被别有用心的个人、公共机构或商业机构在当事人不知情的情况下非法窥探、收集、使用与传播。就连个人在网上的每一次活动足迹，如访问记录、购买清单、停留时间、搜索关键词等也会被记录和非法使用。而且这些侵权行为的实施也变得越发便利和隐蔽，甚至看起来很"合理"。例如一些软件或 APP 以提供服务的缘由要求用户提供隐私信息，即便用户发现自己所提供的部分隐私信息与服务没有多大联系，也无法拒绝提供。如果这样做，用户就完全无法安装和使用此软件或 APP。基于此，用户往往选择放弃自己的信息隐私。由此可

---

① 黄瑚．新闻传播伦理与法规实用教程［M］．北京：高等教育出版社，2011.

见，隐私权在网络空间正面临严重弱化乃至消失的境地。

中国人民大学教授张新宝认为，网络自身的特性是引发网络隐私侵权的重要因素。网络隐私的载体是具有虚拟性质的网络，其不可触摸性导致了私人空间、私人信息极其容易受到侵犯。另外，网络高度开放性、流动性和交互性的特性决定了个人信息一旦在网络上传播，其速度之快、范围之广以及任何人攫取之便捷将无法控制，使得侵权变得十分容易，而法律救济变得相当困难①。

一般说来，在实践中，网络空间侵害隐私权有两种主要形态：一是侵犯通信隐私权，即对个人通信自由的干扰，包括对电子通信的监听和垃圾邮件的泛滥；二是侵犯数据隐私权，即对个人数据隐私的侵犯，侵犯可能来自政府机构，也可能来自商业组织以及无组织的网民。虽然当前世界各国对网络隐私权的保护还处于探索和完善当中，但各国都采取了相应的法律法规进行保护。

美国国会通过《1934 年通信法》《综合防止犯罪与街道安全法》《电子通信隐私法》《外国情报监视法》等，在保护民众通信隐私和公共利益之间取得平衡。我国《宪法》《国家安全法》《人民警察法》《计算机信息网络国际联网安全保护管理办法》《电信条例》《关于维护互联网安全的决定》《刑事诉讼法》等法律法规中也有保护民众通信隐私的相关条款。此外，各国也关切到了保护数据隐私、防止政府和商业机构滥用的重要性，构建起相关的法律法规体系。例如美国颁布了《隐私法》《公平信用报告法》《健康保险携带和责任法》《格雷姆-里奇-比利雷法》《儿童网上隐私保护法》等，而我国，2000 年就审议通过了《关于维护互联网安全的决定》；2012 年又审议通过了《关于加强网络信息保护的决定》，这是我国保护网络个人信息的一部极其重要的法规，它主要是对网络服务提供商进行约束，使之能较好地保护公民在网上提供的个人信息；2013 年工业和信息化

① 邢立双．隐私泄露：繁荣与混乱的一体两面［J］．网络传播，2011（3）：25.

部印发了《电信和互联网用户个人信息保护规定》；2015 年的《刑法修正案（九）》和 2017 年的《关于办理侵犯公民个人信息刑事案件适用法律若干问题的解释》中进一步加强了对违反个人信息保护要求的处罚力度。此外，2017 年 6 月施行的《网络安全法》确立了个人信息保护的基本规则。2020 年公布的《民法典》则明确指出“自然人的个人信息受法律保护”（第四编第六章第一千零三十四条）。而 2021 年 11 月 1 日起正式施行的《中华人民共和国个人信息保护法》更是标志着我国个人信息保护立法体系进入了新的阶段。《个人信息保护法》的出台为个人信息权益保护、信息处理者的义务以及主管机关的职权范围提供了全面的、体系化的法律依据，构建起数字时代个人信息安全的防护网。

三、媒介法规与著作权保护

知识产权是指智力成果的创造人依法享有的专有权利。侵害知识产权，就是指行为人以剽窃、篡改、假冒等方式侵害自然人、法人或其他组织的著作权、商标权、专利权和其他科技成果权的行为。可见，著作权属于知识产权的范畴，它是指法律赋予作者因创作文学、艺术和科学作品而享有的专有权利。保护著作权的目的不是让著作权拥有者富起来，而是通过法定权利鼓励他们进行创造性生产，最终让整个社会受益。没有这种法律保护，创造者将失去创造的动力，因为其产品将轻而易举地被他人复制，其商品利润也将相应地被复制者攫取。出版和制作公司在投资重要的出版项目时，也将变得踌躇不前，因为他们知道其花重金创造出来的产品会被竞争对手毫无节制地加以剽窃。

（一）著作权保护及相关法律法规

在西方社会，著作权的立法保护始于英国革命后。1710 年，英国议会通过《安妮法》，承认作者在法定期限内享有印刷和支配图书复制品的专项权利，而出版商只有经过作者许可才能获得印刷的权利。这是世界上最早的有关著作权的立法，对英美法系及大陆法系的著作权立法均产生了深刻的影响。1787 年，美国制定《宪法》，其中第 1 条第 8 款第 8 项规定：为促进科学和实用技艺的进步，对作家和发明家的著作和发明，在一定期限内给予专有权的保障。1790 年，美国国会制定《联邦版权法》，这个法案每隔几十年会修订一次，1976 年颁布的《版权法》奠定了美国版权制度的基础，为著作权提供了较为全面的保护。与此同时，鉴于受版权保护的作品随着传播技术的发展而冲破国界、走向世界，国际层面的著作权制度在不断完善，催生了多个重要的国际条约，如 1886 年签署并经多次修订的《伯尔尼保护文学和艺术作品公约》以及 1952 年签署并于 1971 年修订的《世界版权公约》。这些国际条约的签订，使国际版权的保护进一步协调化、制度化①。

而我国对著作权实行法律保护的历史较短，最早可追溯至 1982 年颁布的《中华人民共和国宪法》。依据该法第四十七条，公民有进行科学研究、文化艺术创作和其他文化活动的自由。国家对于从事教育、科学、技术、文学、艺术和其他文化事业的公民的有益于人民的创造性工作，给以鼓励和帮助。1986 年，全国人大通过《民法通则》，其中第九十四条规定，公民、法人享有著作权（版权），依法有署名、发表、出版、获得报酬等权利。这两个法律成为中国对著作权进行立法保护的主要依据。1990 年，全国人大常委会通过了《中华人民共和国著作权法》（以下简称《著作权法》），这是我国第一部著作权法②。该法于 2001 年、2010 年历经两次修订，并在长期征求意见后，于 2020 年再次被大幅度修改，以便及时跟上传播科技和社会生活的发展步伐。特别需要说明的是，《民法通则》在 2009 年修订后于 2021 年施行《民法典》时被废止，与知识产权保护相关的规定被写入了《民法典》中，成为著作权法的基本法律依据。随着互联网的诞生与快速发展，网络著作权侵犯呈现出成本与风险低、维权成本高的特点，侵犯著作权的行为发生得更为频繁与便捷，并引发很多新问题，给传

① 参照了邵国松．网络传播法导论［M］．北京：中国人民大学出版社，2017：221-222.

② 参照了邵国松．网络传播法导论［M］．北京：中国人民大学出版社，2017：221-222.

统的著作权保护带来了全新的挑战，这促使各国纷纷修订旧有的法律体系或者制定新的法律法规来加以应对。美国国会在1998年通过了《千禧年数字版权法》，为著作权人作品的网络传播提供了有力的法律保护。

2000年，我国最高人民法院出台《关于审理涉及计算机网络著作权纠纷案件适用法律若干问题的解释》，明确规定《著作权法》有关著作权各项权利的规定均适用于数字化作品的著作权，将作品通过网络向公众传播，属于《著作权法》规定的使用作品的方式。2001年10月27日，全国人大常委会审议并通过了《中华人民共和国著作权法》修正案，规定了"信息网络传播权"，这是我国首次以法律的方式确立了这一民事权利。这次著作权法的修改，被认为是为了适应计算机网络环境下著作权保护的迫切需要而进行的。2006年5月，国务院颁布《信息网络传播权保护条例》[①]，确认将著作权人对其作品享有的信息网络传播权以及表演者、录音录像制作者对其表演、录音录像制品享有的通过信息网络向公众传播并获得报酬的权利统称为"信息网络传播权"，并用"通知-反通知"原则与"安全港"规则进一步明晰了信息网络传播权保护的著作权侵权责任及限制问题，使"信息网络传播权"的保护有了更确切可依的具体规则。《信息网络传播权保护条例》中提到，那些只单纯给用户提供技术服务的网络服务提供者（ISP）只有在明知互联网内容提供者通过互联网实施侵犯他人著作权的行为，或者虽不明知，但接到权利人的书面通知后未及时采取断开相应链接或移除相关内容的措施时，才承担相应责任。当然，ISP需要把权利人的通知转送给之前上传内容的服务对象，而此服务对象也可以提供未侵权的书面声明，即"反通知"。不过当前《信息网络传播权保护条例》与《民法典》对ISP接到"反通知"后的规定略有不同。《信息网络传播权保护条例》规定，网络服务提供者接到服务对象的书面说明后，应当立即恢复被删除的作品、表演、录音录像制品，或者可以恢复与被断开的

① 该条例于2013年修订。

作品、表演、录音录像制品的链接，同时将服务对象的书面说明转送权利人。而《民法典》规定，网络服务提供者转送声明到达权利人后的合理期限内，未收到权利人已经投诉或者提起诉讼通知的，应当及时终止所采取的断开或移除措施。目前看来，在行政法规《信息网络传播权保护条例》未作修改前，实践中应该以基本法律《民法典》为准。

此外，我国还加入了一些著作权国际公约，包括《世界版权公约》《伯尔尼保护文学和艺术作品公约》、世贸协定中的《与贸易有关的知识产权协定》《世界知识产权组织版权条约》和《保护录音制品制作者防止未经许可复制其录音制品公约》等，成为世界知识产权保护体系的重要组成部分。

（二）网络中常见的三类著作权纠纷

在互联网时代，人们可以很轻松地进行信息的复制、保存与分享、转发等行为。如果我们没有深入理解网络著作权法对这些行为的规制，可能不利于我们对信息的创作与传播，我们也可能会无意识地频频侵犯他人的著作权益。

因此，首先要对基本概念有一些了解，保护著作权就是指保护著作权人的人身权和财产权。著作权中的人身权是指作者通过创作作品而获得的与人身利益紧密联系的权利，包括发表权、署名权、修改权和保护作品完整权。人身权永远归属作者，既不能转让也不能继承。著作权中的财产权则是指作者自己使用或许可他人使用其作品而获取报酬的权利。1990 年《著作权法》规定了使用权和获得报酬权，2020 年修订的《著作权法》则直接规定了 13 项财产权利。

其次，我们要理解相关法律中的条文含义，在《著作权法》中还存在“合理使用”“法定许可使用”等规定，构成对著作权人权利行使的限制，这些规定也往往被用作对著作权侵权行为的抗辩理由。这是因为，创作著作权法的宗旨，既包括保护著作权人的合法权益，也包括鼓励精神产品的创作和传播。为防止权利人滥用权利，实现著作权与社会公共利益之间的平衡，必须对著作权做出一定限制。

在司法实践中，对著作权的限制主要表现为两种形式，即合理使用和法定许可使用。合理使用指的是在一定范围内，使用人可以不经著作权人的许可，不支付报酬，基于正当目的而使用他人作品。这个法则主要是为了保护著作权和促进信息的自由流通之间取得平衡，既能保护著作权人的权益，又不至于保护过度，反而阻碍社会公众对作品的利用与学习，影响作品的传播。当然，依据我国《著作权法》，合理使用受著作权保护的作品必须遵循以下几个原则：合理使用的作品必须是已经发表的；使用的目的是非营利的，不得用于商业用途；必须说明作者的姓名、作品的名称和出处；不得损害著作权人除著作财产权以外的合法利益，并不得影响作品的正常使用。根据这些原则，我国《著作权法》规定了12种合理使用的情形。结合网络传播的特点，《信息网络传播权保护条例》又将其中几种在网络环境下做了延伸。在那些情形下通过信息网络传播他人作品，可以不经过权利人许可，不向其支付报酬。法定许可使用，是指使用人依照法律的规定，可以不经著作权人同意而使用其已经发表的作品，但必须向著作权人支付报酬。其目的在于简化著作权手续，降低交易成本，促进作品迅速而广泛的传播，以促进文化成果的社会共享。我国《著作权法》所规定的法定许可涉及面较广，主要包括报刊相互转载，编写出版教材，录音制作者使用他人作品制作录音制品，广播电台、电视台播放他人已发表的作品或已出版的录音制品等。这些规定部分应用到了网络空间的传播行为。值得一提的是，《信息网络传播权保护条例》还设立了两项法定许可：为发展教育设定的法定许可和为扶助贫困设定的法定许可。

最后，网络中侵犯著作权的行为往往容易发生在自媒体中。因为自媒体给予了普通网民发布与传播信息的机会，但是这些普通网民的著作权保护意识又往往比较淡漠，或者不熟悉著作权保护法，因此屡屡发生著作权侵权行为。自媒体发布内容的著作权保护问题，实践中最常出现纠纷的是未经著作权人许可的抄袭发布、转发，以及自媒体与传统媒体之间相互转载的这三种行为。对这三种行为是否构成侵权行为的认定，有着不同的结果和依据。

抄袭发布行为指的是将他人的作品内容几乎不做修改，直接“搬”到自己的自媒体平台中，如微博或微信朋友圈，然后以自己的名义发布的行为。那么，这种行为是否构成侵权呢？事实上，由于著作权保护的客体是作品，所“搬”内容既已构成了作品，抄袭发布者又未获得著作权人的许可，且未给原始作者署名，也没有注明作品出处，根据《信息网络传播权条例》以及“2020年司法解释”的规定，网络用户“通过信息网络擅自向公众提供他人的作品、表演、录音录像制品的”行为构成侵权，所以我们可以认定抄袭发布行为属于典型的著作权侵权行为，其所发布的帖子也可被称为“盗版帖”。当然，受著作权保护的作品必须具备以下两个条件：①必须具有独创性，即可以同他人作品区别开来的个性化特征，体现出作者自己独立的创作思想，而且受2020年修订的《著作权法》保护的作品不能超出文学、艺术和科学范畴。②必须能“以一定形式表现”。这意味着作品需要能被他人所感知，且需要“以一定形式”呈现，包括文字、画面、图片、音频、视频、雕塑乃至一些特定物体。《著作权法》在2020年修订之前，强调作品应该是可复制、固定的，但近年来随着技术和观念更新，人们认为口头作品、体育直播赛事画面、家具、鲜花花束等如果能体现创作者的创造性劳动，也应该受到著作权保护。而“盗版帖”的发布人对其行为的抗辩理由往往是转发这些作品只是出于喜欢，没有营利目的，所以可以适用“合理使用”的规定免责；或者抗辩说原作者将内容公开于网络就是为了信息能够共享，同意被转发的，符合法律规定中的“默示许可”。但其实不论是“合理使用”，还是“默示许可”，只要发布的内容属于“作品”范畴，都至少需要做到为原作者署名、注明作品出处。因此，抄袭发布行为肯定属于著作权侵权行为。

与抄袭发布不同，转发行为特指转发他人已发布作品内容的同时，会附上作者名字并注明作品出处的行为，而且大多数的转发行为都是按照自媒体运营商提供的转发功能进行操作的。如果根据《著作权法》与《信息网络传播权条例》的规定，在没有法定事由的情况下，这种未经著作权人同意进行传播的转发行为应当也属于侵权。但我们一般认为，转发行为不构成侵权。在《著作权法》规定中可以找到两方面的依据。

第一方面的依据是，认为转发行为符合著作权法规定的合理使用的情形，包括“为个人学习、研究或者欣赏，使用他人已经发表的作品”的情形或“为介绍、评论某一作品或者说明某一问题，在作品中适当引用他人已经发表的作品”的情形。但如果细致分析众多转发实践案例，我们会发现，其实转发者大多是因为喜欢而想要进行分享与传播的，很难说是出于学习、研究或者欣赏的目的。至于介绍、评论作品更无从谈起，因为很多转发者根本没有评论或者只是简单的点赞而已，更构不成自己的新作品，所以用这两种“合理使用”的情形来证明“转发行为不侵权”实在有些牵强。第二方面的依据是，认为转发行为符合“默示许可”的规定。默示许可是指从著作权人的行为可以推定其对某人使用其作品不会反对，则不会构成侵权。而作品的原创作者往往在与自媒体平台运营商签订注册协议时就会知晓自媒体平台的“转发”这一基本功能，所以可以推定为作者对转发行为的默示许可。而且，作者把作品发表在公开的自媒体平台上，我们也可以推定他有分享与传播作品的目的，所以转发行为也符合原创作者的意愿。这样看来，用“默示许可”的规定来解释转发行为可能会更加合理些。

正是因为我们认为“转发行为不侵权”的法律理由是“默示许可”规定，所以原创者如果不想让自己的作品被转发，一定要在作品中写上诸如“未经许可，不得转发”之类的声明。在这一情形下，如果我们未经著作权人许可继续转发原创者的作品就会构成著作权侵权行为。当然，转发行为到底应当适用于“合理使用”还是“默示许可”情形，还存在争议。但是转发行为不构成侵权，这已经是大家公认的了。

但必须强调的是，“转发”不等同于“转载”。“转发”通常是指通过网络服务商提供的转发功能进行操作，或者直接分享他人作品相关链接的行为。而“转载”则是把他人的作品内容直接通过复制“搬”至自己的自媒体平台，即使明确标注了作品来源和作者姓名等，但未经著作权人授权，仍属于侵权行为，会侵犯著作权人的信息网络传播权和获得报酬的权利。2015年，国家版权局办公厅《关于规范网络转载版权秩序的通知》就明确规定“互联网媒体转载他人作品，……必须经过著作权人许可并支付报酬，并应当指明作者姓名、作品名称及作品来源”，并强调“报刊单位与互联网媒体、互联网媒体之间相互转载已经发表的作品，……应当经过著作权人许可并支付报酬”。

不过，为了方便社会共享文化成果，《著作权法》也规定了两类属于“合理使用”范畴的“转载”行为，包括“报纸、期刊、广播电台、电视台等媒体可以刊登或者播放其他报纸、期刊、广播电台、电视台等媒体已经发表的关于政治、经济、宗教问题的时事性文章，但著作权人声明不许刊登、播放的除外”的情形，以及“为报道新闻，在报纸、期刊、广播电台、电视台等媒体中不可避免地再现或者引用已经发表的作品”的情形。同时，还针对前文提及的“政治、经济、宗教”三类时事性文章以外的作品“转载”行为，规定了报刊之间可以相互转载或摘编已经刊登的作品，这属于法定许可行为，不构成著作权侵权，除非著作权人声明不得转载或摘编。且根据具体情况，作品每被使用一次都应该获得报酬。除了上面两类容易出现的著作权纠纷之外，自媒体与传统媒体之间也经常出现著作权纠纷。一般来说，自媒体与传统媒体之间常常会发生两种行为：一种就是未经授权，将他人在自媒体上发布并享有著作权的作品转载或使用在传统媒体中；另一种是未经授权，将他人在传统媒体上的作品发布到自己的自媒体平台中。事实上，除《著作权法》规定的“合理使用”情形之外，大多数情况下自媒体与传统媒体相互之间的这些未经著作权人许可的转载行为构成侵权。一些人会用“法定许可”的抗辩理由进行辩解。但是，《著作权法》中规定的“法定许可”指的是“作品刊登后，除著作权人声明不得转载、摘编的外，其他报刊可以转载或者作为文摘、资料刊登，但应当按照规定向著作权人支付报酬”。实践中自媒体与传统媒体之间的这种转载行为大多并未支付报酬，而且自媒体并不属于《著作权法》中提及的“报刊”媒体，所以“法定许可”这个抗辩理由并不成立。

第三节 媒介法规与社会管理

一、媒介法规与信息服务许可

已成为人们获知新闻信息最为重要渠道的互联网如今不间断地提供着网络新闻信息服务。为对互联网新闻信息服务许可管理，规范互联网信息管理体制，明确互联网新闻信息服务提供者的主体责任等，国家出台了一系列规范性文件与行政规定。2000 年 11 月，由国务院新闻办公室和信息产业部联合颁布的《互联网站从事登载新闻业务管理暂行规定》特别提到：中央新闻单位、中央国家机关各部门新闻单位以及省、自治区、直辖市和省、自治区人民政府所在地的市直属新闻单位依法建立的互联网站，经批准可以从事登载新闻业务。其他新闻单位不单独建立新闻网站，经批准可以在中央新闻单位或者省、自治区、直辖市直属新闻单位建立的新闻网站建立新闻网页从事登载新闻业务。根据这个规定，我国当时的网络新闻媒体分为三大类：第一类如人民网、新华网、中国日报网，这是由合乎规定级别的传统媒体独立创办的；第二类如新浪、搜狐、网易、腾讯等，这类网络媒体没有传统媒体的依托，是由网络信息服务商、网络接入商、网络内容提供商或政府机构、社会组织乃至个人建立的网站；第三类如中青网、东方网、千龙网、南方网等，由新闻媒体间合作或新闻媒体与商业公司联合创办。这些媒体所提供的信息服务，由于国家的信息许可政策，有着比较大的区别，例如商业网站只有综合性网站具有登载新闻的权利，它们登载的新闻只能是出自国家指定的传统媒体。商业网站要与传统媒体签订协议才能使用其新闻。此外，从事登载新闻业务的网站新闻编辑应该具有一定的资格。2005 年，国务院新闻办公室和信息产业部发布《互联网新闻信息服务管理规定》取代“暂行规定”。2017 年，国家互联网信息办公室发布了新修订的《互联网新闻信息服务管理规定》，不久又发布规范性文件《互联网新闻信息服务许可管理实施细则》加以落实。现行的《互联网新闻信息服务管理规定》扩展了“新闻信息”的概念外延，删除了原有“新闻信息”后面“时政类新闻信息”一语，从而把管理所涵盖的范围扩大到了所有新闻信息。同时规定：通过互联网站、应用程序、论坛、博客、微博客、公众账号、即时通信工具、网络直播等各种形式，向社会公众提供互联网新闻信息服务，都应当取得互联网新闻信息服务许可，禁止未经许可或超越许可范围开展互联网新闻信息服务活动。其中，“提供互联网新闻信息服务”包括互联网新闻信息采编发布服务、转载服务、传播平台服务三类，不同于原来的新闻单位设立采编发布、非新闻单位设立转载和新闻单位设立登载本单位新闻信息的三类互联网新闻单位的管理模式。其中获准提供互联网新闻信息采编发布服务的，应当是新闻单位（含其控股的单位）或新闻宣传部门主管的单位所设立的互联网新闻服务单位，他们同时可以提供新闻信息转载服务，现在获得此类新闻信息服务资格的有人民网、新华网、东方网、南方网、澎湃新闻等；除此之外的互联网新闻信息服务提供者只限于转载新闻信息业务，不得自行采访、写作或制作、编发新闻，现在具有此类新闻信息服务资格的有腾讯网、新浪网、搜狐网、网易、今日头条等；获准提供互联网新闻信息传播平台服务，拟同时提供采编发布服务、转载服务的，应当依法取得互联网新闻信息采编发布、转载服务许可。

二、媒介法规与网络色情规制

网络的匿名性消除了用户线下购买和观看色情信息的尴尬，网络的开放性更是助长了色情信息的泛滥，为用户接触色情信息增加了便利性，因此互联网成为色情信息传播的极佳土壤，再加上社交媒体与搜索引擎的推波助澜，网络色情信息的传播极为迅速和广泛。正如比尔·盖茨所说："性体验赤裸裸的内容和信息本身一样古老。怎样将新技术应用于这最古老的欲望，从来不需要很多时间。"[①] 而近几年信息技术的发展，催生了虚拟现实性爱物品，更成为网络色情发展的新标志。

网络色情信息的这种大规模蔓延引发了人们的关注。不少人主张对其实行严格的控制，理由是它将严重危害未成年人的健康成长，败坏社会风气，诱发违法犯罪。也有一些人不主张对网络色情进行管控，认为其是言论自由的一部分，有关色情之社会危害的假设缺乏真凭实据。尽管如此，世界上多数国家的立法者还是鉴于色情内容对社会道德和儿童身心健康的负面影响，出台了不少法律和规章制度来限制色情资料的流通，管制的重点主要是赤裸裸的淫秽资料和儿童色情。当然，受制于法律和文化传统，各国对网络色情的管制存在较大差异，比如英国对淫秽内容的判断主要是看相关内容对受众产生的影响，即是否使其腐化或堕落，这是一个以受众为基点的判断角度；但在美国，判断相关材料是否淫秽主要取决于"米勒诉加利福尼亚案"所确立的社区标准，即该内容能否被当地社区所接受；我国《刑法》最初关于淫秽、色情内容的界定略显粗糙，但后来相关立法对淫秽、色情内容的认定标准日益精确化。

英国管制淫秽色情的法律主要是《1959年防止淫秽出版物法》。依据该法，就在所有有关场合可能读到、看到或听到相关作品所包含或体现的内容而言，如果该作品或者作为其整体的一部分，具有使人腐化或堕落的效果，那么该作品应被认为是淫秽的。换句话说，某作品是否淫秽，主要取决于获得该作品的受众类型。如果该作品能使其腐化或堕落，便构成淫秽材料，反之则不然。因此，同样一份色情材料，刊登在报纸杂志上不构成淫秽，但发表在网络上便有可能构成淫秽。这是因为报纸杂志的发行受

① ［美］比尔·盖茨．未来之路［M］．辜正坤，译．北京：北京大学出版社，1996：168.

到一定的限制，尤其是未成年人难以获得；但在互联网上发表该材料，（最有可能被腐化的）未成年人便容易接触到，因此就有可能构成淫秽而受到政府制裁。1994 年《刑事审判和公共秩序法》更是明确规定，只要有合理理由怀疑色情材料在网络服务提供商的网站上传播，即便该材料是由第三方上传的，也要承担法律责任。因此，为了避免承担法律责任，网络服务提供商有义务去监控其网站上传播材料的性质。为保护未成年人的身心健康，英国对儿童色情进行了更为严格的限制，将限制的标准从“淫秽”提高到“不雅”层面。美国各州也都制定了管制色情淫秽的法律，这些法律大都规定制作、散布、出售或展示淫秽材料等行为均为犯罪。在联邦层面，《美国法典》规定了数十种涉及淫秽的犯罪行为。如果涉及儿童色情，违法者将面临更严重的惩罚[①]。在我国，自 1949 年新中国成立以来，淫秽、色情物品一直是严令禁止的。1979 年制定的《刑法》明确规定了制作、贩卖淫书、淫画罪。后来经过几次修改，1997 年的《刑法》专门规定了“制作、贩卖、传播淫秽物品罪”。随着数字新媒体的发展，我国又陆续制定了一系列法律法规，以应对色情传播渠道的日益多元化和社会影响的日益扩大化。

三、媒介法规与网络谣言管控

“谣言”一词古已有之，但它被当作学术问题进行讨论和研究，从研究文献的角度看，西方学者早于我国。《现代汉语词典》（第 7 版）将谣言解释为“没有事实根据的消息”。《韦伯斯特英文大辞典》将其解释为“一种缺乏真实依据，或未经证实、公众一时难以辨别真伪的闲话、传闻或舆论”。两者都提出了谣言可能存在的虚假性，但也没有否认谣言所传达的内容可能会是真实的。

随着互联网的发展，谣言产生了新的形式，即网络谣言。网络谣言不

① 邵国松．网络传播法导论［M］．北京：中国人民大学出版社，2017：71-84.

同于传统谣言的口耳相传，它是在计算机技术的基础上构建的网络传播，其传播速度快、范围广，几乎不受地域和时间的限制，呈现出即时性、匿名性、交互性、弱把关等特点。它也往往呈现出细节的完整性：时间、地点、情节一般都会一一列出。在某些情况下，网民可以集群体之智慧，主动破解谣言，通过各自所知道的相关知识来从不同角度验证谣言。“周老虎事件”便是有力的证明[①]。

总体来说，网络谣言的传播模式与影响力都不同于传统谣言。研究者发现，在当前的网络语境中，谣言的传播往往包括三个动机，即事实寻求、关系提升和自我促销。网络谣言的传播也存在特殊的模式。传统的谣言是以一个传一个的链状方式，同群体参与讨论的网状方式各自或相互结合而进行的。而互联网囊括了人类传播的所有形式，使得网络谣言的传播变得更加复杂和多样化[②]。

网络谣言常常是众多网民集体行为的结果，甚至很难预测谣言何时停止、何时扩散，这对当事人的伤害无疑是巨大的。在公共领域，网络语言的传播甚至会危及社会公共秩序和国家安全。因此，世界各国对网络谣言都进行了不同手段的管控，但同时也注意到了对谣言的管控应限制在一定范畴，否则就有可能构成对言论自由和公众知情权的侵犯。

除了行业自律、行政手段与众多针对网络表达的专门性行政法规之外，我国的宪法、刑法、行政法以及最高人民法院的司法解释都含有针对网络谣言的法律条款。例如，我国《宪法》第五十一条规定，公民在行使自由和权利的时候，不得损害国家的、社会的、集体的利益和其他公民合法的自由和权利。这为国家制定法律约束网络谣言提供了宪法基础。我国《治安管理处罚法》第二十五条规定，以散布谣言，谎报险情、疫情、警情或以其他方法故意扰乱公共秩序的行为，公安机关有权处以拘留、罚款

① 匡文波．新媒体概论［M］．2版．北京：中国传媒大学出版社，2015：215.
② 邵国松．网络传播法导论［M］．北京：中国人民大学出版社，2017：60-62.

等行政处罚。除此之外，我国现行刑法及相关法律还规定了以下几种和网络谣言密切相关的刑事犯罪。一是编造、故意传播虚假恐怖信息罪和编造、故意传播虚假信息罪；二是编造并传播证券、期货交易虚假信息罪；三是寻衅滋事罪。进入互联网时代，我国又在 2000 年发布、2011 年修订了《互联网信息服务管理办法》，其中第十五条“互联网信息服务提供者不得制作、复制、发布、传播含有下列内容的信息”就有“散布谣言，扰乱社会秩序，破坏社会稳定的”一项。

第四节　媒介法规与网络安全

一、媒介法规与网络犯罪

网络技术的飞速发展催生了一种以计算机和网络为犯罪工具和攻击对象的新型犯罪活动——网络犯罪，例如“黑客”攻击事件或计算机病毒袭击事件等。

与传统的犯罪活动相比，由于网络虚拟空间突破了传统法律中地域的概念，使得网络犯罪出现了许多新特征，包括：①犯罪成本低且犯罪后果严重；②犯罪主体与形式复杂多样化，犯罪活动隐蔽性强；③犯罪跨国性组织性显著。2000 年 2 月 7 日—9 日黑客大闹美国互联网之后，美国联邦调查局盯上了 4 名怀疑对象：来自加拿大的 15 岁的“黑手党男孩”，来自美国的“库里奥”，来自德国的“米克斯特”，来自新西兰的“威诺莫斯”。4 个不同国家的黑客在一张网上作案，典型地反映了网络犯罪的国际化和全球化①。

① 杜骏飞．网络传播概论［M］．福州：福建人民出版社，2008：256.

英国计算机网络犯罪问题研究专家尼尔·巴雷特在《数字化犯罪》一书中说："数字化犯罪的发展速度是令人恐惧的。重大安全性事故、黑客活动、软件病毒的制作和计算机支持的诈骗等犯罪行为以爆炸般的速度发展，从早期的计算机入侵不良行为发展到几乎所有的计算机系统都有可能受到攻击。这种发展最令人担心的一个方面是这些行为的演变趋势。"曼纽尔·卡斯特也指出："世界上的犯罪活动与黑社会组织，也已迈向全球化、信息化，并提供了极端精神活动与禁忌欲望的刺激工具，以及我们社会存在的任何形式的非法贸易，从精密武器到人体无所不包。"①

基于计算机及网络的社会公共安全问题一直以来都受到各国政府的高度关注，大量相关的法律法规被制定出来，有的国家还设立专门的机构打击计算机及网络犯罪。但一方面，网络犯罪案件数仍呈现增长趋势；另一方面，新的犯罪形式不断涌现，令人眼花缭乱。网络安全形势日益严峻，国家政治、经济、文化、社会、国防安全及公民在网络空间的合法权益面临严峻风险与挑战。可见，如何有效防范、制止与惩罚网络犯罪，如何保障网络安全，依然是法律界的一大难题。

此外，许多国家的政府越来越意识到，要有效地打击网络犯罪，单靠一国立法是远远不够的。由于网络自身的特点，各国执法部门在工作中遇到的挑战，如协调各国的刑法、侦查跨国犯罪、保全电子证据、确定管辖权等问题，都只有通过国际条约来解决。为此，从1998年起，欧洲委员会开始由欧洲犯罪问题委员会下属的网络空间犯罪专家委员会负责起草《网络犯罪公约》草案，并于2001年11月由欧洲委员会的26个欧盟成员国以及美国、加拿大、日本和南非等30个国家的政府官员正式签署。这是世界上第一部针对网络犯罪行为制定的国际公约，用以解决针对计算机系统、网络或数据的犯罪行为以及其他形式的滥用行为涉及的刑法和诉讼法问题

---

① ［美］曼纽尔·卡斯特．网络社会的崛起［M］．夏铸九，等译．北京：社会科学文献出版社，2009：245.

同时，这部国际公约对“网络犯罪”的概念进行了界定，指出网络犯罪是“危害计算机系统、网络和计算机数据的机密性、完整性和可用性以及对这些计算机系统、网络和计算机数据进行滥用的行为”。

而我国，自接入国际互联网以来一直高度重视网络安全。国务院 1994 年发布《计算机信息系统安全保护条例》，1997 年发布《计算机信息网络网际联网安全保护管理办法》，2000 年、2012 年全国人大常委会又先后发布了《关于维护互联网安全的决定》和《关于加强网络信息保护的决定》。2015 年全国人大常委会更是在通过的《国家安全法》① 中把网络安全列为非常重要的一项。2016 年 12 月 27 日，国家网信办又发布了《国家网络空间安全战略》，这是我国首次发布关于网络空间安全的战略，是指导国家网络安全工作的纲领性文件。2017 年 6 月全国人大常委会发布并施行了以总体国家安全观为指导的《网络安全法》，对网络安全做了系统的规定，将“网络安全”定义为：“通过采取必要措施，防范对网络的攻击、侵入、干扰、破坏和非法使用以及意外事故，使网络处于稳定可靠运行的状态，以及保障网络数据的完整性、保密性、可用性的能力。”2021 年《数据安全法》施行，进一步完善了保障网络安全的相关立法体系。

二、媒介法规与禁止煽动性言论

《美国宪法修正案》第一条明确规定：“国会不得制定关于下列事项的法律，确立国教或禁止信教自由，剥夺言论自由或出版自由，剥夺人民和平集会和向政府请愿申冤的权利。”联合国通过的《世界人权宣言》第十九条明确规定：“人人有权享有主张和发表意见的自由。此项权利包括持有主张而不受干涉的自由以及通过任何媒介和不论国界寻求、接受和传递消息和思想的自由。”英国的《人权法案》第十条规定：“人人皆有言论自

① 1993 年的《国家安全法》主要是针对境外敌对势力及其勾结境内组织、个人实施颠覆、间谍、窃密等行为而制定，所以现已由《反间谍法》（2014）取代而废止。

由的权利。此权利应包括主张的自由，以及在不受公共机构干预和不分国界的情况下，接受并传播消息和思想的自由。”在我国，自新中国成立以来先后颁布的几部《宪法》都将言论自由也即信息自由权作为一项重要权利予以法律保护。

现如今，互联网的平台效应和聚合效应大大带动了公民向国家发展提供建设性的意见，为社会鸣不平甚至加快了改变社会顽疾的步伐。但是少数人利用这一平台发表煽动性言论和信息，泄露国家秘密，挑动社会矛盾，妄图引发社会动荡发动政变。例如在2009年我国的乌鲁木齐“7·5”事件中，境内外的民族分裂分子就曾在一些网站上发表滋事生非、散播民族分裂的言论，妄图推翻政权①。

因此，在保障言论自由和信息自由的同时也需要防止其滥用，即对言论自由采取“保护和适当限制”的政策，这也是大多数国家的共识。无论是《国际人权公约》，还是各国的宪法，都明确规定了言论自由的范畴，体现了言论自由的相对性原则。例如，《欧洲人权公约》第十条所列举的限制言论自由的事由包括保障国家安全、领土完整或公共安全的利益，防止混乱或犯罪，保护健康或道德，保护他人的名誉或者权利，防止秘密情报的泄露，维护司法官员的权威与公正等。美国最高法院也在判决中多次表明言论自由的相对性。我国《宪法》第三十五条规定公民享有言论、出版、集会等自由；但第五十一条同时规定，公民在行使这些自由和权利时，不得损害国家的、社会的、集体的利益和其他公民合法的自由和权利。

但煽动性言论常常以非理性的表述方式和非事实性的内容面向公众传播，极易直接导致严重危害国家安全和破坏正常社会秩序的活动的发生，所以我国现行《刑法》具体规定了6项涉及煽动性言论的犯罪行为：煽动分裂国家罪；煽动颠覆国家政权罪；煽动民族仇恨、民族歧视罪；煽动暴

---

① 郑淑彬．探析我国政府对互联网内容的管制现状及其改善建议［J］．农村经济与科技，2015（4）：33.

力抗拒法律实施罪；煽动军人逃离部队罪。

煽动犯罪是一种严重罪行。日常生活里，我们一定要谨言慎行，遇到不如意的事情，不能为发泄情绪，随意在互联网中发表攻击性的情绪化言论，更不能发表煽动性言论，以防造成严重后果，付出沉重的代价。

三、媒介法规与保守国家秘密

泄露国家秘密指的是使国家秘密被不应知悉者知悉的，或使国家秘密超出了限定的接触范围而不能证明未被不应知悉者知悉的行为。我国《保守国家秘密法》将国家秘密明确定义为“关系国家安全和利益，依照法定程序确定，在一定时间内只限一定范围的人员知悉的事项”。即国家秘密应具备3个条件：关系国家安全和利益；依照法律规定的一定程序加以确定；在一定时间内，只限一定范围的人员知悉①。

泄露国家秘密也会严重危害国家安全和社会稳定。在我国，《保守国家秘密法》作为我国保密制度的核心法律，在2010年修订时专门增添了很多防范互联网和计算机泄密的规定。《刑法》也对侵犯国家秘密犯罪有多项规定。除此之外，《国家安全法》（2020）、《出版管理条例》（2002）、《反间谍法》（2014）、《国家情报法》（2018）、《审计法》（2021）等多部法律法规也合力构筑起了保护国家安全、禁止煽动性言论、保守国家秘密的强大体系。

本章小结

当前，随着社会进步，我国与媒介相关的政策与法律法规体系正在逐步健全和不断完善，媒介社会环境也变得更加有序和规范。如何通过法律

---

① 邵国松．网络传播法导论［M］．北京：中国人民大学出版社，2017：40.

规制手段保护个人在媒介社会中的各种权利、保障国家网络安全、防范网络社会中的犯罪行为、平衡言论自由与信息监管的关系等，是当前媒介管理中非常重要的内容。

作为媒介社会的主人，我们要熟悉和理解当前的媒介法律法规，提高自己的道德和法律素养，培养信息安全意识，正确合理地使用媒介，规范自己在媒介社会中的行为，从而保护个人的权利不受侵害，并避免侵害他人权利的不良行为发生。正如学者所说，网络社会媒介素养是内在的约束力量，是自律，诉诸人的情感、意志，是一种“软控制”；法律是外在约束手段，是他律，是强行控制①。二者相互配合，相互促进，共同维护着媒介社会的文明。

思考题

1. 当前国内外对媒介信息内容都主要实施了哪些监管方式？

2. 网络中常见的三类著作权纠纷是哪些？你认为这些行为是否侵犯了著作权？为什么？

3. 如何理解媒介社会中的个人隐私与国家的信息安全？我国的法律法规体系是如何保障的？

4. 保护名誉权有什么重要意义？互联网中一般容易发生哪些网络诽谤行为？这些行为是否会构成犯罪？

5. 什么是互联网新闻信息服务许可？具体内容是什么？为什么从事互联网新闻信息服务要实行许可制？

6. 我国从立法上是如何保障国家网络安全的？为什么要保守国家秘密、禁止发表煽动性言论？

---

① 佟欣．提升网民媒介素养及规范网络使用［J］．西部广播电视，2014（11）：42.

第六章

察者无忧：如何理解媒介文化

伴随着信息社会不断发展，新兴媒介的影响越来越大。“从全球范围看，媒体智能化进入快速发展阶段。我们要增强紧迫感和使命感，推动关键核心技术自主创新不断实现突破，探索将人工智能运用在新闻采集、生产、分发、接收、反馈中，用主流价值导向驾驭‘算法’，全面提高舆论引导能力”。习近平总书记这段话包含了他对媒介变迁及其应对的全面把握。他也指出：“网络是一把双刃剑，一张图、一段视频经由全媒体几个小时就能形成爆发式传播，对舆论场造成很大影响。这种影响力，用好了造福国家和人民，用不好就可能带来难以预见的危害。”[①] 深刻阐释了新的媒介文化带来的巨大社会影响。

今天，我们只有深入认识理解媒介、理解媒介文化，才能做到察者无忧，使媒介成为我们追求美好生活的臂助，而非沉沦堕落的渊薮。

2022 年 11 月底，人工智能聊天机器人程序 ChatGPT 推出，迅速在社交媒体上走红。上线 2 个月后，其月活用户已突破 1 亿，成为史上增长最快的消费者应用。写诗、写论文、写代码，问答、翻译、角色扮演，……在普通用户陷入探索 ChatGPT 各种新功能的狂欢时，也有一些人在担忧、在追问，人工智能会抢走我们的工作吗？造谣和欺诈行为是否更加真假莫

① 习近平．加快推动媒体融合发展 构建全媒体传播格局［J］．求是，2019（6）．

辨？人类将迎来怎样的未来？

比尔·盖茨认为："ChatGPT技术的出现，不亚于互联网和个人电脑（PC）的诞生。"埃隆·马斯克也说："ChatGPT好得吓人，我们离强大到危险的人工智能不远了。"万物互联的智媒时代是否真的就要到来？ChatGPT这样的基于大数据、具有极高人机交互水平和学习能力的AI应用程序，不仅能创造新的商业模式和经济价值，更将重塑媒体生态，创造人类新的日常生活模式与文化形态。

对于身处历史进程中的每个人而言，这都是前所未有的开创美好新生活的机遇，也可能是随时陷我们于"灭顶之灾"的危机。正如狄更斯所言，"这是一个最好的时代，也是一个最坏的时代"，是一个智慧与愚蠢、信任与怀疑、光明与黑暗、希望与失望、拥有与失去并存的时代。新的技术、新的媒介，会不断改变、激发我们的文化生产与文化体验。在深度媒介化的时代，我们每时每刻都在各种媒介的包裹之中，都身处媒介的"文化现场"，但很多人很多时候，都只有瞬间的、碎片化的情绪感知，却缺乏对媒介、对媒介文化的理性思考。

"知乎"上有个热门话题："有哪些年轻人'千万不能碰'的东西？"几乎每年都有人回答这个问题。其中一个高赞的答案是这样的："年轻人千万不要碰的东西之一，便是能获得短期快感的软件。它们会在不知不觉中偷走你的时间，消磨你的意志力，摧毁你向上的勇气。"ChatGPT显然也是一款软件，不管其将引发怎样的未来？有着怎样严肃的思考？在一些年轻人那里，它与哔哩哔哩（bilibili）、抖音、小红书一样，和让他们沉迷的网络游戏一样，不过是娱乐化的一个载体。当然，我们也可以看到，另一些年轻人，却将其作为新的获取知识的方式、表达自我的舞台、开创无限可能的空间。

赫胥黎在《美丽新世界》里曾写道："人们感到痛苦的不是他们用笑声取代了思考，而是他们不知道自己为什么笑以及为什么不再思考。"比赫胥黎稍后的法兰克福学派的阿多诺在《启蒙辩证法》中激烈地批判了媒介文化，指出正是现代媒介大规模地复制文化产品，通过娱乐大众，控制了大众的日常生活，使人们丧失了思考的能力。

媒体文化研究者和批评家尼尔·波兹曼在他的成名作《娱乐至死》中表达了他对电子媒介时代文化的深刻洞察和深切忧虑：“一切公众话语都日渐以娱乐的方式出现，并成为一种文化精神。我们的政治、宗教、新闻、体育、教育和商业都心甘情愿地成为娱乐的附庸，毫无怨言，甚至无声无息，其结果是我们成为一个娱乐至死的物种。”①

与赫胥黎、阿多诺和波兹曼等人对媒介给予人类社会文化影响的悲观论调不同，有“电子媒介的代言人”“网络时代的预言者”之称的马歇尔·麦克卢汉则认为电子媒介可以使人重归感官的平衡，成为更高层次的全面发展的人，人类社会也重新部落化，世界成为一个“地球村”。作为波兹曼的学生，美国另一位媒介理论家保罗·莱文森的观点与他的老师大相径庭，认为任何一种后继的媒介，都是对过去某一种先天不足的媒介功能的补救，从而使媒介越来越完美，越来越“人性化”，新的媒介形式赋权于民，网民的个性化透过社交网络得以表达，网络也成为新的社会公共生活的舆论场。

无论是悲观的一方，还是乐观的一方，他们都关注媒介对于人的意义、关注媒介与社会文化生活的内在关联。在他们眼里，媒介不再被视为与人、与文化、与社会机制相互分离的存在。今天，我们面对一个全新的社会环境和媒介环境，如法国学者雷蒙·布东所言：“媒介不仅仅是组织、政党或者个人根据其需求选择是否使用的技术。它的存在已然成为社会和文化实践的一个结构性条件，同时存在于特定的文化领域以及作为整体的社会中。”② 媒介参与形成了今天世界上多数人共享的文化，对于生活在高度媒介化社会中的现代人来说，离开媒介我们几乎无法言说文化，或者说文化很大程度上指的就是媒介文化。媒介文化已经主宰了我们的日常生活，成

① ［美］尼尔·波兹曼．娱乐至死［M］．章艳，译．桂林：广西师范大学出版社，2004：4.

② ［丹麦］施蒂格·夏瓦．文化与社会的媒介化［M］．刘君，译．上海：复旦大学出版社，2018：4-5.

为我们思想和行为无处不在的背景，诱惑着也困扰着我们每一个人。

既然我们注定无法摆脱媒介，我们也只能生活在这样的社会文化环境中，只能尽力去理解我们面对的媒介文化现实，去尝试认识、分析、阐释和批判媒介文化文本、媒介文化产品、媒介文化现象。这不仅有助于我们积累与媒介打交道的经验，给予我们更多的驾驭自身文化环境的力量，也是我们保有反省并超越既存的文化形式的重要素养。

第一节　理解媒介文化

一、何为媒介文化

近年来，媒介文化（Media Culture）不仅是学术研究的热点领域，也日渐成为一个不断被提及的日常生活话语。每个人都能感知到媒介文化的存在，讨论自己感兴趣的媒介文化现象。那么，究竟何为媒介文化呢？

理解媒介文化，我们首先来梳理一下文化、媒介以及媒介与文化之间的关系。

关于文化：人是文化的创造者，也被自己所创造的文化所塑造。文化是人类所使用的最难解的概念之一。最广义的文化指与人相关的一切事物，但更多的时候文化被狭义地视为人类创造的思想和精神的精华、历史留存下来的世人所公认的精神遗产。泰勒认为文化是一个错综复杂的总体，包括知识、信仰、艺术、道德、法律、习俗和人作为社会成员所获得的任何其他能力和习惯。这是一个从人类生活总体视角来理解文化的概念。文化包罗万象，很多人习惯于把文化分层次来认知，比如我们比较熟悉的物质文化、制度文化和精神文化的三个层次。英国著名文化研究者雷蒙·威廉斯把文化拉入了日常，提出文化可以“用来表示一种特殊的生活方式”“与我们的日常生活几乎是同义的”，这一社会层面的文化阐释对之后的文化理解与研究产生了深远的影响，也对我们理解媒介文化具有重要的意义。

关于媒介："媒介"是我们这门课程的中心词，此前的章节已经有过界定。无论在国内还是国外，"媒介"最初最常用的意义就是中介或者中间物，也即使彼此发生关联的事物。这一用法一直延续到现代社会，随着人类对信息传播活动的重视，媒介泛指经由信息传播活动而将不同事物或现象联系起来的中介。进入到大众传播时代，人们通常将报纸、书籍、广播、电视、网络等技术传播形式或传播工具视为媒介，依托这些技术形式和传播工具按照特定方式组织起来的社会机构也被称为媒介。麦克卢汉提出了"媒介即讯息"的观点，对媒介的理解突破了纯粹的形式层的外部性观点。在此基础上，媒介也开始被认为是人类感知世界的基本形式和塑造现实感知的基本环境。在对具体媒介内容展开分析时，媒介也被视为"意义生成与交换的核心"，是一个由符号组合的统一结构，即"文本"。媒介的概念是我们理解媒介文化的基础，不同的媒介视角形成了不同的对媒介文化的理解。

媒介文化是媒介与文化两个词的连用，但并不是两个词的简单相加，考察人类认知媒介与文化关系的观念是我们理解媒介文化的关键。

第一种观念：媒介是传递文化和反映文化的工具或载体。这一观念中，文化的意义远大于媒介的意义。文化是媒介传播的内容，媒介是外在于文化的，媒介与文化内容没有关系，媒介的意义只在于它的传播功能。媒介作为传播的中介与形式，与文化的关系只是它传播了什么文化，它所传递的文化是否有效到达、是否发生了预期的影响以及发生了怎样的影响。例如，我们可以通过《舌尖上的中国》了解中国饮食文化，通过《流浪地球 2》等中国影片传递中国的价值观和文化精神，专家学者可以通过现代媒介对农民进行培训改变他们的生活观念。传播学主流的经验研究多数都是在这样的媒介与文化关系的基本假设中展开的。

第二种观念：媒介是文化的一个方面、一种构成。这种观念承认媒介的文化属性，但媒介较之于文化是一个下位的概念，文化包容了各类媒介的文化，媒介只是文化综合体中的一个部分。例如我们常说的中国古代的印刷文化，专家对作为一种艺术形式的电影文化的分析，政府致力于建设一种和谐共享的互联网文化。这一观念的另一面是媒介受到文化影响。文化是一种不能自由选择的结构性环境，存在于某种既定的文化环境之中的媒介，具体的形态与面貌都受到特定文化环境的影响。例如中美的互联网文化因巨大的文化传统与文化环境差异有诸多的不同，中国的网络大V有别于美国的网络舆论领袖，在美国很难复制中国“双十一”的网络购物狂欢。

第三种观念：离开媒介，文化就无从谈及，媒介就是文化。这种观念与前两种观念最大的区别就是媒介处于意义的中心，至少媒介和文化并列于意义的中心。媒介不再外在于文化，也不从属于文化。首先，任何文化都只能通过媒介进行生产与传播，没有不借助于媒介手段组织、形成、传播的文化，也没有不反映特定文化的媒介。其次，媒介本身的技术形态决定了文化的形态，媒介构建了社会现实，也直接构建了人的生活方式。在这一观念中，媒介最大的意义就是它文化的意义，媒介已经拓殖了文化，我们的文化就是一种媒介文化。

正是因为媒介与文化有着不可分离的关系，媒介与文化在某种意义上可以被视为同一个问题的两个不同方面，媒介文化的基本指向已经呼之欲出了，就是以媒介的视角审视、诠释媒介化的社会与文化。

虽然第三种媒介与文化关系的认知对于我们理解媒介文化具有最直接的启示，但我们也不能否认前两种认知作为“常识性”的观念，同样也是我们理解媒介文化不可或缺的存在，因为它们并不是简单的历时性的观念进化链条，而是共时性的混合并呈与当下社会，共同构成探讨媒介文化的意义空间。

二、媒介文化的概念问题

媒介文化意义空间复杂和多元，造成了媒介文化概念难以统一。著名媒介文化研究者道格拉斯·凯尔纳在《媒体文化》导言中说："一种媒体文化已然出现，……通过主宰休闲时间、塑造政治观念和社会行为，同时提供人们用以铸造自身身份的材料。……媒体文化是一种图像文化，常常调度人的视觉和听觉。……媒体文化是一种产业文化，是依照大规模生产的模式加以组织的，……媒体文化也是一种高科技文化，调用了最为先进的科学技术，……塑造了诸种新型的社会，在这些社会中，媒体与技术成了组织的原则。"① 这显然是一种描述的概念，它有助于我们了解媒介文化，但并未给予什么是媒介文化的本质性回答。同样的描述性表达还有较早把媒介文化概念引入中国的学者周宪、许钧，他们在"文化和传播译丛"《总序》中说："这是一种全新的文化，它构造了我们的日常生活的意识形态，塑造了我们关于自己和他者的观念；它制约着我们的价值观、情感和对世界的理解；它不断地利用高新技术，诉求于市场原则和普遍的非个人化的受众。……总而言之，媒介文化把传播和文化凝聚成一个动力学过程，将每个人裹挟其中。于是，媒介文化变成我们当代日常生活的仪式和景观。这就是我们面临的现实和文化情景。"②

有学者认为："媒体文化，指在文化大系统中（社会文化总体）中，以媒介为影响人的主要方式而构成的社会亚文化系统。"③ 这是一个基于前述媒介与文化关系第二种观念的界定。有学者认为，媒介文化是"人们运用传媒技术，在特定社会环境下所从事的文化产品的生产、流通和消费，以及经此而展开的意义建构的活动和过程"④。理论立场则更倾向于前述的第三种观念。还有的学者则把媒介文化视为一种文化面貌和文化现象，认为"媒介文化，就是由大众媒介及其传播活动产生或在大众媒介影响制约

---

① ［美］道格拉斯·凯尔纳．媒体文化：介于现代与后现代之间的文化研究、认同性与政治［M］．丁宁，译．北京：商务印书馆，2013：9-10．

② ［英］尼克·史蒂文森．认识媒介文化：社会理论和大众传播［M］．王文斌，译．北京：商务印书馆，2003：3．

③ 童兵．理论新闻传播学导论［M］．北京：中国人民大学出版社，2009：109．

④ 於红梅．批判地审视媒介文化研究——基于2009—2010年媒介文化研究的评述［J］．新闻大学，2011（2）：137-144．

下形成的思想、观念、价值倾向、生活态度、行为方式以及相应的意识形态、现实关系、社会生活所构成的文化面貌，也包括大众媒介产品的生产、流通、消费过程中形成的文化现象”[①]。也有学者力图进行综合性的概括，认为广义的传媒文化，就是以大众传媒为载体的文化，或者说通过大众传媒进行传播的文化。狭义的传媒文化，则是大众传媒及其传播活动影响人们的生活方式乃至直接构成人们的生活方式这样一种文化[②]。

由此可见，即使在严肃的学术讨论中，媒介文化也未能形成一个内涵与外延清晰的确定性概念。正如凯尔纳所言：“媒体文化极为复杂，而且至今为止依然抵制任何较为综合的理论概括（虽然也有为数不少的尝试）。”[③] 或许，通过描述来勾勒媒介文化的面貌，是目前最可行的方式，也是我们理解媒介文化唯一可行的方式。

当然无论何种定义方式，媒介和文化已不再是相互分离的两个概念，理解媒介文化，我们需要具有文化和媒介的双重视域。

三、媒介文化的兴起

既然媒介文化是难以厘清的庞杂概念，我们就没有必要再纠结于概念本身，而不妨顺着“媒介文化”何以成为问题、在什么情形下兴起的思路来理解媒介文化。在上面的梳理中，我们已经知道只有媒介和文化扭结在一起密不可分的时候，只有每个人的生活几乎都与媒介紧紧交织的时候，或者说分别去讨论媒介与文化，已经无法应对我们面临的社会现实和文化情境的时候，媒介文化才真正兴起，媒介文化才成为问题被探究。

19 世纪 30 年代，美国廉价报刊的勃兴，标志着大众传播时代的来临，正是从那个时代开始，人们意识到了媒介之于社会生活的巨大影响，媒介

---

① 刘坚．媒介文化思潮与当代文学观念［D］．长春：吉林大学，2012：7．

② 董天策．消费时代的中国传媒文化研究［D］．成都：四川大学，2006：46-47．

③ ［美］道格拉斯·凯尔纳．媒体文化：介于现代与后现代之间的文化研究、认同性与政治［M］．丁宁，译．北京：商务印书馆，2013：13．

与文化的关系开始成为问题。大众传媒的出现使得人类历史上首次得以有大量人口参与文化实践，少数精英对文化的垄断开始雪融冰消，文化也开始和其他物质生产一样被卷入了工业化大生产的统一模式中。一种以消费主义为特征的、借助于技术手段进行大批量生产的、通过媒介广为传播的文化开始出现。

但“作为一种历史性的现象，媒介文化的兴起相对而言较为晚近”①。大众传播经过一个世纪的发展，到 20 世纪 40 年代，报纸、杂志等印刷媒介为主的新闻业、广告业已形成强大的垄断集团，电影、广播等新兴的媒介形态所开创的新的文化产业也开始攻城略地，大众媒介开始以更大的威力拓殖大众的休闲领域，并占据了美国等发达国家的文化与传播体系的中心位置，这一时期通常被认为是媒介文化真正兴起的时期。第二次世界大战之后，随着电视媒介的强势崛起，媒介更是成为这些国家社会生活中的主导性力量，并在随后的时间里，伴随着全球化的进程向世界其他国家迅速扩散。媒介文化已经不仅仅是引人关注的问题，而是不得不面对的问题。在整个 20 世纪后半期，媒介和社会文化处于更频繁的互动关系之中，媒介形态的变革刺激着人类以新的方式看待自身与世界。

应该说，媒介文化的兴起，与媒介技术的进步形影相随，也与人类社会的发展密切关联，同时也推动了文化与媒介观念的变迁，而这些因素又共同推动媒介文化作为问题被关注、被探究。梳理这些因素，有助于我们对媒介文化的理解。

（一）媒介技术的进步

我们知道，人类媒介的发展经历了口语时代、文字时代、印刷时代、电子时代、网络（信息）时代五个阶段，但为什么在电子媒介产生强大的社会影响时，媒介文化才成为问题？这是因为人类电子媒介之前的媒介进

① ［美］道格拉斯·凯尔纳. 媒体文化：介于现代与后现代之间的文化研究、认同性与政治［M］. 丁宁，译. 北京：商务印书馆，2013：31.

行信息交流时，受制于人的身体所处的特定的时空：口语时代人的交流活动被严格地限定在面对面的情景中；文字的发明虽然使人能够脱离现场情景，极大地拓展了交流的范围，但仍然在人体移动范围之内开展；印刷时代早期不过是文字时代的扩展与放大，虽然有其他工具（如交通工具）辅助，范围进一步拓展，但仍受到一定的时空阻碍，也受制于人的识字能力。电子媒介的发明与应用使人类信息传播能力迎来了根本性的突破，信息的传播速度超越了身体和交通工具的速度，电子媒介一笔勾销了人类交流过程中时间和空间的障碍，人类获得了远远超过口语、书写和印刷文字的传播能力。这种传播能力使得大范围的信息获取、大规模的信息传播成为可能，是人类传播历史上的空前革命，深刻影响了人类社会。

人类发明了电子媒介，经由电子媒介获得了超越时空限制的能力，但电子媒介的特性又使得它可以创造、呈现一个独立于人的“世界”，重构人的生活方式和社会感知方式。正如凯尔纳所言：“我们的文化就是一种媒介文化，媒介已经拓殖了文化，并已成为配送和散播文化的基本工具，大众传播媒介已取代了先前那些书籍或口语文化模式，我们已生活在一个由媒介主宰着休闲和文化的世界里。”①

当人对自身、对身外现实世界的认识与理解越来越依赖于媒介时，媒介就成为人类生活不可或缺的部分，媒介文化问题自然进入人们关注的视野。

（二）人类社会的发展

大众社会的出现是19世纪以后的事，随着资本主义的发展，工业化、城市化和现代化造成人们之间传统的联系被打破，传统的社会结构、等级秩序和统一的价值式微，随着劳动分工和社会差异的增大，人与人之间的距离也在扩大，社会失去了统一的行为参照系，现代人变成了孤立的、分

① ［美］道格拉斯·凯尔纳．媒体文化：介于现代与后现代之间的文化研究、认同性与政治［M］．丁宁，译．北京：商务印书馆，2013：9．

散的、均质的、原子式的存在，用学者李金铨的话来说现代社会“是‘比邻若天涯’的世界，不是‘天涯若比邻’的世界”，大众媒介很大程度上满足了个体消除孤立和疏离的愿望，成为把人们联系起来的重要存在。在大众传播的时代，一方面个体可能步入新的标准化和格式化的陷阱，另一方面新的生活方式和思考方式也得以产生。人与媒介之间的关系日渐成为人们关注的焦点之一。

社会理论家在20世纪50年代宣布了后工业社会的到来。丹尼尔·贝尔认为：“后工业社会的概念首先涉及社会结构方面的变化，……特别是科学与技术之间的新型关系。”① 作为工业社会进一步发展的产物，这个时代是一个以知识和信息为“轴心原则”的时代。这同样是一个属于大众的时代，但这个时代的大众与此前有了显著的不同。媒介技术的发展深刻改变了大众的日常生活格局，同时强有力地重构了大众的工作和休闲。文化在社会的每一个领域里占据着从未有过的重要地位，社会和文化也处在一种从未有过的动荡和变化的状态之中。

如果说以商品生产为目的工业社会是现代文化的土壤的话，以知识与信息的生产为中轴的后工业社会则是后现代主义文化的社会情境。在后现代主义的语境中，人们对原有的意识形态和价值观产生厌倦、怀疑甚至嘲笑，他们不再认为对社会的发展负有责任，宁愿将个人生活置于随心所欲、纷乱无序的状态中。中心变成多元，永恒成为变迁，绝对变成相对，整体成为碎片…… 但当我们跳脱出后现代主义的解构性视角，后工业时代社会的发展和新的媒体技术应用为人类提供了更为多样化的选择，更多文化自治的可能性，同时也为新的文化和观念涉入社会生活打开了通道。

某种意义上说，随着人类社会的发展，媒介与社会、文化日益扭结在一起，探究媒介文化，已经成为认知社会、理解我们自身的必由之路。

（三）文化含义的拓展

前面我们已经简单介绍过文化的概念。不同时代、不同背景的研究

---

① [美] 丹尼尔·贝尔. 后工业社会的来临 [M]. 高铦，等译. 北京：新华出版社，1997：12.

者，根据不同的需要从不同的角度描述文化、界定文化，也围绕着人与文化的本质性关联，拓展着文化的含义。媒介文化这一概念与相关研究之所以兴起，同样得益于文化内涵的拓展。

在对文化的诸多阐释中，影响最为深远的是雷蒙·威廉斯的文化观。在《文化与社会》中，他通过分析不同的人关于工业革命以及由其带来的文化与社会变革等问题的不同态度，梳理了文化观念的变迁历史，同时做出了一种观念重建的尝试，依据现实社会的变化与自身的经验观察，形成一种有别于传统的将文化视为“整体的生活方式”的文化主义观念。在《漫长的革命》中，威廉斯考察了自 18 世纪以来英国以及欧洲社会经历的波澜壮阔的社会革命，指出政治革命、工业革命和文化革命从来不是彼此分离的，三者之间相互作用共同推动了社会整体生活方式的不断变革，文化不仅仅是社会政治和经济的反映，而是可以与之等量齐观并彼此影响的力量。在《文化分析》中，他将文化概括为“理想的”“文献的”“社会的”三类：第一种定义强调的是人类根据某种绝对或普遍的价值而追求自我完善的一种状态或过程；第二种定义则是记载了人类思想经验的思想性和想象性作品；第三种定义则把文化视为一种特定生活方式的描述。同时，他强调在使用文化这一概念时，必须把以上三种定义视作一个整体，关注三者之间的相互关联。在此基础上，威廉斯提出了一个“感觉结构”的概念，在某种意义上，这种感觉结构就是一个时代的文化，它是一般组织中所有因素带来的特殊的、活动的结果，任何对文化的分析都需要关注其所处时空环境中社会生活方式各因素间的关系，以及特定时空下人们对自己所生活其中的生活性质的感觉。“普通人”日常的“活的经验”可以被作为文化去分析阐释，这样的文化观念冲毁了文化精英主义横亘于前的一切障碍。

正因为有了这样的文化含义的扩展，当媒介活动成为日常生活无以逃避的存在时，媒介文化作为问题就具有了当然的合理性。

（四）媒介认知的转变

我们对媒介的认知同样在 20 世纪后半期迎来了一个巨大的转变。麦克卢汉在《理解媒介》一书中以全新的视角阐释了媒介的概念。麦克卢汉提出“媒介是人的延伸”，认为媒介是人的感官的延伸，不同媒介的使用都会改变人的感官平衡状态，产生不同的心理作用和对外部世界的认识与反应方式，不同媒介的感官偏向具有不同性质的社会影响，与人类社会发展的历史有着微妙的同构关系。

麦克卢汉也革命性地提出“媒介即讯息”的观点，将媒介作为中心与原点，通过关注媒介本身而不是媒介传播的内容来探究人类社会的变迁。不同的媒介有着根本的区别，媒介形态对社会文化的影响是决定性的，每一种新媒介的诞生，都开创了人类感知和认识世界的新方式，不同的媒介导致文化沿着不同的路径演进，形塑了社会结构。麦克卢汉也使我们重新认识人类文明史上不同的媒介之间的关系，不同媒介之间是相互关联的，一种媒介注定是另一种媒介的内容，没有一种媒介具有孤立的意义，任何一种媒介只有在与其他媒介的相互作用中，才能实现自身的意义和价值。

麦克卢汉在两个方面突破了此前人类对媒介的认知：一是媒介直接与文化建立起关联，而不是经由其承载的内容；二是媒介的视角不仅可以重新梳理之前的社会文化变迁，也对新的社会文化具有阐释能力。因此，尽管他的观点并不是严密推理下得出的结论，却充满思辨性与想象力，为媒介研究开辟了一个全新的空间，也推动了媒介文化的问题化。

第二节　媒介文化研究的谱系

“媒介文化”是一个 20 世纪 90 年代以后才被西方学术界正式提出的概念，并且几乎在第一时间就被引入中国，很快成为学术热点。但是对于媒介文化相关现象和问题的关注与媒介文化的兴起是同步的，在此前的文化研究、媒介研究和传播研究中早已显露端倪，其历史至少已有半个世纪。

国内有学者认为："媒介文化这一概念及其相关研究应该是文化研究进一步发展的产物。"[①]史蒂文森在言及为何要探究媒介文化时，特别指出已经有不少研究者"在对现代文化过程更广泛的分析中建立起自己的媒介视野"，他提出"媒介文化"这个概念，希望"取得的是一个能让不同传统得到比较的批判的空间，并且能清楚地叙述各种传统间的彼此联系和忽略"[②]。凯尔纳也清楚地表达了自己的媒介文化理论特别"受法兰克福学派、英国文化研究以及后现代/后结构主义理论的影响"，他提出"媒介文化"的概念，是为了"发展一种穿越媒体和文化领域的'文化研究'"，"使得人们注意到媒体文化体制中的文化与传播媒介之间的相互关联，从而消解了'文化'与'传播'之间具体的界限"[③]。史蒂文森和凯尔纳是早期提出媒介文化概念的学者中最有影响力的两位。由此可见，梳理探究此前媒介文化的研究谱系对我们理解媒介文化具有重要的价值。

一、媒介文化研究的起始：法兰克福的文化工业批判

法兰克福学派在 20 世纪 30 年代开辟了批判性的大众文化（Mass Culture）理论，这不仅是批判传播研究的起点，也是媒介文化研究的滥觞。

以阿多诺、霍克海默为代表的法兰克福学派创造了"文化工业"一词，用于表明大量复制的文化的产业化过程以及驱动整个体系的商业化规则，批判性地分析大众文化的生产及其影响。文化制品被大量生产，表现出了与其他产品毫无区别的标准化、格式化、商业化和大众化的特征。产业化的文化生产目的在于商业利益和价值的实现，而非满足作为主体的人的精神需要；同时，大众文化也借助大众媒介获得广泛传播，麻痹大众心

---

① 赵勇．媒介文化源流探析［J］．河南社会科学，2009（1）：148-152．

② ［英］尼克·史蒂文森．认识媒介文化：社会理论和大众传播［M］．王文斌，译．北京：商务印书馆，2003：12-14．

③ ［美］道格拉斯·凯尔纳．媒体文化：介于现代与后现代之间的文化研究、认同性与政治［M］．丁宁，译．北京：商务印书馆，2013：61．

灵，在意识形态上使现存的资本主义制度合法化。

法兰克福学派对报纸、广播、电视、电影等大众传媒的产业化、商业化都做过具体的分析，他们站在“精英主义”的文化立场批判媒介文化不可能产生超越现实精神的文化力量，或者说，在他们眼里大众媒介根本不能产生真正意义上的文化。他们对媒介文化的批判，根本上是对资本制度、商品化生产和市场化体系的批判。

法兰克福学派其他成员马尔库塞、本雅明、洛文塔尔等也和霍克海默、阿多诺一样，对资本主义文化工业进行了批判，共同开创了文化研究的批判传统。虽然该学派的文化理论存在严重的缺陷，尤其是他们居高临下地对精英（高雅）文化/大众（低俗）文化的截然两分此后广受批评，而且该学派每个成员的立场和视角也存在一定的差异，即使是同一个人，其前后期的观点也并非完全一致。但正是从法兰克福学派开始，大众媒介成为社会文化研究的重要范畴，他们从商品化、产业化、物化、意识形态和控制的视点出发对媒介文化进行的批判性关注，提供了一种基本框架，为此后的媒介文化研究提供了重要的路径。他们所提出的媒介文化的单一化、同质化、娱乐化、低俗化及其对人的异化问题，直到今天仍然是媒介文化研究的重要切入点。

二、媒介文化研究的进路：英国文化研究的兴起

文化研究在20世纪60年代兴起于英国，继承了法兰克福学派社会文化视野的批判传统，也对其理论进行了深入的反思，对社会文化进行了颠覆性的阐释，开辟了媒介文化研究新的进路。

与法兰克福学派对媒介文化的否定性态度不同，虽然文化研究学派同样重视文化的意识形态意义，却从另一个方向阐释了媒介文化中蕴含的权力关系，他们对媒介文化持认同和肯定的态度，从相对自主的文本意义和文化传播的角度（而不是完全受控的工具的角度）阐释和评价媒介文化。

早期的文化研究学派在将文化重新阐释为一种特定的生活方式的基础

之上，看到了不同时代、不同人群都有着属于他们自己的某种共同的文化观念。底层的、大众的文化并不是低俗的、无足轻重的，民众不是被动的文化的接受者，而是积极的文化建构力量。他们用通俗文化（Popular Culture）的概念取代了法兰克福学派的大众文化，为媒介文化研究提供了全新的视角。霍加特、汤普森和威廉斯作为英国文化研究的创始人，都肯定了民众自己拥有、自己创造、自己享用的文化，在这样的文化里，民众创造和参与了表达他们的体验和渴望的文化实践。

斯图亚特·霍尔是英国文化研究第二代的代表人物，他借用葛兰西的文化霸权理论，融合了结构主义、符号学等理论资源，提出了编码/解码理论，形成了多元批判的媒介文化观。他认为，文化工业是统治存在的阵地，但同时也是反抗统治的阵地；受众面对文化工业提供的产品，有顺从、对抗、协商三种解读模式。该理论将目光从文化的生产领域转移到了文化的消费领域，开创了能动受众研究的新范式，对媒介文化研究产生了重要的影响。

英国的文化研究肯定了民众的现实文化生活，也是对世俗社会文化意义的肯定。他们将关注重心放在大众媒介的文本生产和文本传播活动中，通过媒介符号的意义生产和受众符号的意义消费，揭示媒介文化的意识形态意义。某种意义上实现了对以往的精英主义文化立场和乌托邦文化理想的纠偏。但同时也瓦解甚至泯灭了民众所创造的文化与大批量生产的文化之间的差别，常常不加批判地赞美媒体与消费文化，也是我们应该注意的问题。

三、美国的媒介文化研究

美国是大众文化的策源地，但美国主流的经验研究根植于自身的实用主义传统，更多地从功能性的维度分析媒介文化，视大众媒介为传播进步观念的工具。到 20 世纪 70 年代，受英国文化研究的影响，詹姆斯·凯瑞对美国的经验主义和功能主义的传播观展开批判，认为传播即文化，提出传播的“仪式观”，强调传播是一种文化和社会仪式。他认为传播不仅传播信息，更传播思想，建构文化认同。应该说凯瑞关注的是传播，而不是媒介，媒介在他的理论视野中，仍未摆脱作为工具和载体的地位。但他对美国社会传播与文化问题的关注，对后来的美国研究者对媒介文化的理解有着重要的参照意义。

真正对此后的媒介文化研究产生较大影响的是约翰·费斯克的研究。从 20 世纪 80 年代开始，费斯克对大众文化和媒体事件给予了长期的关注，他的思想资源同样来自欧洲，受结构主义和文化研究等多重因素的影响。费斯克对法兰克福学派的文化工业理论进行了彻底颠覆，认为大众文化（需要指出的是费斯克使用的 Popular Culture，而非 Mass Culture，但国内翻译经常把两个词不加区分地译成“大众文化”）是由大众而不是文化工业促成的，“文化工业”被描述得完全的商品性和控制性，并不是大众文化的根本属性和特征。“大众文化不是消费，而是文化——是在社会体制内部，创造并流通快感的积极过程。一种文化无论怎样工业化，都不能仅仅根据商品的买卖，来进行差强人意的描述。”[①] 在费斯克看来，大众文化显示的活力和创造力，体现了“社会变革的可能性”，虽然大众文化对主导文化的抗争隐藏在日常生活中，但这种微观政治恰恰代表了进步的力量。他还提出了金融经济和文化经济的概念，金融经济流通的是金钱，注重的是交换价值；文化经济交换和流通的是意义、快感和社会身份，注重的是文化价值[②]。

费斯克肯定大众的主动性及其文化的合理性，重视快感，强调媒介文化的多义性及其中蕴含的社会抗争力，他的理论有益于我们探究媒介文化生产与传播活动中受众的文化生产力和意义创造力，但对自下而上的民众文化实践的全盘肯定，无疑夸大了受众的能动性与反叛性。

---

① ［美］约翰·费斯克．理解大众文化［M］．王晓珏，宋伟杰，译．北京：中央编译出版社，2001：28.

② ［美］约翰·费斯克．电视文化［M］．祁阿红，张鲲，译．北京：商务印书馆，2005：198-199.

费斯克的学生亨利·詹金斯是当代最活跃的媒介文化研究者之一，他提出的“融合文化”概念，在近年来的媒介文化研究领域产生了广泛的影响。融合文化本质是建立在媒体融合基础上的互动式的文化探究，他用“参与式文化”概念来描述受众的媒介活动，受众不是被动的信息接收者，而是融合文化的积极参与者，新的媒介景观影响着我们生产、消费和创造活动，塑造了我们生活的方方面面。

四、后现代主义的媒介文化研究

普遍的观点认为后现代主义思潮出现在20世纪60年代前后，这正是一个媒介文化全面兴起的时代。后现代主义探讨的问题多元而复杂，但文化问题始终是焦点之一。虽然对什么是后现代主义，没有人能说清楚，但其对现代主义思想体系及现代性观念的质疑和批判的基本精神、价值取向和文化态度还是相对明确的。后现代主义厌倦了现代性社会中的普遍精神，拒绝强调社会进步和历史总体性宏大叙事，肯定差异性、边缘性和相对性，呈现出更为多元的媒介文化研究景观。

后现代主义对世界的“拟像化”的揭示对媒介文化研究产生了深刻影响。弗雷德里克·詹姆逊在对晚期资本主义的文化逻辑进行剖析时，批判的锋芒直指后现代文化的表象化和主体性丧失。在他看来，在后现代社会中，个人主体消失了，取而代之的是用拼贴、戏仿和反讽等手段组织起来的“混仿文化”①。“世界本身的变化——现在变成了一套文本和或影像——也包括主体控制的变化。”② 世界的表象化的标志是随处可见的图像、影像或者说是形象，而这些都是由各种大众传播媒介提供的。

鲍德里亚认为现代世界是由各种各样符号构成的“拟像的世界”，这

① ［美］弗雷德里克·詹姆逊.文化转向［M］.胡亚敏，等译.北京：中国社会科学出版社，2000：171.

② ［美］弗雷德里克·詹姆逊.快感：文化与政治［M］.王逢振，等译.北京：中国社会科学出版社，1998：163.

个世界“已经不是模仿或重复的问题，甚至也不是戏仿的问题，而是用关于真实的符号代替真实本身的问题。”① 大众媒介所制作的符号遮蔽了真正的现实，人们沉溺于“仿真”之中，媒介所建构出来的世界甚至比现实还要真实完美，在这里已经没有真和伪的区别，也没有现实和非现实的区别，只有一种“超现实的幻想”。

鲍德里亚认为媒介对社会生活的文化建构，遵循的不是现实价值逻辑，而是符号价值逻辑。媒介构建现实文化过程中遵循的自主性尺度和模式。按照鲍德里亚的解释：“这就是说它参照的，并非某些真实的物品、某个真实的世界或某个参照物，而是让一个符号参照另一个符号、一个物品参照另一个物品、一个消费者参照另一个消费者……象征系统的语言本身……变成与商标和广告话语相适应的大众媒介。”②鲍德里亚的符号价值逻辑是在消费社会的大背景下考察的，对消费社会的批判也是后现代主义剖析媒介文化的主要方面。正是在现代人的消费快感与幻象中，物的消费变成了意义的消费，变成了文化的消费。

在鲍德里亚看来，媒介文化的生产与传播，实质上是符号的生产与传播，媒介文化建构的现实关系，实质上是符号及其能指的参照关系。在媒介营造的生活环境中，人们现实判断的基本依据，不是现实生活本身，而是符号诠释。真实的世界被符号所替代，符号成为真实。

此外，费瑟斯通的消费文化理论、福柯的规训理论、布尔迪厄的场域理论等后现代思潮中剖析文化的诸种视角都为我们批判性地理解媒介文化，打开了新的领域。

虽然不同时期不同研究者此前并未使用媒介文化这个概念，但他们对媒介文化进行的探究却值得我们重视，他们开辟的不同研究范式对媒介文化展开了不同维度的阐释，至今仍是我们理解媒介文化的重要理论依据。

---

① 汪民安，陈永国，马海良．后现代性的哲学话语——从福科到赛义德［M］．杭州：浙江人民出版社，2000：330．

② ［法］鲍德里亚．消费社会［M］．刘成富，等译．南京：南京大学出版社，2000：134．

正如史蒂文森在《认识媒介文化》中所言，“媒介文化具有无可改变的多元性”，“企图创立一种宏大的理论已没有多少意义，因为这极有可能无法解释媒介实践的每一个方面”，这是“一幅处于不断演进、永无完结的复杂图景”①。

需要特别注意的是，这些理论都是在西方的政治、经济、社会环境下产生并被使用的，中国的社会历史处境与西方国家有着明显的差异，理解中国的媒介文化现象和问题，可以参照西方的研究范式和思考维度，但也需要有中国本土性的视野。

第三节　媒介文化的四个向度

一、作为视觉文化的媒介文化

对于大学生来说，无论是聚会、逛街还是吃饭，随手拍个照或者录一段小视频发朋友圈，已经是最寻常的行为，图像已经成为日常表达与呈现的主要方式。渴望被看到、被点赞、去看别人的朋友圈并获得某种快感与满足，已经成为我们的日常存在状态。与此同时，从电影、电视、网站、APP，到街头楼宇上巨大的幕墙和广告灯箱，都不断冲击着我们的视觉感官，给予我们关于身外世界一切印象。我们生活在一个高度视觉化的时代，视觉影像符号在我们生活中无处不在。

视觉是人类最重要的感官，关于视觉与文化的相关现象并不是人类面对的新问题。但对直观的可视性在文化中居于强势的支配性地位，却同样是非常晚近的事情，是电子媒介成为人类社会主导性媒介之后的结果。在

① ［英］尼克·史蒂文森．认识媒介文化：社会理论和大众传播［M］．王文斌，译．北京：商务印书馆，2003：16．

波兹曼看来，“媒介形式偏好某些特殊的内容，从而能最终控制文化”[①]，以电视为代表的电子媒介显然是最典型的视觉偏好，所以“我们的文化”日渐成为以“形象为中心”的文化。

如前所述，明确的、独立的“媒介文化”概念形成于20世纪90年代，也带着那个时代特有的倾向性，那是一个电子媒介更新换代的发展时期，也是半个世纪以来视觉文化（Visual Culture）借助电子媒介积累的优势，全面爆发其传播影响力的时期。从文化的生产、传播与消费来看，只有看得见的事物才能进入人类的生活，才拥有被感知的文化意义。这样一种时代状况，给“媒介文化”的界定形成偏于媒介形态属性的最清晰不过的暗示。所谓视觉文化是指文化脱离了以语言为中心的理性主义形态，转向以形象为中心特别是以影像为中心的感性主义形态，“视觉文化转向”（Visual Culture Turn）也恰是“媒介文化”研究兴起的另一种呼应。没有媒介的变迁与推动就没有文化的视觉转向，媒介文化首先是一种视觉文化。

海德格尔早在20世纪30年代就预告了“世界图像时代”的到来，他认为，世界图像时代不是指关于世界的一幅图像，而是指“世界被把握为图像，……这样一回事情标志着现代之本质。”[②] 同时代的本雅明在《机械复制时代的艺术作品》中敏锐地感觉到当时的社会和文化出现了极其重要的变化，一种新的视觉文化将代替语言文字成为中心的文化，用图像或影像来传递信息、解释世界或感悟事件的方式变得越来越重要，或者说视觉呈现和展示变成我们理解世界的主要方式。当时，正是人类开始进入大众传播，也是媒介与文化产生深切关联、媒介文化日渐兴起的时代。

印刷媒介时代人类的信息已经具有了机械复制的特性，大规模的社会传播成为可能。但语言文字仍处于社会信息传播的中心，大量没有接受过教育的人仍被排除在文化传播的活动之外。电子媒体尤其是电视，“把图

① ［美］尼尔·波兹曼．娱乐至死［M］．章艳，译．桂林：广西师范大学出版社，2004：11．

② ［德］海德格尔．海德格尔选集［M］．孙周兴，译．上海：三联书店，1996：899．

像和瞬息时刻的结合发挥到了危险的完美境界”[①]，用直观的影像来传播信息，没有受过教育、不识字的社会群体也进入了文化传播的圈子，随着视觉文化的转型，整个社会迅速步入了一个空前的大众传媒时代。从这个意义上讲，传递影像的电子媒体可以说是新的大众时代的“福音书”。与传统的视觉传达不同，电子媒介对瞬间的视觉捕捉和急速传达，让视觉以一种全新的方式主导了人们的日常生活，并在不同的层面上影响了社会文化的方方面面。

按照凯尔纳的观点，媒介文化首先是一种主要诉诸人们的感观体验的图像文化、视觉文化。当代社会，电子媒介，诸如电视、电脑已经使文化的存在形式发生了根本性的改变。这是一个真正的形象社会，所有的东西——真实存在的、未曾见过的、未能描述的、不可表达的等，都通过电子媒介成功地转换成可视物和惯常的文化现象。

与静态的、线性的、抽象的语言文字的文化相比，视觉文化是直觉的、快感的、当下的。文化产业推波助澜和商业法则的广泛运用，更让体验与娱乐成为视觉文化的主导。无论是德波的景观社会、费斯克的快感理论，还是鲍德里亚的拟像理论、凯尔纳的媒体奇观，立场虽然不同，但都是对视觉作为媒介文化中心的某种理论阐释。

“无数新的视觉形式和视觉技术，深刻地塑造着当代人关于他们生活的世界的意义的理解和解释。”[②] 今天的我们已经处于网络新媒体时代，我们的影像获取、视觉呈现和视觉记忆都与此前有了很大的不同，作为视觉文化的媒介文化，呈现出更为复杂的面貌。视觉的霸权并没有伴随着电视地位的下降而丧失，反而短视频、网络直播的兴起以更强大的方式主导着我们的生活世界。

“南抖音，北快手，王者荣耀遍地走”。年轻人已经不再满足图文为主的自媒体内容展示方式，短视频的猎奇、趣味、搞怪，以更直观的视觉冲

① ［美］尼尔·波兹曼．娱乐至死［M］．章艳，译．桂林：广西师范大学出版社，2004：103.

② 周宪．视觉文化的转向．学术研究．2004（02）.

击力，俨然要将文字彻底驱逐。在令人应接不暇、眼花缭乱的影像中，人们陷入了更为碎片化的、流动性的日常呈现与接受。新的视觉文化几乎不提供任何深度价值和终极意义，却是当下媒介文化最重要的图景，需要我们跳脱出感官的沉迷给予批判性的评价。

二、作为消费文化的媒介文化

2012 年一则新闻引起了社会极大反响，为了购买新出的 iPhone 4S 和 iPad 2，17 岁安徽少年王某上网找到黑中介，远赴千里之外的湖南省郴州市卖了自己的一个肾。之后，“肾机”就成为苹果手机的别称、网络中众所周知的“梗”，每当苹果公司发布新机型，“果粉”们的狂热一如既往，“又到一年卖肾时”的吐槽也如影随形。2018 年热播网剧《北京女子图鉴》中的北漂女孩陈可对 LV 包有着狂热的迷恋，虽然生活艰辛，却一直把自己心仪的 LV 包的广告图片作为自己的电脑桌面，作为自己奋斗的目标，甚至因为生日没有收到最想要的包包和男朋友张超分手。类似的新闻与日常故事在我们生活中比比皆是，其表现的正是消费社会无处不在也无法逃避的消费文化。

“消费文化”（Consumer Culture）是指消费主义兴起以后，人类社会普遍存在的一种文化态度、价值观念和生活方式。它的突出特点是消费在个人生活中占据中心位置，消费成为生活的主要意义和目的。在消费主义文化中，人们的消费行为不仅仅是为了满足基本的生理需要、生存与发展的需要，更多的是被人为制造的欲望支配。“消费主义使现代消费由过去的对商品本身的崇拜转向了对商品形象和意义的崇拜，并被看作自我表达和社会认同的主要形式。”①

消费社会是人类社会发展到一定历史阶段的社会形态，鲍曼把现代社会分成“生产社会”与“消费社会”两个阶段。19 世纪的资本主义社会是

① 徐小立. 90 年代以来中国传媒消费主义文化研究［D］. 武汉：武汉大学，2006：2.

以生产为主导的社会，生产决定着消费，消费作为生产的要素而存在。20世纪20年代，以美国为代表的资本主义国家的生产出现了极大的剩余，逐渐由生产社会向消费社会过渡，消费的逻辑开始强势崛起，生产要围绕着消费转，人们的消费决定了生产的走向与内容。应该说最初的消费主义、消费文化具有相当的正向意义，“不断增长的消费即意味着个人对幸福的追求……人们现在根据所消费的商品和劳务的质量和数量来判断一个人的地位、价值和成功。经济流动和社会流动以消费为基础。个人消费和集体消费的不断增长，是财富为更多的人所享用、社会越发民主的标志。”① 第二次世界大战之后，西方发达资本主义国家都由生产社会转变为消费社会，消费膨胀使其越来越远离生存劳动力再生产和个体生活休闲与幸福追求的初衷。鲍德里亚敏锐地观察到消费社会的消费核心已经由商品的使用价值转向交换价值，最终转向了“符号消费”，符号消费已经成为社会异常的控制力量。所以他在洞悉消费社会本质的基础上展开了对消费文化的激烈批判。

随着经济全球化的进程，消费社会成为共有的一种社会状态，而且更多的是在文化意义上的状态。“消费文化是为消费行为寻求意义和依据的文化，消费文化是刺激并制造消费欲望的文化，消费文化改变以往的人对物的使用关系，‘实用’观念越来越式微，意义或价值的消费越来越强，消费文化背后是商业考虑，却以文化的面目表现出来。”② 我们现在所说的消费文化一般就是指不加批判、毫无省思地沉迷于消费，把物质的占有和消耗当成美好生活和人生目的价值观念及在这种价值观指导下的生活方式。这种生活方式中，消费的目的不再是生存和发展需要的满足，而是不断追求被制造出来的、被刺激起来的欲望的满足。而制造欲望的恰恰正是大众传播媒介，过剩经济中商品被媒介赋予了象征的意义，推动日常消费

① 刘胜军．谁伤了你的幸福——变革时代的纠结、迷惘与不公［M］．北京：中信出版社，2011：76.

② 蒋原伦．媒体文化与消费时代［M］．北京：中央编译出版社，2004：25.

变成了对符号化的物与服务中所含意义的消费，彻底将现代人引入一个符号化、理想化、拟像化的世界，人们在符号世界中沉溺于物质享受和感官享乐。大众媒介的攻城略地形构了现代消费社会，媒介文化在某种意义上说就是一种消费文化。至少，离开消费的问题，我们就无法真正理解媒介文化。

多数研究者是以批判或阐释的视角来分析消费社会和消费文化的，主要表现为社会分析和符号解读两种范式。对消费的批判可以追溯到马克思的商品拜物教和异化理论，之后卢卡奇的“物化”、霍克海默和阿多诺的“文化工业”、马尔库塞的“虚假需求”和“单向度的人”等理论都探究了消费社会中人的主体性丧失问题，具有明显的社会分析取向。英国文化研究学派认为消费者虽然不能控制生产，但是可以控制消费，并且通过消费抵抗等级秩序与权威控制，仍体现其鲜明的文化主义与日常实践特色。凡勃仑的“炫耀性消费”理论分析了消费文化兴起初期象征性消费的问题。洛文塔尔发现，在 20 世纪 40 年代的美国，成功的企业家等“生产偶像”已经被娱乐明星和体育健将等“消费偶像”取代，成为民众日常生活的中心，“消费偶像观”可以说是后现代主义消费理论的先驱。鲍德里亚是以符号解读消费社会的典型代表，他将消费直接定义为“一种操纵符号的系统性行为”，在他看来媒介所制造、传播的符号成为最强大的社会控制力量。费瑟斯通认同鲍德里亚从符号学角度对消费文化的考察，但他否认人在符号世界中被动异化，指出不同群体及个人在消费符号中的反应不同，这就意味着理解消费文化要从具体的消费实践中寻找答案，并强调其与具体文化语境的关联。在他看来，人们通过“日常生活的审美化”建构起后现代消费文化，而媒介在这一过程中成为消费文化得以实现的方式。这些理论都深深包含着对消费社会和消费文化的忧虑与思考，被后来的学者整合进关于媒介文化的研究中，为我们今天全面理解和认知媒介文化提供基本的思考路径。

三、媒介文化的娱乐化与低俗化

“宝贝，你回来吧，好不好？别闹了，跟我回去！”这是易中天在《品三国》中讲述曹操劝妻子回家时说的话，正是这样娱乐性的学术表达，救活了中央电视台科教频道一度无人关注的《百家讲坛》栏目。女嘉宾马诺一句“宁愿坐在宝马里哭，不愿坐在自行车上笑”，曾让刚刚开播不久的江苏卫视征婚节目《非诚勿扰》迅速吸引了无数人的关注。2004 年 9 月，某栏目在俄罗斯北奥塞梯别斯兰市人质危机的报道中，屏幕下方滚动播出有奖竞猜信息，猜测人质危机死亡人数，以娱乐和商业的轻佻态度对待异国灾难中的伤亡。无论是学术、情感生活，还是严肃的新闻，娱乐元素几乎无孔不入，无处不在，正如波兹曼所言：“电视只有一种不变的声音——娱乐的声音。…… 换句话说，电视正把我们的文化转变成娱乐业的广阔舞台。”①

凯尔纳在《媒体奇观》中提到，媒介奇观式的文化正在打造一种新型的信息娱乐社会，这种变化是全面的、深刻的。媒介分析家本·巴路迪肯把 Information（信息）和 Entertainment（娱乐）结合起来，创造了“Infortainment”一词来描述信息与娱乐合流的这一趋势，我国学者将其翻译为“媒介娱乐化”或者“新闻娱乐化”，意在表达大众传播时代，从最初的纯娱乐消闲类的节目和内容的大幅度上升开始，娱乐性已经扩展到诸如新闻等原本与娱乐不相关的各个领域的文化现象。当代社会，某种意义上说娱乐是媒介所有话语的超意识形态，媒介的一切都是为了给我们提供娱乐。

媒介的娱乐化是一种世界性的趋势，对其理解也并非仅有波兹曼式的批判性视角。在“传播学开创者”施拉姆看来，大众传媒的功能是向社会的新成员传递社会规范和作用的规定、娱乐等，赖特也认为大众传媒除了

---

① ［美］尼尔·波兹曼．娱乐至死［M］．章艳，译．桂林：广西师范大学出版社，2004：106．

环境监视、社会化功能、解释规定以外，也需要提供一部分娱乐性、消遣性的内容来满足人们精神情感上的需求，将娱乐视为大众传媒的四种功能之一。

英国哲学家赫伯特·斯宾塞曾指出，人类在完成了维持和延续生命的使命之后会主要通过娱乐释放剩余的精力。娱乐是人们追求快乐、缓解生存压力的一种天性。在19世纪，娱乐还只是“有闲阶级”的生活特权，追求娱乐甚至带有进步与解放的意义。到了20世纪，随着物质生活的极大丰富、生活节奏的加快，民众希望通过媒介获得消遣和娱乐，能够帮助他们缓解日常生活的压力和负担，从而获得情绪上的释放。在美国社会发展的历程中，对娱乐的强调被认为是对“美好生活”追求的体现，娱乐也被认为给社会关系的创造和维持提供了“润滑剂”和“解压阀”。直到今天，人们仍然把休闲娱乐看成美好生活的一个组成部分，娱乐产业在世界各个国家的文化产业所占比重甚至与这个国家的社会发展程度和人民生活水平有着明显的正向关联。

媒介文化的娱乐化问题之所以遭到激烈的批判，并不在于娱乐，而在消费主义背景下娱乐的泛化、低俗化。波兹曼在《娱乐至死》中说：“我这里想要说的不是电视的娱乐性，而是电视把娱乐本身变成了表现一切经历的形式。我们的电视使我们和这个世界保持着交流，但在这个过程中，电视保持着一成不变的笑脸。我们的问题不在于电视为我们展示具有娱乐性的内容，而在于所有的内容都以娱乐的方式表现出来，这就完全是另一回事了。”①在泛娱乐化时代，人类的社会生活陷入猎奇、窥私、八卦、暴力、拜金和情色的琐屑与庸俗，严肃的公共话题被娱乐所遮蔽、消解，人性和人类的文明就可能陷入深切的危机。

媒介的娱乐化与消费主义合谋，通过媒介的奇观化、明星的制造、欲望叙事和参与狂欢等多种方式，重构了现代人的生活。以美国为首的西方

---

① ［美］尼尔·波兹曼．娱乐至死［M］．章艳，译．桂林：广西师范大学出版社，2004：114.

国家在“二战”后，进入泛娱乐的时代，中国则从 20 世纪 90 年代开始，在娱乐业蓬勃发展的同时，也不得不需要面对媒介的泛娱乐化与低俗化问题。无论国外还是国内，媒介娱乐化引起普遍关注与探究批判，最早始于新闻娱乐化和后来具体表现为新闻节目娱乐化和各类娱乐性节目比重加大。曾经引起媒介狂欢的辛普森杀妻案、英国王妃戴安娜之死、美国总统克林顿绯闻就是其重要表征。中国的媒介娱乐化现象发端于 1990 年央视《综艺大观》开播，到 2000 年左右随着秉持“快乐中国”理念的湖南卫视异军突起，《快乐大本营》《超级女声》《爸爸去哪儿》等一系列娱乐节目风靡全国，民众日益沉迷在媒介的娱乐盛宴中。经媒介放大、扩展的娱乐不再是为了调剂人们的生活、愉悦人们的心情，而是陷入“纯粹地为娱乐而娱乐”的怪圈，满足人们浅层次的感官刺激和享受为唯一的目的，低俗化问题也随之显现。大众沉浸在“浅娱乐”的兴奋之中，放弃对自我、对世界的理性反思，不断冲击社会的道德底线。

进入新媒体时代，个体不仅是娱乐内容的受众与消费者，也成为娱乐文化的生产者。媒介文化的娱乐化和低俗化不仅愈演愈烈，也呈现出更为复杂的形态。19 岁的少女，因被班主任猥亵未遂患抑郁症，最终跳楼自杀。路人不是忙着救人，而是忙着拿出手机在各种平台直播；“网红主播”为了“吸粉”，以无下限的手段来博取关注，直播内容千奇百怪，直播吃虫子、打架、暴露自己和他人隐私。人们是否会像尼尔·波兹曼在《娱乐至死》中警示的那样“由于享乐失去了自由”？这是每一个人理解媒介文化必须思考的问题。

四、媒介与青年亚文化

2005 年的夏天，《超级女声》掀起了一场前所未有的席卷中国的娱乐风暴。15 万人报名参赛，900 万人参与短信票决，4 亿人次观看，造就了李宇春等一批新的娱乐明星、青春偶像。超女现象不仅引发了国内第一次大规模的关于娱乐化问题讨论，但其明显的青年亚文化特征也并非商业炒作、欲望消费、娱乐至死的批判可以完全遮蔽的。“想唱就唱，要唱得响亮，就算没有人为我鼓掌，至少我还能够勇敢地自我欣赏。”超女在某种意义上可以看作是中国的草根阶层登上舞台的文化表征，彰显了青年个性的张扬，对自由、平等的渴望以及对主流文化的某种对抗。10 年之后的 2016 年，自称是集才华与美貌于一身的 Papi 酱，在秒拍与小咖秀平台上传了一系列自嘲和吐槽的搞笑短视频，并在微博、微信等社交平台收获大量粉丝。虽然因为存在表述粗口、侮辱性语言等问题，曾一度被勒令整改，但她摒弃虚伪、吐槽现实，用张扬的话语来调侃社会的既有习俗与思想，也同样可以进行青年亚文化的解读。

无论是电视媒介造就的“超级女生”式的平民狂欢，还是 Papi 酱在自媒体上自我呈现与网民的围观点赞，我们都能感受到青年是媒介文化生产与消费最活跃的力量，青年不仅是媒介文化的接受者，更是媒介文化的创造者。媒介与青年亚文化是我们需要特别关注的问题。

亚文化（Subculture）是和主流文化相对而言的，当一个社会的某一群体形成一种既包括主流文化的某些特征，又包括一些其他群体所不具备的文化要素的生活方式时，这种群体文化被称为亚文化。亚文化作为处于边缘低位的弱势群体的文化，往往具有批判性、激进性，倾向于反抗或颠覆既存的社会权力结构。青年亚文化（Youth Subcultures）是指主要由年轻人群体创造的、与父辈文化和主导文化既抵抗又合作的一种社会文化形态，是亚文化中最具活力的部分。20 世纪 40 年代，美国社会学家帕森斯就提出了青年文化的概念来解释美国青年的意识和行为，表明青年问题不再仅是特定生命周期的生理和心理现象，而是一个社会文化现象。英国文化研究学派用青年亚文化的概念取代了青年文化的概念，强调其阶级性、反抗性和父辈文化的关系。

青年亚文化体现了青年独特的价值体系，表现为音乐、语言、服饰、两性关系等外在的生活方式和行为方式，呈现出显著的、对主流文化的抵抗。青年亚文化和媒介文化的兴起几乎是同步的，无论是摇滚乐、嬉皮士、霹雳舞还是卡拉OK，都与媒介传播有着密切的关系。随着媒介技术的进步，新一代的青年亚文化不断被创造，其反抗意识的表达和与主流文化的关系也更为复杂。

青年通过他们的媒介行为或隐或显地表达了对主流文化的抵抗，形成某种风格并在青年群体中流行，也很快被主流的商业文化、消费文化收编。费斯克认为追星文化即是对主流文化意义的抵抗，因为追星族典型地与主流价值系统所鄙视的文化形式有着密切的联系，也就是说，在某种意义上娱乐本身就可以被视为青年亚文化的表征。与早期披头士充满愤怒的抗争相比，当下新媒体环境下，青年亚文化实践具有鲜明的娱乐性，其对主流文化的抵抗更为间接，也更为温和。恶搞文化、游戏文化、御宅文化、弹幕文化等青年独有的亚文化形态，多以逃离或规避主流社会期待视野和角色规定的方式构建属于自己的文化想象。

活跃在新媒介的青年亚文化另一个值得关注的表征是文化实践与权力的关系。网络时代具有鲜明的后喻文化特征，青年更容易接受和掌握各类最新的媒介技术，并即时将之运用于文化实践之中，在通过狂欢化的文化消费在痛快中释放自由个性、表达自己的抵制与反抗的同时，拥有了属于自己的、无法被剥夺的文化资本。新媒介为青年亚文化的创新提供了前所未有的空间和可能性。青年亚文化的多种形态中虽然存在着消极的、庸俗的甚至病态的文化成分，但也存在着积极的、活跃的、创造性的文化成分，后者正是反省、调整与创造文化的强大力量。深入理解媒介，探究媒介文化，是克服青年亚文化的弊端、释放青年亚文化潜能的重要素养，对青年亚文化创造性和想象力的张扬、最终推动社会整体文化的发展有着别样的意义。

本章小结

如果说媒介素养可以分为能力模式、知识模式和理解模式三个层次的话，关于媒介文化的内容显然属于第三个层次。所以本章的意义并不在于传授确定的知识、提升实践的能力，而在于我们从多个维度来理解媒介文化这一开放、多元而复杂的问题，从而养成对媒介文化省察、选择、判断、阐释的能力和批判意识。

本章我们主要讲了以下五个方面的内容。

（1）人创造了媒介，媒介又塑造了我们的生活与文化。我们生活在一个高度媒介化的社会，媒介与人、与社会、与文化不是分离的，而是彼此关联、彼此依赖的。我们不能无视媒介而谈文化，也不能抛开文化而谈媒介。理解媒介文化，对我们每一个人都有重要意义，有助于理解我们自身及身处的世界。

（2）"媒介文化"和"文化""媒介"一样，是一个难以明确界定的概念，是一个具有开放性和包容性的概念，我们只能通过描述、通过比较、通过辨析来理解和把握媒介文化。或者说，媒介文化是一个未完成的概念，是一个随着媒介的发展和社会变迁不断被丰富的概念。

（3）媒介文化的兴起较为晚近，直到20世纪中后期，媒介成为人类社会生活的主导性力量时，媒介文化才成为人们日常感知的焦点和学术探究的热点。媒介技术的进步、社会形态的变迁推动了文化内涵的扩展、媒介认知的转变，这些因素共同促成了媒介文化的兴起与媒介文化的问题化。

（4）后起的媒介文化研究是建立在深厚的文化研究、媒介研究和传播研究的基础之上的。德国的法兰克福学派、英国的文化研究学派、美国的传播与媒介研究以及后现代的媒介与文化的研究都各有其立场与视角，对这一研究谱系的梳理有助于我们多维度地深入理解媒介文化。

（5）视觉文化、消费文化、娱乐化与低俗化、青年亚文化是我们认知和理解媒介文化的主要向度，这四个向度之间不是割裂的、彼此分离的，而是交互影响、交叉共存的媒介文化现实。每个向度都有着肯定与批判的立场与多重的认知维度，新媒介形态也不断改写着每个向度的意义空间。

需要指出的是，由于媒介文化的研究最早兴起于西方，我们对媒介文化的理解不可避免引述西方学者的观点和认知，需要我们批判的、辩证的学习思考。我们还需要特别注意，媒介文化既是一个全球化的问题，也具有鲜明的本土化特征。习近平总书记在文化传承发展座谈会上的讲话中强调，要“用中国道理总结好中国经验，把中国经验提升为中国理论”[①]。如果我们能在全面理解媒介文化的同时，能结合中国的社会文化背景，思考中国媒介文化与西方媒介文化差异，形成中国特色的媒介文化理论，对我们提升媒介素养具有特别的意义。

当然，媒介文化是一个多元并存、彼此碰撞交融的文化场域；媒介文化也是一个流动的、发展的、变迁的文化样态。理解媒介文化，需要我们在日常生活实践中持续的感知、把握与思考。

思考题

1. 媒介与文化的关系三种观念是什么？
2. 试分析视觉文化与媒介文化兴起的关系。
3. 如何理解新媒体时代的青年亚文化？

① 习近平. 在文化传承发展座谈会上的讲话［J］. 求是，2023（17）.

第七章

媒介素养案例分析：数据时代的信息安全与社会控制

第一节　神秘的眼睛

生活中常常会遇到这样的情况：当你在某购物网站购买或搜索了一件真丝连衣裙之后，下次再登录该网站，网站主页上就会有很多类似的商品陈列其上。每个人的购物网站主页都不一样，差别的来源就是不同的购物和浏览记录。起初，你也许对这种差异保持一种亲切的好感，天真地认为它如同闺蜜或好友一般了解自己的需求。但不久以后，你就会发现这份甜蜜的好感似乎变成了某种负担。无论何时何地，打开电脑或手机，商品广告源源不断。如今在短视频平台上，一次无意的滑动或浏览，会引来一系列形式多样但内容实质雷同的推送。时之长久，不堪其扰。

新闻一直是人们了解世界的窗口，但在移动互联网时代、在新闻的生产逻辑与消费环境发生巨大改变的背景下，有一天我们也许会错愕：为什么我的窗口只看到一类“风景”？当你在新闻 APP 里点击某个新闻阅读之后，就会发现此后总是能看到类似的新闻。在电脑和手机里你的阅读兴趣、关注事件好像可以不因世界的变化而改变。例如：如果你是娱乐新闻的爱好者，你的浏览器里娱乐新闻占据主位；如果你近期关注了一条北京楼市的新闻，你的浏览器里就会有铺天盖地的地产资讯和广告，由不得你是否想看。世界是一样的，但每个人的新闻 APP 所呈现出来的世界却各不相同。新闻不再是传统意义上的“新闻”了，“你关心的才是新闻”。表面上看，个人的需求和兴趣被予以空前的重视，电脑和手机无时无刻不在贴心地提供服务。但是有一天人们会突然惊醒：我们的眼界没有变宽，反而变窄了；我们的趣味没有多元化，反而更加单一化了；电脑和手机里不再是大千世界，而是小我的领地了。

如果说，类似以上这些场景对你而言无伤大雅，那么你是否注意到这样的情况：你在聊天软件里和朋友畅谈，言语间提到了某种商品、某次旅行或近期的节食减肥计划，之后就会接连收到相关产品和服务的推送广告。这些广告不仅出现在你的聊天软件里，还会在你的购物网站主页里、在你的浏览器主页里、在你的短视频平台推荐内容里出现。你也许会惊讶地发现商家对你早已了如指掌。

如果你是一位年轻的母亲，一定不可避免地遇到过这样的情况：原本为了了解母婴知识，为了更好、更科学地养育孩子下载并安装了某个育儿软件。在安装的过程中必须按照软件要求填写孩子的出生日期、性别等信息，如若不同意则无法正常使用。而同意的结果是，除了你想看的内容之外，各种广告喷涌而来。这些软件和商家对孩子信息的了解程度似乎超过了妈妈。这种时候，你是否会担心自己的孩子“被人盯上了”。

还有，假如你近期常去三里屯逛街。在那附近吃过饭、看过电影、买过衣服等，那么你将会在一段时间里频繁收到各类广告。这些广告的共同之处是广告客户大都位于三里屯商圈或与之有关。同样的情况也会出现在西单商圈、中关村商圈等。你是否会惊讶你的活动和行踪是如何被“有心之人”记录并精准地投放广告的。

每到临近下班时段，很多上班族的手机里就会出现一条贴心的推送信息，被告知今天下班路上将会用时多少小时多少分钟、拥堵路段的位置和耗时。你是否会纳闷儿，手机是何时、通过何种渠道知道你的家庭和公司地址。你是否担心这些信息一旦被当作他用会对你的人身安全产生隐患？

一、透明人

当下我们生活在一个由互联网深度参与的世界中，在这个线上线下、软件硬件构成的复杂媒介环境中，你是否会担心有一双神秘的眼睛在看着你？

这份担心正是你在网络留下的痕迹被捕捉后付出的代价。在数据时代，在网络深度参与的现实世界中，我们的信息安全面临着各种挑战。小则关乎衣食住行的各个生活场景，大则如同“斯诺登事件”“Facebook 隐私门”影响世界政治、经济格局。

这是今天的世界：技术进步和商业驱动力牵引着社会结构的改变，打破了原有的社会预设，随之而来的是因循的社会秩序发生改变，并不可避免地造成某种程度的社会混乱。因此，我们不得不面对这一急剧变化所带来的沉重的社会成本——我们在互联网技术织就的空间里，在商业利益追逐的领域中变成了“透明人”；我们在互联网世界中所有的行动和轨迹被追踪和记录。我们不再是独立存在的个体，而是可以“被交易的对象”；我们的生活不再是关于个人的记忆，而是所有的隐私都可以被转换成交换价值。

我们该如何理解数据时代的媒介、如何理解被数据日益改变的时代？

阿里巴巴集团的马云曾无比自豪地说：“我们对一个人的了解远远超过你，你是不了解你的。电脑会比你更了解你。”而这种绝对熟悉正是通过对某人以往在网络轨迹精准计算得来的。那些网站或平台发来的各类推送和广告表面上看是了解你心意的“及时雨”，其实不过是通过精准计算而来的精准推送罢了。网络购物平台掌握着数量庞大的卖家和买家的信息与数据。只要买家有过购物或浏览记录，再次登录时，“平台就会根据其喜好、购买力、购买习惯，优先推送和分发在商城打了广告的商品，做到买与卖的精准匹配”。这正是每个用户主页界面不同，收到的广告也千差万别的原因。但是“平台的精准推送不是基于产品质量和服务质量进行的，主要是通过竞价排名来推送的，通俗说就是谁给钱就推送谁的商品。这样的精准推送，结果常常演变成精准算计和精准骗局”①。

“千人千面”是对今天网络平台精准推送的形象比喻。一方面，即使在同一个电商平台，搜索同一个关键词，会显示不同的商品。显示排序差别实则是由买家的购买能力、卖家的商品营销力度等一系列市场因素决定的。另一方面，“千人千面”也帮助卖家完成了细分市场的工作，他们面对的不再是茫茫人海无处下手，而是精确的目标受众、匹配的购买力。

二、数据金矿

互联网对人们消费习惯的准确记录，对消费能力的分析，对买家的刻画使得电脑更“了解你”。大数据是其中重要的技术应用。具体而言，它是指“无法在一定时间范围内用常规软件工具进行捕捉、管理和处理的数据集合，是需要新处理模式才能具有更强的决策力、洞察发现力和流程优化能力的海量、高增长率和多样化的信息资产”②。尽管大数据拥有一系列的优点，例如容量大、种类多、速度快、较高的真实性、丰富的可变性等，但是最被津津乐道的是“价值”一词赋予大数据的无限“能力”，也就是合理使用大数据，以低成本创造高价值的能力。这才是互联网企业、资本最乐见的金矿。大数据技术的“战略意义不在于掌握庞大的数据信息，而在于对这些含有意义的数据进行专业化处理。换而言之，如果把大数据比作一种产业，那么这种产业实现盈利的关键，在于提高对数据的

① 韦星．被锁定的“猎物”．南风窗［2018. 5. 23-6. 5］：36.

② 大数据［EB/OL］. https：//baike. baidu. com/item/%E5%A4%A7%E6%95%B0%E6%8D%AE/1356941？fr = aladdin.

‘加工能力’，通过‘加工’实现数据的‘增值’”[①]。购物网站的购物体验、社交媒体的精准推送、短视频平台的直播带货等背后都有大数据支撑精准营销的影子。通过网站浏览、页面搜索、网络交易、电子邮件、直播点击等获得的数字资源所产生的海量的、多样的、复杂的、纵向或分布式的数据给用户“制作”了一整套精准的“画像”。数据量越大，用户的画像就越精确。通过对用户购买类型、消费价格、登录时间、上网时长等一系列的数据分析，网络平台营销人员可以帮助卖家制订和推送最合理有效的营销方案。广告不再是大而全，而是“好钢用在刀刃上”的精准投放。正因如此，各个平台都十分重视用户信息的收集。因为大数据应用的首要前提是收集用户信息，然后才能对其进行数据挖掘、存储、更新等。

作为用户，能否拒绝个人信息被收集甚至作为一种商品被买卖和交易呢？答案显然是否定的。在下载、绑定、使用某些社交软件、购物平台时，在安装某些应用程序时，用户不得不面临的窘境是如果不填写个人信息，包括身份证号码、年龄、手机号码、住址等隐私内容，就不能使用该产品。比如不能网上挂号、不能海外直购、不能在线听课等。类似的情况还有“同意协议”和“用户授权”。可见的是这些认证和授权表面上可以让利于民，如商城会员的让利促销、年节时发放优惠券等。不可见的是这些信息的聚集已成为网络平台的结构化数据，为他人所用。除了这些可以被计算机程序直接处理的数据，互联网平台还会通过各种途径搜集大量非结构化的数据，如文本、图像、自然语言数据等。

“雁过留痕”可以生动形象地描绘今天我们与媒介特别是互联网的关系。我们的购物习惯、浏览习惯、信息发布、点赞转发习惯都会被互联网“记住”并加以归纳整理，再推算出下一步可能出现的情况。通过分析过往的痕迹，网络会通过人工或自动设置的方式给用户设置标签。各项标签

① 大数据［EB/OL］. https://baike.baidu.com/item/%E5%A4%A7%E6%95%B0%E6%8D%AE/1356941?fr=aladdin.

的叠加就可以对用户进行深度的、多维度的刻画和归类。由于这一过程是在媒介内部运算完成的，因此人们很容易将其忽视甚至根本没有意识到它的存在。面对海量数据，设计一套自动采集数据的手段就显得尤为重要，网络爬虫技术应运而生。由此，按照一定的规则，自动抓取网络信息成为可能。上什么网、使用多长时间、关注什么、分享什么、与谁互动，在哪里消费、消费金额、消费频率等敏感信息都可以通过庞大的数据库和一系列算法勾勒出精确的用户画像。网络推算“客单价”就是由此而来的。在传统零售店“客单价”是指每一个顾客平均购买商品的金额，也就是平均交易金额。但在电商平台，“客单价”是指用户每次消费同类产品的价格。由此网络商城给用户分等级、打标签，以便来标记该用户是否具有较好的经济实力、是否具有较强的购买能力等。“人由此变成了被互联网公司锁定的猎物”，人们的隐私也继而变成了可供交易的对象。

三、从“数据资源”到“数据资本”

在这一系列的运作逻辑和商业机制下，“数据即资本”的说法也就不难理解了。如果说在数据业务化的时代背景下，发现数据的价值是偶然中的必然。那么让价值变现则是互联网公司挖掘数据价值的驱动力。

数据并不仅仅是新媒介依赖的技术背景问题，更重要的是这一技术背景的逻辑基础，即技术为谁所用、依何所用等问题。特别是当媒介和大数据碰撞之后，走向何方的问题。郭毅可在 2016 年提出数据经济的发展可以分为四个阶段：“数据的‘前天’，即数据资料阶段，过去数据仅仅是记录度量物理世界的资料；数据的‘昨天’，即数据产品阶段，当数据被用来组成服务时就成为资源，就会成为产品，于是就诞生了腾讯、百度、谷歌等一系列的数据产品和服务；数据的‘今天’，即数据资产阶段，人们已经意识到对数据的所有权界定，视其为资产，是产生财富的基础，是其个人总资产的一个重要组成部分；数据的‘明天’，即数据资本阶段，是使数据资产连接其价值的时代，对数据资产进行流通和交易以实现其价值，使其转换为资本”[①]。时至今日，数据已经不再是简单的符号，它早已成为“新型石油”，成为数据经济的助燃剂。不仅如此，它比石油更重要，它可以决定经济价值。如今，对于数据搜集权、使用权、拥有权的争夺进入白热化阶段。因为对这些权力的占有可以构建一套新的权力结构，重塑权力的执行，引起资源和权力的重新分配，进而影响生活、改变世界。

没有人胆敢轻视这股力量。一场深刻的变革已经展开。西方有学者直接指出：我们的时代已经从金融资本主义向数据资本主义迈进[②]。当数据成为新的资本形态，数据资本就拥有迅速累积财富的巨大势能。2016 年中国大数据产业规模为 1 500 亿元，到 2020 年将会达到 8 000 亿元的规模[③]。创造这一数字奇观的不在于网民数量多少或互联网企业的规模大小，也不取决于电商、社交媒体等媒介与大数据的紧密合作程度，最重要的是社会经济网络数字化后形成的数据资产和数据资本。按照殷剑峰的观点，“大数据并不是为了简单地存储大量数据，其目的在于通过分析产生信息和知识。在这个过程中媒介作为载体，IT 技术作为支撑。第一步，通过数据存储和查询技术，获得分布式文件系统和非关系型数据库。第二步，通过数据处理技术处理海量、非结构化数据。第三步，通过数据应用技术理解自然语言、识别图像、可视化数据等。通过加工与分析完成从数据到信息的转变。进而通过社会经济学等理论支撑，再赋予数据特定的逻辑结构。这一从数据到信息、再到知识的过程就刻画了数字革命的本质：‘用数据生产信息和知识’。而这一过程也使得数据资产转化成了数据资本。”[④]

我们很容易“把技术视为不带意识形态的、进步的拯救者，这就让从

① 郭毅可. 我们正在进入数据资本的时代. 新华社［2016. 11. 23］. http：// www. xinhuanet. com/fortune/2016-11/23/c_1119974999. htm.

② 艾卜. 呼之欲出的数据资本主义. 搜狐［2017. 2. 3］. http：// www. sohu. com/a/125374318_116235.

③ 大数据周报. 大数据 + 资本活跃（3. 28-4. 1）. 搜狐［2016. 4. 3］. http：// www. sohu. com/a/67419196_116235.

④ 殷剑峰. 数字革命、数据资产和数据革命. 第一财经日报［2014. 12. 23］. http：// business. sohu. com/20141223/n407198360. shtml.

事科技研究和生产的互联网公司也拥有了一种免于反思的地位”[①]。但是当意识到数据的资本属性后，一切就不那么简单了。把价值变现、追求利润最大化是资本心照不宣的“秘密”。这一驱动力也必然会影响媒介的发展与走向。

互联网刚刚兴起之时，网易、新浪、搜狐三家门户网站三足鼎立，称霸江湖。随后以百度、阿里巴巴、腾讯（简称 BAT）为代表的新兴力量取代了传统门户。在 BAT 所代表的搜索、电商、社交领域，数据的重要性与日俱增。当然没有任何一家互联网公司拥有完整的数据，即使是 BAT。这也就促成了网络豪门们对数据和信息的不断挖掘、共享、转让等。目前，今日头条、美团、滴滴、抖音、拼多多发展迅速。今日头条始终强调自己的技术公司定位，强调用技术算法推动信息分发。美团始终围绕用户的消费场景构建产品，强调客户的中心地位。滴滴曾明确将重点放到数据上，旨在于云端构建一个人工智能的交通引擎。抖音、拼多多的用户数据是其重要的商业资源与核心竞争力。由此不难看出数据的重要意义。

数据价值的发掘最直接、最敏感、最广泛的应用领域莫过于商业系统。这也暗合了资本的内在需求。通过旅游网站的记录可以刻画一个人的行为和特点，通过购物网站可以看出一个人的消费能力和财务状况，通过社交网站可以窥知一个人的性格习惯等。数据越多、维度越丰富，分析越细致，得到的刻画就越精准。电脑里似乎有一双神秘的眼睛能看透你的内心、了解你的喜恶、预见你的未来……由此合作商就能够得到更精确的信息，投其所好、事半功倍地发出各项商业指令。特别是当这些数据价值在医疗领域被开发之后，可能会引起更严重的后果。例如，数以亿计的血液信息被收集和分析之后，很容易获得关于某类人群的生理特征或某类人的基因缺陷。这些新的数据价值被不断发掘和转化，有

① 荣智慧．今夜请将我遗忘．南风窗［2018. 5. 23-6. 5］：32.

可能被用于研制新型药品甚至是可怕的生化武器，也许还会是我们未曾听闻的新型基因武器。数据的能量可能超出我们的想象，数据的价值也可能“比天还大”。

四、数据安全的挑战

数据资本如此“强大”、数据价值如此“无可比拟”。我们的隐忧与反思也由此而来。

互联网商业公司的逻辑是：要流量，流量多了才能变现。再要搜集数据，让大数据变现[①]。但是在重视流量和变现，同时一个应用场景多家争夺的背景下，“趋利本性和商业模式会使得安全缺位”[②]。在网络面前我们的个人信息是透明的，个人隐私更是无从谈起。对个人隐私的让渡大致分三种情况：知情被迫让渡、不知情让渡和知情让渡。下载新的应用软件时必须同意被读取实时位置，或者登录时必须填写真实姓名和身份证号码，否则软件将不能使用就属于第一种。填写个人信息的过程虽是本人自主完成的，但实属无奈、不得不写。在地图软件上查询路况和路线，却不知公司地址、家庭地址、既往出行时间等信息早已经被记录在案，甚至被分享或转让给一些广告商，这是第二种情况。特别要说明的是知情让渡的情况。随着视频软件和社交软件的流行，很多人自愿把个人信息发布到网上。例如在朋友圈分享家人的信息、旅游心得等，或者在抖音上传、转发、点赞各类自己感兴趣的视频内容。表面上看，用户主动上传了涉及个人隐私的信息，但是其实用户同意公布的隐私内容与网络抓取到的内容之间存在巨大的不对等性。且用户以为自己只是分享了一张图片、写了几句旅游心得，殊不知这些信息早已被分析解读，用于刻画用户画像；殊不知连自己都不在意的信息早已被“收集、使用、存储、共享、转让、公开披

---

① 向治霖．BAT用什么保证我们的信息安全．南风窗［2018.5.23-6.5］：41.

② 同①42.

露”。隐私和侵犯隐私的概念已经非常模糊，边界很难区分。特别是类似的用户主动上传行为更加模糊了这一界限。并在客观上制造了用户不在意的假象，使得滥用隐私信息的情况更加严重且被合理化。

除了个人的信息被滥用、信息安全受到威胁等问题，对企业而言繁忙的数据流背后潜伏的威胁更不容忽视，一旦信息泄露或被窃取，后果不堪设想。从 IT 时代过渡到 DT 时代，也即进入到数据业务化的时代，数据作为新的能源被应用于更多的应用场景。Facebook 剑桥门事件就是一个很好的例证。

2018 年年初，Facebook 公司数据泄露的新闻登上了全球各大媒体头条，一时间讨伐声不断，股价应声大跌。此事再一次提醒世界，原来我们在网上每一个小小的举动都可能被利用并产生重大的后果，如有可能会影响美国大选、英国脱欧公投的走向等。人们也更加深刻地意识到朝夕相伴的电脑和手机、形影不离的互联网、倾心相诉的社交媒体正如同一双隐藏在暗处的眼睛记录着人们的生活，并在人们不知情或无意识的情况下把它的观察公之于众。基于电子足迹的算法模型比亲人朋友更了解你、更能影响你，这早已不再是危言耸听的话题了。

2018 年 3 月《纽约时报》披露一家名为剑桥分析（Cambridge Analytica）的英国商业运营的政治数据分析公司于 2016 年美国总统大选期间从 5 000 万 Facebook 用户那里收集数据并将它们用到政治广告中，操作过程并不复杂。在剑桥分析公司的资助下，一个专业做心理测试的 Facebook 第三方小程序（This is Your Digital Life）问世。表面上看，这不过是个小游戏，实则剑桥分析在收集测试结果的同时也收集了 5 000 万活跃用户的真实数据。依此分析用户的性别、性取向、宗教信仰、政治理念、自由开明还是偏保守、会给哪个政党的候选人投票等内容。建立起用户画像，依靠算法，根据每位用户的日常喜好、性格特点、行为特征，预测他们的政治倾向。然后定向为用户推送新闻，借助 Facebook 的广告投放系统，影响用户的投票行为[①]。

本次事件最早可以追溯至 2007 年，当时 Facebook 为增强用户黏性推出应用编程接口（API），通过这个接口，第三方软件开发者可以开发在 Facebook 网站上运行的应用程序，这被称为 Facebook Platform，而用户可通过这一平台在线使用相关应用程序并进行互动。用户在使用该平台时，Facebook 与平台上的应用会读取个人信息，该部分信息有的是 Facebook 上已有的信息，如用户的个人信息和朋友列表等；有的则是使用相关应用时产生的信息。当时 Facebook 并没有对平台数据的交叉使用与共享进行严格的区分与管理。剑桥分析公司正是利用了当时 Facebook 平台数据共享的漏洞，致使 Facebook 上 5 000 万用户的数据泄露。这一程序最早对外宣称是心理学家做研究的 APP，经用户授权后收集的信息包括用户的年龄、住址、性别、种族、教育背景等个人信息，以及平时参与的活动以及在社交网络中发表、阅读、点赞的内容，还包括用户的朋友所发布的信息等[②]。一共有约 27 万人下载了这一应用，以 27 万人为“种子”再搜集他们的 Facebook 好友数据，汇集成高达 5 000 万用户的数据资料。“注意，所有的参加者都是心甘情愿地让出他们的 Facebook 行为数据的。Facebook 并没有被黑客入侵，也没有所谓的数据‘泄露’或‘偷盗’。因为在当时，Facebook 小程序在用户同意的情况下收集数据是完全合法的。”[③] 这就涉及隐私数据的归属权、二手数据、数据的一次使用和二次使用等问题。

隐私数据的“一次使用”是指“个人或组织直接获得个人隐私数据的过程”[④]。例如在购物网站填写的收货地址，在医疗网站填写的身份信息、生理数据，在股票交易网站填写的财务信息等。这些信息都是为了保证或方便

① 百家号. Facebook 泄露用户隐私这口大锅，小扎是甩不掉的. https：// baijiahao. baidu. com/s? id = 1595451284147146074&wfr = spider&for = pc.

② 吴丹君，周天一. Facebook 数据泄露事件解读. 北京观韬中茂（上海）律师事务所［2018. 3. 29］. http：// www. sohu. com/a/226712570_465944.

③ 黄玉莹. 隐私已死：Facebook 数据泄露事件解读. http：// www. 360doc. com/content/18/0406/09/45163544_743229837. shtml.

④ 荣智慧. 今夜请将我遗忘. 南风窗［2018. 5. 23-6. 5］：34.

网络平台为用户提供便利和服务，是对用户隐私信息的“一次使用”。

“二次使用”是指“对上述获得的隐私数据进行加工、分析、处理之后得到的结果并加以利用的过程，譬如购物网站对数据分析后得知消费者的购物喜好、时间偏好、购物习惯等，进而进行商品广告的推送”[①]。值得注意的是，绝大多数情况下，二次使用并没有获得数据主体的许可，甚至很多时候他们并不知情。二次使用甚至多次使用所产生的衍生数据是大数据的重要组成部分。事实上衍生数据、数据合作等信息资源正是算法进化、算力竞争、人工智能很重要的基础。

在社交媒体上，隐私已经不再是个人的决定，而是网络的共同决定。比如说你的个人信息是隐私，但是通过你的朋友圈获得的他人信息是否是隐私呢？是谁的隐私呢？谁对其拥有使用权呢？问题也就由此而来。第三方小程序 This is Your Digital Life 的设计者将声称用于科研而收集到的5 000万用户信息转手卖给剑桥分析公司，后者将信息用于商业和政治目的，违反了其与 Facebook 的安全协议，也是违法的。这涉及 Facebook 的商业模式，也是此次广受质疑所在：“Facebook 通过收集用户的数据并将其卖给应用程序开发者和广告商来赚钱……程序应用开发者只要签署数据使用协议，就可以在应用里向用户索取数据权限。应用后来拿数据干了别的事情是 Facebook 无法控制的。”[②]

通过“超过5 000万规模的用户数据建立模型，其目的就是找出某些符合特定心理画像的选民（低开放心性，高情绪不稳定性）。在美国‘赢者通吃’的大选制度下，绝大部分的选票对选举结果都没有影响（比如深红或深蓝州的选票）。还有一部分选票无法被广告左右（比如民主党或共和党的死忠粉）。能左右选举结果，且可以被广告影响的选票数量微乎其

① 荣智慧. 今夜请将我遗忘. 南风窗［2018. 5. 23-6. 5］：36.

② 百家号. facebook 泄露用户隐私这口大锅，小扎是甩不掉的. https：//baijiahao. baidu. com/s? id = 1595451284147146074&wfr = spider&for = pc.

微。但是一旦有了一个特定的心理画像，剑桥分析就可以在茫茫人海中找出他们要的这一小部分选民，然后集中精力给这一小部分选民施加影响就可以了。他们买了大量 Facebook 广告对这些人进行狂轰滥炸，进行所谓的'信息战争'，以达到操纵大选的目的"[①]。

此事给 Facebook 带来了极大的负面影响：用户数量减少、用户平均停留时间大幅度缩减、股价大跌等，更严重的是信任危机。一旦用户对 Facebook 的数据保护能力产生怀疑，将会动摇其商业根基。Facebook 剑桥门事件可能是偶然中的必然，其根源在于对用户信息安全的忽视。在图 7-1 所展示的 Facebook 商业模式的闭环图中，我们会发现其间并没有给数据安全留下多少空间。

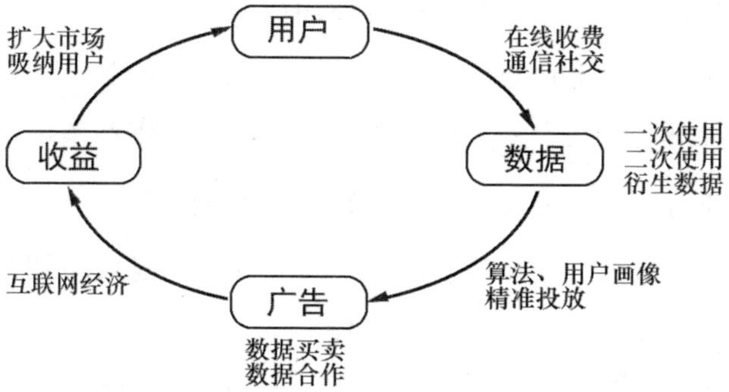

图 7-1　用户与数据关系示意图

信息安全不只是个人层面的问题，处理不当也会带来一系列企业数据风险。不仅如此，它也关乎国家的安全与发展。如果说，有一双隐形的眼睛在注视着我们的日常生活，记录着我们的行踪轨迹，那么上升到国家层面，是否也会有类似的困扰呢？依靠其强大的信息技术和产业基础，全球大多数互联网软硬件产品都是美国货：希捷的硬盘、英特尔的 CPU、思科的交换机、IBM 和 HP 的服务器、微软的操作系统和办公软件等。"Windows

① 黄玉莹. 隐私已死：Facebook 数据泄露事件解读. http://www.360doc.com/content/18/0406/09/45163544_743229837.shtml.

和苹果操作系统占据着全球97%的电脑终端，谷歌、雅虎占据了全球搜索引擎市场的大半，思科的核心网络设备几乎掌握了中国海关、金融、医疗、民航等要害部门并参与中国电信、中国联通等电信运营商的网络基础建设。尽管近些年来我国已经意识到信息安全的重要性，并逐步减少进口设备的使用比例，但由于技术水平和产业基础等问题，至今仍然面临着巨大的风险和挑战。”①

面对挑战，相关法律法规和社会监督显得格外重要。我国于2018年4月在全国网络安全和信息化工作会议上明确提出了“企业履责，社会监督”的治理方向。欧盟于2018年5月正式实施《通用数据保护条例》，简称GDPR。条例规定：企业不能再使用模糊、难以理解的语言，或冗长的隐私政策来从用户处获取数据使用许可；用户个人可以要求责任方删除关于自己的数据记录；用户可以向企业查询自己的个人数据是否在被处理和使用，以及使用的目的，收集的数据类型等。从查阅权、被遗忘权、限制处理权、数据移植权等，条例从不同层面保护用户信息安全，竭力减少那双神秘眼睛的窥探。

五、作为社会控制的存在

至此，我们必须面对这样一个事实：当下，大数据越来越多地参与商业模式构建、利益再分配等社会运作的不同层面。那些获取了庞大信息的机构在利益驱动下，在算法进化中、在互联网的运作机制和商业逻辑中会让更多用户变成“透明人”。唯有这样才会有更多的信息产生，这些信息不仅能赚取高额的商业利润，而且可以被用来进行社会控制。

这绝不是危言耸听。

数据时代的商业逻辑和社会控制是依靠对个人信息的收集、使用、共

① 姜天海，崔雪芹.《科学新闻》：“棱镜门”背后的全球信息危机. http://www.news.sciencenet.cn/htmlnews/2013/8/280865-1.shtm.

享、转让等社会运作实现的。换句话说，当今社会运作要想顺畅，需要海量的个人信息为依托，这是符合这个时代的商业逻辑的，是实现社会控制的重要环节。例如收集了大量的销售信息才能更好地完成供应链管理，收集了大量的路况信息才能更好地实现城市交通管理等。

大众传媒与信息传播的社会控制功能已经不是新鲜话题。数据，特别是通过用户个人信息直接获得或分析所得的精准大数据是否也具有社会控制功能，更是一个值得思考且迫在眉睫需要解决的问题。

网络经济的商业模式基础是对用户的精准分析。购物平台搜集用户信息、消费偏好，判断用户的财务状况和社会阶层，然后通过推送广告、推荐商品、页面排序等各种渠道“引导”用户消费。久而久之，人们的消费习惯、审美趣味会慢慢改变。通过用户分析而投放的精准广告极有可能会对中间选票产生一定的影响，从而影响美国大选或英国脱欧的进程。这些过程是与社会控制的实施过程具有一定相符性的，即社会组织体系通过规范指导和约束社会成员的价值观和社会行为，调节和制约各种社会关系的过程。这不仅涉及个人空间，也关系到国家和社会控制的深度和广度等层面。

首先，社会议程被重新设置。

我们已知，媒介可以通过议程设置和媒介编码的方式形成社会暗示，告知受众哪些是主要的、哪些是次要的。媒介可以通过不同的强调方式设置社会议程，并潜移默化地影响受众的关注度、行为、观念等。还要指出的是在此过程中，相对于大众传媒而言，受众对信息的占有显然处于弱势。这种不对等的状态在大数据时代更甚。拥有大数据的组织和机构，在一个隐私透明的社会里，可以更加为所欲为，可以获得更多的数据资源。试想当数据库对用户的行为轨迹甚至思想观念都了如指掌，那么大数据的拥有者完全可以根据自己的需求制定出新的社会议程、新的社会规范和价值观念。而且这个过程非常隐蔽。它不是宣教式的口号，不是观念的灌输，而是一次次“贴心”的量身定制。这个过程因此也变得更有亲和力、说服力，让人更能接受、更愿意接受。如果得信息者得天下，那么将会对国家的治理体系造成巨大挑战。

具体而言，数字技术、网络技术、移动技术等的快速发展打破了传统媒体的运作模式和逻辑，也打破了媒介间的壁垒。“今日头条”绝不是“晚间新闻”节目的手机版，它的运作逻辑与央视新闻中心完全不同。“抖音”与“搜狐视频”的可比性也非常有限，“用户为王”与“内容为王”是两个不同的理念。如今掌握着大量数据资源的互联网媒体所处的生态环境发生了改变。与之相应的，社会控制也会发生变化。新媒介生态下，大部分互联网公司脱离了政府背景，是独立运营、经营的市场主体。一方面它们需要研发更多的产品以便提供差异化、精细化的市场服务，换取消费者认同和广告商的真金白银；另一方面它们也对权力表现出了更高的欲望。因此它们贪婪地攫取开发用户数据。事实也证明，这些数据的确可以赋予其所有者很多的权力。良好的经营能力加上数据权力可以获得更大的市场和商业利润。在这个商业逻辑、市场逻辑占主导的链条上，结局只能是追求更大的商业利润而不是公共利益，如图 7-2 所示，Facebook 要用户数量、要流量、要影响力、要盈利，唯独把用户的数据安全放在次要位置，直到数据泄露，用户流失了，才不得不加强安全措施。

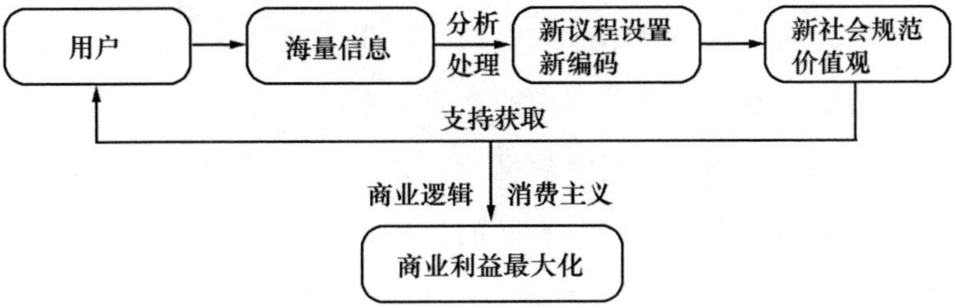

图 7-2　用户信息处理示意图

由此可见，隐私的让渡产生了大量的数据，并深度参与了社会运作。我们不能否认的是，那些具有牟利性、控制性的社会运作是以利用和侵犯用户隐私为条件的。

其次，体现出消费主义的社会控制。

很多人可能并没有意识到网上买连衣裙这一平常的在线消费行为是如何转变成为一种社会控制的。

如果说“当商品以及商品中所蕴含的观念成为人们的生活标准时，对某种特定商品的消费就成为一种生活方式”①，那么在数据时代，“数据”有了更深层的指向意义。数据的重要性不仅仅在于其记录了消费轨迹、收集了用户喜好等，“根源在于数据是数字时代资本积累的新型载体。在算法技术的配合下，平台企业利用规则设计制程数据生产机制，将用户卷入资本积累循环，从而将用户的媒体使用活动转化为无偿的数字劳动。”② 特别是在社交媒体平台上，用户的行为被准确地记录，并通过大数据分析后，投放根据个人喜好、消费能力等“个人订制”的内容推送。用户的时间和注意力被让渡给了广告商和媒体平台，用户免费为其生产了数据商品和注意力商品。这一过程伴随着受众的商品化，更使数字消费成为资本增值的新方式：消费就是生产。由此带来的生产方式的转变和数字化生活转型所引发的社会问题、社会矛盾都将以多种方式参与社会形塑。一方面，某些网络平台可以依托数据资本形成数据霸权，形成经济控制。另一方面，平台媒体舆论和话语层面的社会控制能力在政治领域也会产生外溢效应。大数据算法和互联网的联合再次印证了德勒兹关于社会控制的观点：规训社会正在转向由数字技术所组织的“控制社会”。

最后，信息和数据掩饰了真实的社会关系。

仍以在线购物为例，不同的数据背后是不同的消费人群、消费能力和社会阶层。于是网站平台得以向不同的用户推送与之匹配的商品广告，不同的客单价再次固化了阶层的差异。这一切看似合理，于是你习以为常，

---

① 李辉．马尔库塞论消费文化与社会控制［J］．文艺理论与批评，2012（7）：50．

② 曹晋，张艾晨．数字媒体与疫情省思：基于传播政治经济学的考察［J］．国际新闻界，2022（4）：35．

直到心安理得地接受这种控制，并且将其内化为社会秩序的必需。某些边缘群体、低消费群体的声音和利益被再度忽视。数据资本是非常嫌贫爱富的，如果你连手机都买不起，连流量费都交不起，那么你根本就不在数据资本的考虑范围内。

新的特权和不平等出现。信息每天都在产生，数据实时可以分析，但是对数据的拥有权和使用权是不平等的。这种不平等是消费社会的内在机制、是商业社会的市场逻辑、也是资本逐利的内在需求。

明天也许你会买一条牛仔裤。是的，有一双神秘的眼睛注视着你。但是眼睛的背后不仅仅有科技创新，还有商业利益与资本逻辑的合谋。

第二节　重新认识好莱坞
——文化产业架构与意识形态表征

好莱坞，在电影爱好者心中，是传奇之地，这里创造了无数的梦幻场景，演尽了人世间的悲欢离合。好莱坞，在电影从业者心中，也是标志之地，从全球最领先的电影技术到最顶尖的影音制作能力，从奥斯卡奖非凡的市场影响力到缜密的电影分级标准。好莱坞更是全球文化产业的风向标，其拥有的市场规模、市场份额、制定的行业标准和运营机制至今难以超越。

然而，“一切电影皆是意识形态的载体”[①]，好莱坞之所以成为今天的好莱坞不仅仅是因为其精湛的电影制作能力、全球一体的宣发网络，更因为它有华盛顿的政策法规保障、有华尔街的金融资本支持，同时其还与五角大楼和中情局有着隐秘而暧昧的关系。因此对好莱坞的理解需要多元立

① ［法］雷吉斯·迪布瓦．好莱坞电影与意识形态［M］．李丹丹，李昕辉，译．北京：商务印书馆，2014：8．

体的视角和对历史沿革的认知。好莱坞是艺术的、也是市场的，是文化的、也是政治意识形态的。

一、电影成为文化商品的产业化之路

电影从诞生之初，就天然地带有商业属性。从爱迪生发明的“电影视镜”，到卢米埃尔兄弟的手摇便携式摄影机，再到当下的虚拟数字技术，电影始终从技术的角度力求呈现观众的幻境。从匹兹堡镍币电影院到纽约首轮影院，再到3D、IMAX等高清影院，电影不断追求以更舒适逼真的方式满足市场的需求。从追求行业利润、稳固本土市场优势到完善战略框架、全面扩张海外市场。好莱坞电影在其商业市场战略和全球文化战略的统领之下，经历了较为集中的三次产业化历程，逐步形成了目前全球规模最大、产值最大、影响力最大的影视娱乐产业。

好莱坞虽是位于美国西海岸洛杉矶市郊的一个镇，但它绝不仅仅是个地理概念。广义地说，它泛指整个美国电影工业，包括传统的制作、发行、放映公司，囊括了电影从生产到放映的全流程。近年来，随着视频网站、流媒体平台自制影视作品的问世，广义上的美国好莱坞电影也将此类电影包括在内。狭义上讲，好莱坞“指的是与独立制片公司相对而言的好莱坞八大电影公司”① （后来合并为六大电影公司）。1908年爱迪生控制的电影专利公司成立。作为好莱坞第一个托拉斯组织，它利用掌握的电影机器专利直接地干预了当时美国电影的各个流程。鼎盛时期，电影专利公司拥有16项专利权，涉及制作、发行、放映的各个环节。其下拥有“68个放映网，在美国各地建立了52家影片交易公司，并用差别的租片费或停止供给影片的办法，来消灭其他放映网”②。这家电影公司的垄断行为虽然引起行业内的极大不满，但为美国电影业的垄断式经营模式奠定了基础。从诞生到退出历史舞台，电影专利公司前后经历了将近10年时间，兴于拥有

① 杨远婴．电影概论［M］．北京：北京联合出版公司，2019：271.

② 同①272.

对技术的专利权和由此而来的对电影制作和放映流程的掌控，衰于两个重大的策略失误：未能实现生产流程规模化和工业化、忽略了对发行和放映环节的控制。而日后兴起的好莱坞八大电影公司的成功经历则都指向了产业链的发行和放映环节，了解终端、控制“出口”者才能得天下。爱迪生的电影专利公司虽在历史的长河中昙花一现，但却在不经意间将美国电影引向了工业化、产业化的发展方向。

1913 年，环球影城的建立，标志着电影生产方式由手工作坊转向工业化生产。1916 年，新合并而成的派拉蒙电影公司成为第一家真正集制片、发行、放映为一体的电影企业。由此，全产业链高度集中和垄断的经营模式成为美国电影产业的主要支柱，也为此后产业高速发展、美国文化扩张和文化霸权提供了物质和产业基础。

“第一次好莱坞电影工业化，重点在创建好莱坞制片厂制度，以此为核心贴近观众需求，摆脱专利束缚获得利润最大化。”① 大制片厂制度以流水线式的生产方式、制片人中心制、明星中心制等为典型代表。电影的生产制作成为分工明确、高度精细的“行当”，其工作过程以剧本为核心，分为前期准备、中期拍摄、后期剪辑三个部分，是需要多人协同完成的复杂劳动和协作过程。与我国电影的创作方法不同，在好莱坞，电影的后期剪辑是由专业的剪辑师来完成的，导演只是生产流程上的一员，并不掌握对影片的控制权。电影的全流程是由制片人统领和掌控的。近百年来，尽管好莱坞经历了几次沉浮，但是其制片人中心制的理念和生产方式仍然在好莱坞电影体系中发挥着重要作用。本质上还是因为好莱坞电影对市场的重视远远大于对艺术家个人表达的重视。这种基于市场、倾向利润的制度设计使得好莱坞电影从其初始就带有明确的商业意涵。其“存在和发展向人们展示了一个高度发达的商业社会如何以‘利润’来衡量电影的成败，以自己不断成熟的商业逻辑发展并完善其电影商业体制，从而将自己的触

① 凌易. 从艺术走向观众——好莱坞的三次工业化 [J]. 大众文艺，2021（12）：126.

角从美国伸到了世界的各个角落”[1]。此外，好莱坞工业化、流水线式的生产方式，刻意将演员生产成为带着名字和形象的商标。他们通过各自的荧幕形象被赋予不同的“人设”，以此标志影片的风格类型、引起观众的收视预期、实现票房及相关收入。虽然这一过程不可避免地导致演员的符号化、表演的僵化等负面结果。但批量复制、直接消费可以带来更好的效率和效益。商品生产的逻辑占据上风，不仅电影成为可供消费的商品，连演员也是如此。

除了制作阶段，在电影的发行和放映各个环节，也都体现出产业化运作的特征。比如操纵放映方式、低价倾销海外、多轮放映机制，特别是对收益分配比例的设计和规定等从不同侧面标清了好莱坞电影的产业化方向。当时的八大电影公司已经实现了从量的集合到质的变化，使电影成为美国国民经济的重要组成部分，实现了电影行业的产业化。

第二次好莱坞电影比较集中的产业化，大致出现在1967—1976年，是以影视合作与增加发行独立电影为主要内容的产业化拓展阶段。这一时期美国电影从高速发展进入了低潮，电影公司利润下降，影片数量大幅度减少，观众人数锐减。而此时欧洲大陆经历了意大利新现实主义、法国新浪潮等电影运动的洗礼，以其大胆的影像探索、深刻的社会意义、多元的艺术风格而轰动世界影坛。内忧外患的另一个原因是作为“新媒体”的电视带来的行业冲击。面对电影产业的下滑，好莱坞做出了主动的调整：

首先，主动接受“新媒体”，寻求与电视的产业合作。例如，向电视台出售或出租老电影，承包三大广播电视网的节目制作和编辑，等等。这种电影与电视合作的先例，也为今天好莱坞电影和美剧交替上映，形成组合拳，全面占领市场的运营模式探了路。

其次，制片体制由大制片厂制度转向了独立制片制度。在派拉蒙诉讼案之后，原来的制片—发行—放映一体的全产业链经营模式被打破，院线

① 曲春景、程波．影视艺术概论［M］．北京：高等教育出版社，2017：156．

不再属于大电影公司。这一规定促使大电影公司将注意力转向了相对利润较高的发行环节。除了制作本公司的自制影片外，开始资助和发行独立影片。这为出现下滑的美国电影市场拓展出了独立电影的新天地。以马丁·斯科塞斯、佛朗西斯·科波拉等为代表的一批新秀导演以极具个人风格的电影语言为僵化的好莱坞市场带来了新活力。

第三次好莱坞电影的产业化伴随着全球化的进程，电影成为美国重要的经济产业，并进一步发展为以美国为核心的国际性影视文化产业。形成了以数字虚拟技术为引领、以成熟的产业运作模式为基石、以全球市场扩张和文化输出为意图的多元综合产业格局。“国外市场在经济上的重要性、美国观众思想的开放性以及众多艺术交流都使得20世纪60年代成为一个电影国际化时期。‘电影是一个真正世界性现象’。”① 这一时期产业化的核心特征可以总结为：面向国际市场的全球化。“国际化的意思是‘相对清晰和有自己特点的民族电影业的遭遇和抗争’，而随着全球化的推进，电影的国籍不一定要与电影制作所在国的国籍相一致了。此外，如果国际化体现的是合作国家的共同利益的话，那么全球化则指的是一致性，更是标准性。全球化意味着基于‘全球文化’而形成的‘文化共性’，对于公司而言，全球化则意味着‘对有关如何高度联合的信息的找寻’。好莱坞巨头对世界其他地方重新燃起的兴趣往往随着全球化和同质化而变化。”②

这一阶段的好莱坞从内容到市场，各项标准日趋成熟。首先，从技术和审美的层面看，“数字技术在好莱坞的全球扩张中扮演了重要角色”③。虚拟数字技术让那些天马行空的人类想象得以具象化，使消逝的历史场景得以声画重构，使人类的意识流或潜意识得以表现。从泰坦尼克号的雪山到魔兽世界的山谷，再到阿凡达的星球；从闭环的叙事风格到经典的叙事

---

① ［法］．好莱坞如何征服全世界［M］．吕好，译．北京：商务印书馆，2016：194．

② 同①199．

③ 杨远婴．电影概论［M］．北京：北京联合出版公司，2019：370．

线，再到程式化的剪辑节奏，可以说观众对画面的接受和喜好、对故事的解读、对节奏的熟悉都慢慢被好莱坞电影以其震撼的视觉冲击力所规约。习惯了“好莱坞式”电影的观众已经在一次次观影中培养了趋同的审美倾向和观影习惯。其次，从技术和产业的角度看，虚拟数字技术加倍成就了好莱坞的“大电影”：大场景、大制作、大投资、大市场、大营销。这在客观上促使制片公司压缩出品数量，保证头部影片的高投资和精良制作。由此好莱坞与银行、风投等行业的关系更加紧密，对资本高度依赖。再次，从产业内部布局来看，大制片公司的品牌电影、系列电影、类型电影等仍然是产业支柱。最后，从产业运作模式的角度看，一方面电影院线呈现出规模化的整体特点。大体量的连锁影院和小众化的艺术影院互为补充，带动发行行业与放映环节的衔接、完成放映环节的控制和管理，使得电影可以更好地面对观众、面对市场。另一方面电影融资呈现出跨域多元的特点。多国联合投资、跨行业融资等形式多样，风投公司、保险公司、银行等各类金融企业的加入，都为好莱坞电影提供了真金白银的资金保障。

好莱坞发展的历史脉络清晰地标示出作为文化商品的好莱坞电影所经历的工业化、产业化的发展历程。

二、管理机制助力产业化运作

一部电影的成功可以带来丰厚的商业回报，也可以为好莱坞带来口碑声誉，但这并不能等同于下一部影片必然的品质，也不能塑造一个百年电影企业，更不能带来整个电影行业的繁荣。但是一套成熟的管理机制却可以在制度层面保障项目的整体水准、助力全行业的规范化和产业化格局。

好莱坞电影制片厂最重要的战略要地——绿灯委员会就是如此。

“‘绿灯’是制片过程中最重要的环节之一，因为它是好莱坞电影制片厂给出的绿灯，影片于是可以结束准备阶段（开发），而进入实际制片阶段。许多项目从未获得过‘绿灯’，注定永远停留在开发阶段（开发地狱）。所以绿灯委员会是巨头们战略的心脏部分。”[①] 委员会最初是由少数高管组成，到20世纪80年代，随着对市场营销的重视，“市场部和发行部的高管开始主导制片厂的决策”[②]。到20世纪90年代末和21世纪之初海外市场占据重要市场份额，国际市场部和金融财务部的高管加入其中。这种委员会人选上的变化使得电影项目不仅要取悦第一市场的观众，更要考虑国际市场的喜好。新的选片标准从美国观众是否喜欢，向欧洲和亚洲等海外地区观众是否喜欢、二级市场反馈如何、能否吸引广告商、是否利于衍生产品开发等一系列新标准扩展。这种重视海外市场的新决策标准后续对整个好莱坞电影工业产生了一系列直接的影响。

绿灯委员会并不是只凭经验打分，也不是看名气做决策，而是一套严格的管理机制。虽然六大电影公司具体的做法不完全相同，但基本规则大概类似，以华纳一部电影的流程为例：公司有8个VP（副总裁），其中7人手中有每年开拍几部电影的预算，但这7人没有电影剧本的决策权。只有第8位VP有剧本筛选和决策权。公司拍摄的所有电影剧本只能经由他审核考量，其他7位VP不能自行选择剧本开拍。也就是说管预算的，不管剧本；审核剧本的，没有预算。双方互相牵制，从机制上最大限度减少个人喜好的影响，保证剧本和市场判断。对剧本的审核也是一个具体细致的机制控制，而不是个人化的经验处理。剧本VP的审核团队首先查看剧本的页数，当时大家使用的名为Final Draft的剧本编辑软件，一页就是一分钟。120页左右大约就是120分钟，符合一部商业影片的时长和篇幅。团队还会审看男女主人公的戏份，一部电影中有75场戏，是好莱坞一线演员通常的选择标准，如果少于这个戏份，大明星是不屑于出演的。此外还要考量影片的类型，基于对近3～5年类型影片的数据分析，判断该片类型是否符合市场预期。类型分析过关之后，再考查剧本中包含的叙事事件的

① ［法］好莱坞如何征服全世界［M］. 吕妤，译. 北京：商务印书馆，2016：184.

② 同①185.

数量。大部分的商业电影在120分钟的容量中需要包含40～60个事件(Event)[①]。每一个事件讲述了某件事情成功或者不成功，即每一个事件都包含着一个转折。事件太多会导致叙事混乱，事件太少会导致节奏拖沓冗长。这些审核都通过之后，该剧本会交给7位有预算的VP手中，他们可以决定自己是否将预算投入该片。至此，剧本通过审核。

对导演和演员的选择也是一个严格和程式化的过程。考查的依据是该导演过去3年或5年的票房表现。主要体现在两个数据上：总票房或单块荧幕单周票房。商业片的总票房可以直观地通过数据考量。艺术片主要是以“单块荧幕单周过万”作为重要的考查标准。制片公司会根据相关数据给导演打分或分级。演员选择也是类似的过程。

剧本和演员通过“绿灯”之后，影片能否开拍还需要有资金的保障。Presell（预售）制度为电影提供了严谨的资金审核指标，也在客观上验证了一部影片的市场价值。最终一部电影能否开机，取决于三项预售是否能达到影片总预算的50%[②]。其中预售金额需要达到全部预算的30%。有了预售款和预售合同之后，再向专门的金融机构贷款，此时可以获得预售款60%的银行贷款。再加上电影拍摄地给予的消费税退税（Tax Credit），一般是总预算8%～11%。三项加起来，总数大约占到了总预算的50%。剩下的一半预算金额，则由各种投资来完成。具体分为盲投、定点投等不同形式，都有相应的具体而细致的操作规定。

在电影的拍摄过程中、后期分账过程中，也有繁杂而细致的法规、机制来保障项目的顺利开展。其中很有代表性的就是好莱坞的电影保险制度。近年来，好莱坞大制片公司的头部剧大都是大制作、大营销、大市场的品牌电影。高收益始终和高风险并行。这也促成了制片公司通过保险转嫁风险。在成熟的市场体系和产业矩阵内，“好莱坞保险已经远远地超出其初衷，成长为多方考量指标，保险公司已然成为好莱坞里最为重要的一

① 出自《晓说　第一季》46期。

② 同①。

环，它可以决定一个演员的前途，电影是否能融资成功，以及电影能否如期完成。现在完片担保则不仅仅成了好莱坞大片场也会进行的选择，许多海外国家的电影行业已经都具备相对完善的完片担保制度”①。保险公司一般对电影联保三级。第一级保“pay or play”。例如制片公司先把资金打入保险公司的账户，演员签订合同后，钱款会从保险公司的账户支付到演员账户上。保险公司全流程跟进，保障资金安全。第二级保超支。在好莱坞的机制中，电影超支的费用是由保险公司来承担的。所以保险公司对预算审核、拍摄进程的审定十分严苛。电影公司会将一部分原始版权抵押给保险公司，一旦超支由保险公司付钱，同时抵押物也将归保险公司所有。所以保险公司会派自己的制片人来监督和参与全片的拍摄过程。第三级保上映。如果影片引起法律诉讼，后果仍然是由保险公司承担。所以保险公司会严查影片内容，如是否涉及抄袭、版权不清等问题。甚至保险公司会审查所有在影片中露脸的演员的身份信息，检查他们的 photo ID，如带有照片的护照。在美国街拍会涉及一系列法律问题，所以屏幕上任何一张面孔都是合法合规的演员工会的成员，即使只是最普通的群众演员也不例外。

专业化细分的电影保险体系，严格管控风险，减少投资障碍，在制度层面保证了美国电影产业拥有一个完善而有效的电影融资架构。

凡此种种，从电影绿灯委员会到完片保险制度，还有很多文中没有涉及的制度法规，如院外游说制度、利润分成规则、影片分级制度、海外市场分级标准，甚至奥斯卡评奖体系等都从不同的层面，以规范、专业、严格、全面的制度方式化约了美国电影的产业发展方向和方式。

由此我们更加清晰地看到，好莱坞电影故事与画面的背后是一整套完整的产业矩阵。

---

① 护身符还是紧箍咒？深不可测的好莱坞式保险制重置好莱坞［EB/OL］. https://zhuanlan.zhihu.com/p/30646348.

三、影像背后的意识形态隐喻与价值观隐述

好莱坞的市场体系和产业结构缜密而宏大。但这绝不是认识好莱坞的唯一路径。“如今，在资本主义全球化的时代，当我们提起好莱坞电影，唯一的评价就是：它是无可争议的最知道如何将自己和自己的世界观强加给全世界的电影。它的世界观，就是美国的生活方式。”[①] 好莱坞的奇幻故事和炫目光影从叙事结构、符号表征、具身体验等不同角度，隐秘地传达出了美国的价值观。更重要的是，这种传达以某种制度的、标准的、内在化的方式呈现出来。

（一）以审查为规约：价值观表达的制度化与内在化

所谓价值观，是“基于人的一定的思维感官之上而做出的认知、理解、判断或抉择，也就是人认定事物、辨别是非的一种思维或取向，从而体现出人、事、物一定的价值或作用；在阶级社会中，不同阶级有不同的价值观念。价值观具有稳定性和持久性、历史性与选择性、主观性的特点。价值观对动机有导向的作用，同时反映人们的认知和需求状况”[②]。也许卢米埃尔兄弟最初发明活动电影机，只是为了继续父亲的实验，他们还没有意识到日后影像里呈现的那些繁华场景可以成为人们心之所向。20世纪30年代电影有声时代到来，台词的出现使得电影成为“讲坛”，成为影响公众的媒介手段。发展至今日，电影不只是技术的炫耀和台词的宣讲，不只是作为技术的“物”的体现，更是作为文化艺术的“精神”体现。好莱坞深谙此道。“美国政治权力始终对好莱坞的电影制作进行意识形态上的控制，从而使美国意识形态被彻底地植入好莱坞电影的形式和结构中。好莱坞电影不只是大家所认为的旨在推广美国生活方式，更是首先要强加

---

① ［法］雷吉斯·迪布瓦. 好莱坞电影与意识形态［M］. 李丹丹，李昕辉，译. 北京：商务印书馆，2014：21.

② 百度百科［EB/OL］. https://baike.baidu.com/item/%E4%BB%B7%E5%80%BC%E8%A7%82/2447914?fr=ge_ala

给观众一种思维方式。”[①] 在复杂的地缘政治和多重话语权斗争中，美国的政治权力以一系列的制度和法规限定着好莱坞电影的走向，并最终将其内在化于全球影人的心中：好莱坞的标准就是电影产业的标准，好莱坞的认同就是全球观众的认可。好莱坞所代表的美国价值观就在这一过程中逐渐被规范为全球认可的“标杆”。这既是全球市场的需要，更是文化霸权的彰显。

“美国政治权力之所以能够全面控制好莱坞，主要依赖于好莱坞的审查制度。这个审查制度体现在三个方面：第一是道德层面的审查（《海斯法典》）；第二是公开的政治审查（麦凯锡主义）；第三是经济审查，也就是 1968 年以后施行的‘电影分级制度’。”[②]

1930 年，出台的《海斯法典》控制美国电影行业长达 34 年。最初它只是为了“净化”美国电影屏幕，约束演员的不良行为，维持电影业的形象和公众影响力。法典分十二类规定电影的生产，从禁止裸露色情镜头到不许对国旗不敬，小到是否虐待动物，大到是否伤及国家感情。该法典以一系列缜密而细致的条约规范了电影表达可能性的边界。法典的影响力不仅在电影行业内部，它严格的管控力缓和了当时人们对电影的负面认知，其净化屏幕的功能强化了好莱坞创造“美梦”的功能，增强了美国电影的国际竞争力。因此“表面看上去，《海斯法典》起着限制低级、色情影片的作用，实际上，‘对海斯来说，与其说是一种目的，倒不如说是一种手段，用它来把电影变成一种颂扬美国生活方式及其主要工业产品的工具’，成为为美国政治服务的工具”[③]。美国的生活方式、行为标准以及背后的一整套价值逻辑经过《海斯法典》的审查之后，通过电影叙事和影像传递出某种规范的、和谐的“美梦”和美式世界观。

---

① ［法］雷吉斯·迪布瓦．好莱坞电影与意识形态［M］．李丹丹，李昕辉，译．北京：商务印书馆，2014：3．

② 同①4．

③ 杨远婴．电影概论［M］．北京：北京联合出版公司，2019：278．

其后的麦卡锡主义更是将电影审查制度从道德规约变成了一场政治运动。这场风波涉及好莱坞、传媒界，甚至美国国务院、国防部等核心部门，“它恶意诽谤、肆意迫害疑似共产党和民主进步人士，乃至一切有不同政见的人。影响波及美国政治、外交和社会生活的方方面面。麦卡锡主义作为一个专有名词，也成为政治迫害的同义词。从 20 世纪 40 年代末到 50 年代初，掀起了以‘麦卡锡主义’为代表的反共、排外运动，涉及美国政治、教育和文化等领域的各个层面”①。换句话说，这场运动“鼓励了反共排外、保守反动的电影的制作。为了表明各自的忠心以及彻底的‘崇美主义’，所有大型电影公司都参与了这场政治宣传运动”②，并拍摄了大批相关影片。最终这场运动将所有亲俄亲共、反美的意识形态从美国屏幕上清除了。

如果说以上两种方式的电影审查是从法规和政治角度展开的，以“外在于”电影产业的方式进行，那么第三种审查即“电影分级制度”，则是让审查标准由外到内，完成了“标准内在化”的过程。

“美国电影分级并不是强制执行的制度，决定电影是否要被分级是电影制片方的独立选择。但是基本上所有的电影制片商都选择提交电影分级，而且所有的 MPAA（美国电影协会）的成员也都同意把他们要公映的所有电影进行分级。”③ 究其原因表面上看是基于市场收益的选择：对于电影公司而言，都会努力让自家影片被评定为面向所有普通观众的 G 级。最广泛的观众人群，意味着最大的市场和票房收益。一旦影片被评定为 R 限制级或 NC17 仅限成人级，影片市场份额和收益都会面临巨大挑战。但实际上，“‘分级’是个阴险的制度，表面上它让导演们想拍什么就拍什么，

---

① 百度百科［EB/OL］. https：// baike. baidu. com/item/% E9% BA% A6% E5% 8D% A1% E9%94%A1%E4%B8%BB%E4%B9%89/1141465? fr = ge_ala

② ［法］雷吉斯·迪布瓦. 好莱坞电影与意识形态［M］. 李丹丹，李昕辉，译. 北京：商务印书馆，2014：25.

③ 百度百科［EB/OL］. https：// baike. baidu. com/item/% E7% BE% 8E% E5% 9B% BD% E7%94%B5%E5%BD%B1%E5%88%86%E7%BA%A7%E5%88%B6%E5%BA%A6/427278? fr = ge_ala

但要想获得他们想要的级别，就得把电影剪得面目全非”[①]。当资本主义进入消费资本主义、垄断资本主义时期，作为大众文化产品的电影和其他形式的商品一样，需要寻找最大的市场和消费动力。资本的全球流动需要文化的接近性打破原来民族国家的界限和不同地区的文化藩篱。对资本的倚重、对市场的妥协使得电影人或主动或被动地将消费资本主义推崇的市场标准和好莱坞的衡量标准内化为自己的行业认知和审美标准。在这场以美国文化为核心的世界舞台上，通过消费文化产品获得文化认同，通过观看好莱坞电影，世界各地的观众被整合在了美国价值观和认知范围内。

除此之外，每年奥斯卡奖颁奖典礼上红毯盖地、锦衣华服的背后是好莱坞电影体系用“最佳影片奖”“最佳导演奖”等奖项的光环指出电影制作的标准。什么是好的、什么是流行的、什么是被美国主导的好莱坞体系认可的等不言自明。与其说它是奖项，不如说它更是“样板”。美国梦的样板、美式文化的样板、美国标准的样板、世界市场的样板、消费资本主义和垄断资本主义的样板。

（二）以叙事结构为框架：价值叙事与意识形态表征

好莱坞最会讲故事。这些故事都潜藏着“巨大的意识形态诉求，大部分好莱坞电影都有美国意识形态‘文化基因’的魅影。这就是说，好莱坞电影是建立在一种道德的、美学的和政治的共识之上，这一共识与美国主流思想趋同”[②]。在好莱坞电影中，最常出现的人物设置是出身普通的平凡人，因为个人的勇气、果敢和毅力，克服重重困难，最终成为白手起家的成功人士或历尽艰辛最终完成了“拯救”的伟大使命。其电影中常见的叙事包含着美国至上的原则、个人英雄主义的礼赞、大团圆的结局以及善恶二分的简单对立。在好莱坞电影如同神话般的叙事中，美国经常被塑造成

① ［法］雷吉斯·迪布瓦．好莱坞电影与意识形态［M］．李丹丹，李昕辉，译．北京：商务印书馆，2014：26．

② 侯再宣，伍志燕．虚象的娱乐“影视”与真象的柔性“影人”——美国好莱坞电影意识形态输出考论［J］．电影文学，2022（17）：29．

为救赎者、拯救者，被建构为正义积极的力量：要么是世界秩序的维护者，虽使用武力和暴力，但最终战胜了异端异类，维护了地球的安宁和平；要么是文明方向的代表，与落后愚昧势力较量，虽然几经波折，但最终将西方文明理念传播致远。故事虽各不相同，但“美国精神、美国价值、美国使命”等价值观被编织其中，呈现出一个由美国价值主导的、井然有序的世界秩序。毋庸置疑的是在这个秩序中，美国被赋予现代的、先进的、文明的意义，被讲述成解放者、救赎者、拯救者，而第三世界国家往往被建构为落后的、愚昧的、荒蛮的，被描述为需要被解救的未开化者。电影中呈现出的这种以美国为中心的等级结构绝非无意为之，事实恰恰相反，精心编排的故事和缜密的人物关系映射出的正是现实世界中不平等的国际等级秩序。以好莱坞电影为代表的美国文化娱乐产品为这种不平等提供了合理化、合法化的文化支撑。并将这种不平等的秩序引申到国际分工合作中：因为美国代表着文明先进，第三世界是落后蒙昧的，所以在全球劳动分工中，美国理所当然占据产业链的顶端，而第三世界国家处于被剥削、被压迫的产业链底端，成为廉价的劳动力和资源提供地也就自然而然了。这正是好莱坞电影竭力营造“美国至上”的根本意图。

个人英雄主义并不等同于讲述个人的故事。恰恰相反，好莱坞实则是用“个人”讲美国的“集体故事”。在好莱坞电影中，个人英雄主义、个人奋斗故事的实现正是“美国梦”的基础逻辑。也就是说，电影通过讲述个体奋斗、成长的故事，来表达只要努力就可以成功的“美国梦”。这个美国梦中充满了勤奋、努力、上进、永不气馁的精神，包含着亲情、爱情、友情等丰富感情……然而好莱坞也是会“伪装”的！它善于用个人奋斗的简单话语掩盖美国社会结构性、制度性的不平等。于是我们会看到：有人成功，那因为个人奋斗的成功，是美国梦的成功；有人失败，是因为个人不努力，而不是资本主义社会结构性的不平等、不合理。

大团圆的结局和善恶二分的简单对立，也是“美国梦”叙事的再次延伸。善恶二分的对立把纷繁复杂的现实世界简单化了。抑恶扬善原本是全人类的普遍共识。善有善报恶有恶报本是全人类对善恶普遍的态度。好莱坞利用这种共识和人们对善恶的普遍情感，向世界表明其“道德正确”的立场，并在电影中将这种“道德正确”建构为只属于美国的正确。用“美国标准”化约“美国正确”、化约“世界标准”。换句话说，其电影不遗余力地向世界说明：符合美国标准的才是美国正确，而只有美国正确认可的才是世界标准，无论是道德、价值还是制度。至此，大团圆的故事结尾实则暗合着美国标准、美国道德、美国价值和美国制度的“圆满”。但是我们应该清醒地意识到：多元的价值和全人类的共同发展才是真正意义上的人类社会的“大团圆”。

也许有人会质疑，好莱坞也拍摄过很多带有反思精神的影片。且不论其批判性的价值指向和力度，这些为数不多的影片被淡化已是不争的事实。奥斯卡“以奖赏最佳影片的名义，显著地影响了当下的创作，并以巧妙的方式提示观众应该喜欢什么……1976 年获奖的是《洛奇》而不是《出租汽车司机》，再比如 1979 年获奖的是《克莱默夫妇》而不是《现代启示录》——获奖的是这些谈不上真正具有颠覆意义的无伤大雅的作品”①。还有一种解释，也是历史事实告诉我们的：美国与苏联达成第一次文化交流时，“向苏东阵营国家输出了一系列电影，诸如《四面夏娃》《日落大道》《码头风云》《伊甸园之东》等。与那些宣传性的电影截然不同，这些电影中都包含了批判美国的元素。尽管有些好莱坞的工作人员对于选择这类电影的做法感到质疑，但最终它们却带来了意想不到的效果——展现了美国在自我批评方面同样也是一个开放而宽容的国家”②。

好莱坞电影始终是为美国的核心价值和利益服务的。或谍影重重、或浓情蜜意、或奇观幻影、或成就个人……但美国的价值观和意识形态始终

---

① [法] 雷吉斯·迪布瓦. 好莱坞电影与意识形态 [M]. 李丹丹，李昕辉，译. 北京：商务印书馆，2014：27.

② [日] 美国文化中心：美国的国际文化战略 [M]. 金琮轩，译. 北京：商务印书馆，2013：42.

深嵌其中。

（三）以具身体验为手段：技术的隐藏与价值观的重塑

“从来不存在中立价值的电影技术。”[①] 从电影史的视角来看，每一次技术的革新都为电影带来了更多表意的可能性；每一项新技术的出现都使电影能够与社会产生更多的关联形态。这其中最典型的例子莫过于声音和台词的出现使得电影第一次可以“直抒胸臆”，表达主张，成为“讲坛”。客观上也促使电影成为一种影响公众舆论的媒介手段。

从格里菲斯创立了电影的经典叙事技法开始，如何通过技术实现更完整的叙事是很多电影人努力突破的方向。从英国的布莱顿学派到法国新浪潮，从德国表现主义到如今的生成式 AI 电影艺术，如何通过技术表现更多元的场景、更隐秘的心流、更复杂的时空是电影人不断挑战的目标。然而电影从来都不是简单的“显像”，“好莱坞电影通过喜怒哀乐的电影剧情、跌宕起伏的电影情节、‘三镜头法’的技术运用，让电影的意识形态属性得到了很好的‘技术性隐藏’，使抽象的意识形态以可视化、可感化的数字影像化形态呈现”[②]。

对于电影而言，技术从来都不是独立的单元。好莱坞早已展开数字技术、人工智能技术的影像应用，每一次技术突破与创新，都是为了更好的“讲故事”，并通过故事“传情达意”。进入数字时代，人们对电影仅停留在观看的阶段显然已不能满足，人们还需要有“具身体验和行动实践”的过程。所谓具身，指“身体通过意向性与世界和他人达成的一种实践过程，所谓意义、理解和沟通都奠基于这种身体实践过程”[③]。电影的技术运用在本质上体现为一种联系，使得人与电影、人与技术之间的交互关系能够实现。例如 CGI（计算机生成图像）技术，可以在电影中呈现奇幻逼真

① 侯再宣，伍志燕．虚象的娱乐“影视”与真象的柔性“影人”——美国好莱坞电影意识形态输出考论 [J]．电影文学，2022（17）：29.

② 侯再宣，伍志燕．“视觉殖民”：好莱坞电影意识形态运作逻辑批判及应对 [J]．湖北行政学院学报，2023（4）：33.

③ 张洪忠，斗维红，任吴炯．元宇宙：具身传播的场景想象 [J]．新闻界，2022（2）：202.

的山川图景和全新的角色形象。又如动态捕捉技术可以将演员的动作和表情转化为数字模型，然后通过在演员身上放置传感器和摄像头，使电脑系统能够捕捉到每一个细微动作，并将其应用于虚拟角色上。再如最近的VR和元宇宙概念在电影领域的应用，再次将具身体验推向高潮。综合而言，好莱坞电影不断通过新技术建构多维度的、立体式的感知体系并最终实现沉浸式传播和具身传播。技术的革新带给电影三个阶段的表意可能："感官的'看得见听得着'、触觉的'感受到'、意识与身体的'想得到摸得着'，而元宇宙是第三个阶段的大脑意识带动身体融入虚拟空间的场景想象。"① 技术为观众打开了从现实到理想世界的通路。电影的叙事表意过程，帮助观众实现了"所想即所得"的体验，并用一套可感知的视觉形象符号将现实世界重新排序和加工。这一艺术化的加工再现的过程就是艺术化的建构美国梦的过程。

技术的意识形态属性正是体现在这一创造和建构的过程中。如果说从前电影中呈现的是经过美化处理的美好的美国生活图景和美国梦的话，那么现在应用VR、元宇宙等技术设备和呈现方式的好莱坞电影则将观众放置在一个真假难辨、虚实难分的美国梦里。技术不仅是工具，更是全新的资源配置方式，"它通过主导内容传播、控制舆论导向、引领价值选择，成为思想观念塑造的新兴权力"②，并以隐秘的力量进一步完成对整个社会的思想控制。"但好莱坞无论如何通过技术美化其影像，隐藏其所含的美国意识形态元素，仍然摆脱不了作为美国意识形态传播工具的角色。"③ 技术赋予电影丰富的表现的可能，创造出更多与观众共鸣共情的机会，并最终谋得对观众价值观的重塑和再造。至此，技术完成了它的意识形态使命。

---

① 张洪忠，斗维红，任吴炯．元宇宙：具身传播的场景想象［J］．新闻界，2022（2）：201．

② 李静辉：算法推荐意识形态属性的生成逻辑、风险及治理．［EB/OL］．https://mp.weixin.qq.com/s?__biz=MzI4MDExNzg3Nw==&mid=2659202734&idx=6&sn=73ca0e954e05e77e5d0905152ff59e2d&chksm=f0c9c1b4c7be48a21eaa88c58b1a6993cad0a0ffd8980621dd1198b481e62d7406992c1fb271&scene=27

③ 侯再宣，伍志燕．"视觉殖民"：好莱坞电影意识形态运作逻辑批判及应对［J］．湖北行政学院学报，2023（4）：36．

四、结语

电影是声画的蒙太奇组接，每一个镜头的取舍之间都包含着创作者的态度和审美。电影内含着资本和市场的承托，每一部作品营销与推广都需要资本的量度。电影也是技术的承载，但具身化的背后是好莱坞叙事的底层逻辑：为美国的核心价值观、为资本主义意识形态的全球扩张提供技术支撑。“在马克思看来，技术虽不直接承载价值和意识，但技术与权力和资本结合起来，就无可避免地具有了强烈的意识形态性。”①

面对好莱坞的强势市场扩张和美国价值观的全面输出，面对文化帝国主义的话语霸权、技术强权和影像叙事，我们需要从多元视角审慎的量度好莱坞电影。从文化产业发展的层面，它拥有全球最完善的市场网络和行业规则。从影视艺术的层面看，它拥有全球最先进的拍摄能力和制作技术。但是好莱坞电影从未放弃“利用数字技术的非理性价值建立能受其支配的文化输出环境，进而再生产西化意识形态和价值观取向”② 的努力。

面对意识形态风险和文化安全的挑战，我国需要在制度层面加强顶层设计和机制创新，从政策角度引领文化和影视产业的总体方向。在产业层面需要完善管理和监督机制，打通影视产业链上下游和衍生产品链。更重要的是在文化层面，以文化自信抵御西方文化霸权，以文化自立抵挡西方价值观渗透，以文化自强重组全球文化新秩序。

---

① 李静辉. 算法推荐意识形态属性的生成逻辑、风险及治理［J］. 理论导刊，2022（2）：71.

② 李明哲，高福进. 文化帝国主义数字殖民的危机表征及应对路径［J］. 马克思主义文化研究，2023（6）：86.